VERLAG
ÖSTERREICH

Elio Dalpra
Gabriel Kogler (Hrsg)

Übungsbuch zur Einführung in die Rechtswissenschaften und ihre Methoden

Fragen, Fälle und Musterprüfungen samt Lösung aus Öffentlichem Recht und Privatrecht

6. Auflage

Studienjahr 2021/2022

Casebook

VERLAG
ÖSTERREICH

MMag. Elio Dalpra, PhD
Universitätsassistent am Institut für Staats- und Verwaltungsrecht
der Universität Wien

Dr. Gabriel Kogler
Privatdozent und Assistenzprofessor am Institut für Zivilrecht
der Universität Wien

www.verlagoesterreich.at
Gedruckt in Ungarn

Satz: büro mn, 33613 Bielefeld, Deutschland
Druck: Prime Rate Kft., 1044 Budapest, Ungarn

Gedruckt auf säurefreiem, chlorfrei gebleichtem Papier

Bibliografische Information der Deutschen Nationalbibliothek

Die Deutsche Nationalbibliothek verzeichnet diese Publikation in der Deutschen Nationalbibliografie; detaillierte bibliografische Daten sind im Internet über http://dnb.d-nb.de abrufbar.

ISBN 978-3-7046-8555-1 5. Aufl Verlag Österreich
ISBN 978-3-7046-8839-2 6. Aufl Verlag Österreich

Vorwort

Die StEOP-Modulprüfung „*Einführung in die Rechtswissenschaften und ihre Methoden*“ (kurz: Einführungsprüfung) ist die erste große schriftliche Prüfung am Juridicum Wien. Sie besteht aus den drei Teilen „*Öffentliches Recht*“, „*Privatrecht*“ und „*Rechtsphilosophie*“. Pro Teil können 37 Punkte erzielt werden (insgesamt also 111); die Arbeitszeit beträgt drei Stunden. Für ein positives Ergebnis bedarf es 54 Punkte, wobei in jedem Teil zumindest 12 Punkte erreicht werden müssen (§ 3 Studienplan für das Diplomstudium der Rechtswissenschaften an der Universität Wien).

Den Lernstoff für die Einführungsprüfung beinhalten die drei von den jeweiligen Prüfer*innen verfassten Skripten, die jährlich neu erscheinen. Nicht mehr (aber auch nicht weniger) als in den drei Skripten steht, kommt zur Einführungsprüfung. Während die Vermittlung des Stoffes in der Vorlesung erfolgt, soll die Anwendung desselben – *in concreto* also das Lösen von Wissensfragen und Fällen – in den Übungen erlernt und so die Teilnehmer*innen auf die Prüfung vorbereitet werden.

Mit dem vorliegenden Werk soll den Student*innen – nunmehr bereits in sechster, für das Studienjahr 2021/2022 aktualisierter und geänderter Auflage – ein Buch zur Verfügung stehen, das sie optimal auf die Prüfung in den Teilen „*Öffentliches Recht*“ und „*Privatrecht*“ vorbereitet. *Teil 1* enthält 278 Fälle und Wissensfragen samt Lösung. Sie sind entsprechend der Vorlesung und dem jeweiligen Skriptum „*Öffentliches Recht*“ und „*Privatrecht*“ gegliedert und ermöglichen daher den Student*innen, parallel zum Erlernen des Stoffes seine Anwendung zu üben und ihn zu wiederholen. *Teil 2* enthält 23 Musterprüfungen, die sowohl vom Schwierigkeitsgrad als auch vom Umfang und der Art der Prüfung der „echten“ Einführungsprüfung entsprechen. Dadurch soll Student*innen unmittelbar vor der Prüfung die Möglichkeit gegeben werden, zu überprüfen, ob der ganze Stoff „sitzt“ und ob man die Fälle und Fragen schnell genug lösen und beantworten kann.

Nicht nur an dieser bewährten dualen Gliederung wird in der sechsten Auflage festgehalten, sondern auch am speziellen Ansatz der Aufbereitung der Fragen und Fälle: Die grau hinterlegte Lösung ist auf das Mindeste reduziert – mehr muss nicht dort stehen, um alle Punkte zu erzielen – und die zu vergebenden Punkte sind aufgeschlüsselt. Dadurch sollen die (einzeln bepunkteten) Gedankenschritte aufgezeigt werden, die für eine richtige Lösung notwendig sind. Allfällige Ausführungen hinsichtlich häufiger Fehler, zum besseren Verständnis und/oder zur Abgrenzung finden sich im Anschluss an die Lösung im Kursivdruck. Diese klare Trennung von Lösung und Anmerkung hat den positiven Nebeneffekt, dass man bei Vergleich mit der eigenen Lösung zumindest eine Richtschnur dafür hat, wie viele Punkte man (nicht) erreicht hätte.

Hinweis: Die bei den einzelnen Fragen angeführten Punkte (sowohl die Gesamtpunktezahl als auch die interne Verteilung der Punkte) sind unverbindliche Bewertungsvorschläge der Autor*innen. Wie viele Punkte bei der Einführungsprüfung selbst pro Frage vergeben werden und wie diese verteilt sind, hängt von der jeweiligen Prüferin, der Schwere der Frage, der Zusammenstellung der Prüfung und letztlich auch von der konkreten Lösung oder Antwort ab.

Unser größter Dank gebührt den Autor*innen, vor allem für die äußerst rasche Ablieferung ihrer (überarbeiteten) Musterprüfungen, sodass bereits kurz nach Erscheinen der Skripten eine Abgabe des Manuskripts dieses Buches möglich war. Weiters möchten wir uns beim Verlag Österreich – insbesondere bei Frau Mag. *Eva-Maria Rauch* und Herrn Mag. *Wolfgang Dollhäubl* – für die freundliche Betreuung und die gute Zusammenarbeit bedanken.

Das vorliegende Buch ist auf die Skripten „*Öffentliches Recht*" (ao. Univ.-Prof. Dr. *Bettina Perthold-Stoitzner*) und „*Privatrecht*" (Univ.-Prof. Dr. *Christiane Wendehorst*, LL.M. und Univ.-Prof. Dr. *Brigitta Zöchling-Jud*) für das Studienjahr 2021/2022 abgestimmt.

Wien, im September 2021 — *Elio Dalpra* und *Gabriel Kogler*

Inhaltsverzeichnis

Teil 1

Fälle und Wissensfragen

*Hinweis: Die bei den einzelnen Fragen angeführten Punkte (sowohl die Gesamtpunktezahl als auch die interne Verteilung der Punkte) sind unverbindliche Bewertungsvorschläge der Autor*innen. Wie viele Punkte bei der Einführungsprüfung selbst pro Frage vergeben werden und wie diese verteilt sind, hängt von der jeweiligen Prüferin, der Schwere der Frage, der Zusammenstellung der Prüfung und letztlich auch von der konkreten Lösung oder Antwort ab.*

I. Öffentliches Recht

Die Musterprüfungen dieses Übungsbuches legen besonderes Augenmerk auf häufig gemachte Fehler und grobe Verständnisprobleme des Prüfungsstoffs und sollen den vielzitierten Aha-Effekt auslösen.

Damit sich der Aha-Effekt positiv auf die Einführungsprüfung auswirken kann, ist es essentiell, bei der Beantwortung der Fragen auf die konkrete Fragestellung einzugehen. Wenn Antworten nur abstrakt oder zu allgemein gehalten sind, läuft man Gefahr, dass diese die Frage nicht beantworten (können) und dafür keine Punkte erzielt werden. Ebenfalls werden für das bloße Anführen der verschiedenen gesetzlichen Bestimmungen keine Punkte vergeben. Nichtsdestotrotz ist das Arbeiten mit dem Gesetz wesentlicher Bestandteil des Studiums der Rechtswissenschaften und wird auch für die Einführungsprüfung empfohlen. Denn bei der Einführungsprüfung und auch bei Klausuren in den Übungen ist die Verwendung des Gesetzestextes erlaubt.

Die 37 Punkte des Öffentlichen Rechts der Einführungsprüfung sind meist auf 10 bis 12 Fragen aufgeteilt, wobei es durchaus vorkommen kann, dass einzelne Fragen in weitere Unterpunkte untergliedert sind. Das Verhältnis zwischen Wissensfragen und Fällen variiert von Prüfung zu Prüfung, sodass Student*innen nicht darauf vertrauen sollten, dass der Großteil der Prüfung aus Wissensfragen oder aus Fällen besteht und somit die Vorbereitung auf nur eines der beiden ausreichend ist. Die 4 Hauptteile des Skriptums müssen ausnahmslos gelernt werden, da Fragen oder Fälle aus allen Teilen kommen können.

Einleitung

1. (1 Punkt) Aufgrund der Corona-Pandemie wurde eine Verordnung des Gesundheitsministers erlassen, mit der eine Verpflichtung zum Tragen von FFP2-Masken an bestimmten, stark frequentierten Plätzen eingeführt wurde. Bei Zuwiderhandeln drohen Verwaltungsstrafen. Welchem Normensystem kann diese Regelung zugeordnet werden?

Es handelt sich hierbei um eine Rechtsnorm, da diese von einer staatlichen Autorität (dem Bundesminister für Gesundheit) gesetzt wurde und allenfalls mit Hilfe staatlicher Zwangsmaßnahmen (Verwaltungsstrafen und deren Vollstreckung durch staatliche Organe) durchgesetzt werden soll. **(1 P)**

2. (2 Punkte) Wie unterscheiden sich Normen des Rechts von sittlichen Normen?

Normen der Sitte sind Regelungen, die in einer bestimmten sozialen Gruppe oder Gemeinschaft entstanden sind. **(1 P)** Die Normen des Rechts unterscheiden sich insofern, als sie von einer staatlichen Autorität erlassen wurden und auch mit Hilfe staatlicher Zwangsmaßnahmen durchgesetzt werden können. **(1 P)**

3. (2 Punkte) *Anna* meint, dass eine Rechtsnorm nur dann Geltung hat, wenn sie auch tatsächlich befolgt wird. Hat *Anna* damit Recht?

Nein, *Anna* hat nicht Recht. Eine Norm erlangt dann Geltung, wenn sie Teil der Rechtsordnung ist, sie also rechtlich existiert. **(1 P)** Davon zu unterscheiden ist die Effektivität einer Norm – eine Norm ist dann effektiv, wenn sie tatsächlich befolgt wird. Ist eine Norm also Teil der Rechtsordnung, dann hat sie Geltung – unabhängig davon, ob sie tatsächlich befolgt wird oder nicht. **(1 P)**

Eine häufige Fehlerquelle stellt die Verwechslung der Begriffe „Geltung“ und „Effektivität“ und ihrer Definition dar.

4. (3 Punkte) Welche Möglichkeiten gibt es, Normenkonflikte in Rechtsordnungen zu vermeiden oder aufzulösen? Erklären Sie!

Zum einen wird versucht, Zuständigkeiten so aufzuteilen, dass nicht ein und dieselbe Angelegenheit durch verschiedene Normsetzer geregelt werden kann. **(1P)** Zum anderen gilt, dass die speziellere Regel der generelleren Regel (*lex specialis derogat legi generali*) **(1P)** oder die aktuellere (später erlassene) Regel der älteren (früher erlassenen) Regel vorgeht (*lex posterior derogat legi priori*). **(1P)**

Bei dieser Frage wird häufig auf die Zuständigkeit der verschiedenen Normsetzer vergessen sowie die Definition der lex specialis-Regelung und jene der lex posterior-Regelung vertauscht.

Darüber hinaus muss beachtet werden, dass nach einer Erklärung gefragt wird. Somit bringt die bloße Nennung der verschiedenen Möglichkeiten nicht die volle Punkteanzahl.

5. (2 Punkte) *Max* meint, dass das Gewerberecht klar dem Privatrecht zugeordnet wird, da er als Unternehmer ein privates Interesse daran hat, eine Gewerbeberechtigung zu erlangen. Hat *Max* damit Recht? Welche Theorie spricht er mit seiner Aussage an? Erklären Sie schlüssig!

Nein, *Max* hat damit nicht Recht. Grundsätzlich spricht er die Interessentheorie an, die herangezogen wird, um Privatrecht und Öffentliches Recht zu unterscheiden. Diese besagt, dass das Öffentliche Recht dem Schutz öffentlicher Interessen, das Privatrecht dem Schutz privater Interessen dient. **(1P)** Die Interessentheorie lässt jedoch oftmals keine klare Trennung zwischen Öffentlichem Recht und Privatrecht zu. Dies zeigt sich am Beispiel des Gewerberechts: einerseits haben Unternehmer*innen ein privates Interesse daran, eine Gewerbeberechtigung zu erlangen (was für eine Einordnung in das Privatrecht spricht), andererseits besteht auch ein öffentliches Interesse daran, den Berufszugang und die Berufsausübung in bestimmten gewerblichen Bereichen zu regeln (was für eine Einordnung in das Öffentliche Recht spricht). **(1P)**

Die bloße Aufzählung verschiedener Theorien zur Unterscheidung zwischen Privatrecht und Öffentlichem Recht gibt keine Punkte. Vielmehr ist Bezug auf den Sachverhalt zu nehmen und die konkret angesprochene Theorie zu erklären.

6. (3 Punkte) Die Studentin *Laura* geht davon aus, dass die Subjektionstheorie zur Abgrenzung von Öffentlichem Recht und Privatrecht darauf abstellt, ob ein Beteiligter mit „*Hoheitsgewalt*“ handelt. Nehmen Sie zu dieser Annahme Stellung!

Lauras Annahme ist falsch, denn es ist die Subjektstheorie, welche darauf abstellt, ob ein Beteiligter mit Hoheitsgewalt („*imperium*“) handelt. **(1 P)** Die Subjektionstheorie geht demgegenüber davon aus, dass es im Öffentlichen Recht juristische Herrschaftsverhältnisse im Sinne einer Über- und Unterordnung gibt, die mit einer einseitigen Normerzeugung einhergehen. **(1 P)** Charakteristisch für das Privatrecht ist nach der Subjektionstheorie hingegen eine Gleichordnung, weshalb das Privatrecht typischerweise durch zweiseitige Rechtsakte geprägt ist. **(1 P)**

Neben der Subjektstheorie und der Subjektionstheorie gibt es zur Unterscheidung von Öffentlichem Recht und Privatrecht auch die Interessentheorie. Diese stellt darauf ab, ob dem Schutz öffentlicher Interessen oder dem Schutz privater Interessen gedient werden soll.

Es ist zu beachten, dass keine der Theorien zur Abgrenzung von Öffentlichem Recht und Privatrecht eine exakte Trennung ermöglicht. So berücksichtigt die Interessentheorie beispielsweise nicht, dass eine Norm gleichzeitig sowohl öffentlichen als auch privaten Interessen dienen kann. Die Subjektionstheorie lässt außer Acht, dass das Privatrecht auch „einseitig erlassene Anordnungen“ kennt (zB im Arbeitsrecht) und dass auch dem Öffentlichen Recht „zweiseitige Vereinbarungen“ nicht fremd sind (zB bei Vereinbarungen zwischen Bund und Ländern). Zumeist wird zur Abgrenzung heutzutage darauf abgestellt, in welcher Form gehandelt wird (im Sinne einer Kombination von Subjektionstheorie und Subjektstheorie).

Ausgewählte Gebiete des Öffentlichen Rechts

7. (4 Punkte) Handelt es sich bei der Nationalratswahlordnung (NRWO) um Verfassungsrecht? Erklären Sie!

Bei der NRWO handelt es sich um Verfassungsrecht im materiellen Sinn, **(1 P)** da der Inhalt der NRWO regelt, wer zur Rechtssetzung ermächtigt ist (= Wahl des Nationalrats). Somit hat die NRWO unmittelbaren Einfluss auf die Staatsorganisation. **(1 P)**
Bei der NRWO handelt es sich nicht um Verfassungsrecht im formellen Sinn, **(1 P)** da die NRWO in Form eines einfachen Bundesgesetzes erlassen wurde und kein Verfassungsgesetz ist. **(1 P)**

Das bloße Beschreiben von Verfassungsrecht im materiellen Sinn und/oder von Verfassungsrecht im formellen Sinn bringt keine Punkte.

In vielen Fällen handelt es sich beim Verfassungsrecht im materiellen Sinn auch um Verfassungsrecht im formellen Sinn. Es gibt aber einige Ausnahmen. Diese müssen ohne einen Hinweis in der Angabe erkannt werden.

In diesem Beispiel wird nicht nach dem Stufenbaumodell der rechtlichen Bedingtheit oder der derogatorischen Kraft gefragt, sodass es für entsprechende Ausführungen keine Punkte geben kann.

8. (4 Punkte) Art 14 Abs 7a B-VG legt fest, dass die Schulpflicht in Österreich zumindest neun Jahre beträgt. Handelt es sich bei dieser Bestimmung um Verfassungsrecht? Begründen Sie Ihren Lösungsansatz!

Es handelt sich um Verfassungsrecht im formellen Sinn, da die Bestimmung als Teil des B-VG einem besonderen Rechtserzeugungsverfahren unterliegt. **(1 P)** Für dieses gelten erschwerte Anforderungen, insbesondere, neben der Bezeichnung als Verfassungsgesetz, hinsichtlich des Präsensquorums (Anwesenheit von mindestens der Hälfte der Nationalratsabgeordneten) und des Konsensquorums (Mehrheit von 2/3 der abgegebenen Stimmen). **(1 P)** Art 14 Abs 7a B-VG ist jedoch kein Verfassungsrecht im materiellen Sinn, **(1 P)** da es sich nicht um eine „grundlegende" Bestimmung handelt, die den Aufbau, die Organisation und die „Machtverteilung" im Staat zum Inhalt hat. **(1 P)**

Zu Verfassungsrecht im materiellen Sinn, welches nicht als Verfassungsrecht im formellen Sinn erlassen wurde → *Frage 7.*

9. (2 Punkte) Wieso finden sich in einfachen Bundesgesetzen *„Verfassungsbestimmungen"*? Mit welchen Quoren sind diese zu beschließen?

Die österreichische Bundesverfassung kennt kein Inkorporationsgebot, also die Verpflichtung, alle Verfassungsbestimmungen in einem (Verfassungs-) Gesetz zu normieren. **(1 P)** Somit können in einfachen Bundesgesetzen Verfassungsbestimmungen normiert sein, die mittels erhöhtem Präsensquorum (mindestens 1/2 der Nationalratsabgeordneten anwesend), erhöhtem Konsensquorum (Mehrheit von 2/3 der abgegebenen Stimmen) und der Bezeichnung als *„Verfassungsbestimmung"* erzeugt werden müssen. **(1 P)**

Das bloße Nennen des Begriffs „Inkorporationsgebot" beantwortet die Frage nicht und bringt keine Punkte.

Ebenso wenig reicht es aus, ausschließlich die erhöhten Quoren zu nennen, da die Bezeichnungspflicht als „Verfassungsbestimmung" ausdrücklich in Art 44 Abs 1 B-VG vorgeschrieben ist. Folgendes Beispiel soll zum besseren Verständnis von Verfassungsbestimmungen in einfachen Bundesgesetzen beitragen: Das Bundesgesetz über die Finanzierung politischer Parteien (Parteiengesetz 2012 – PartG) wird am 27. 6. 2012 im Nationalrat beschlossen. Da dieses einfache Bundesgesetz mehrere Verfassungsbestimmungen (beispielsweise die §§ 1 und 3 PartG) enthält, wird das gesamte einfache Bundesgesetz mit erhöhten Präsens- und Konsensquoren beschlossen. Obwohl das gesamte PartG mit erhöhten Quoren beschlossen wurde, handelt es sich dennoch um ein einfaches Bundesgesetz und nicht um ein Verfassungsgesetz, da dieses Bundesgesetz nicht als „Verfassungsgesetz" bezeichnet wurde. Nur die §§ 1 und 3 PartG sind „Verfassungsbestimmungen", da sie ausdrücklich als solche bezeichnet und zudem mit erhöhten Quoren beschlossen wurden (= Verfassungsrecht im formellen Sinn).

10. Unterscheiden und erklären Sie die Begriffe:
a) (2 Punkte) „Grundfreiheit"

Ziel der Grundfreiheiten ist es, einen einheitlichen Binnenmarkt zu verwirklichen und sein Funktionieren zu gewährleisten (Art 26 AEUV). **(1 P)** Grundfreiheiten sind Teil des Primärrechts der Europäischen Union. **(1 P)**

Es wird nach dem Begriff Grundfreiheit gefragt und nicht nach einer bestimmten Grundfreiheit. Somit erreicht man keine Punkte, wenn einzelne Grundfreiheiten angeführt oder erklärt werden.

Der Begriff Grundfreiheit sollte nicht mit der Europäischen Menschenrechtskonvention (EMRK), welche von Menschenrechten und Grundfreihei-

ten spricht, verwechselt werden. Damit sind Grundrechte gemeint und nicht Grundfreiheiten der Europäischen Union.

b) (2 Punkte) „Grundprinzip“

Die Grundprinzipien sind grundlegende Staatsideen der Verfassung. **(1 P)** Art 44 Abs 3 B-VG bestimmt, dass jede „*Gesamtänderung der Bundesverfassung*“ einer Abstimmung des gesamten Bundesvolkes zu unterziehen ist. **(1 P)**

Es wird nach dem Begriff Grundprinzip gefragt und nicht nach einem bestimmten Grundprinzip. Das Nennen von Grundprinzipien oder das Erklären verschiedener Grundprinzipien bringt daher keine Punkte.

Grundprinzipien sind das Fundament der Verfassung. Der grundlegende, fundamentale oder elementare Charakter dieser Prinzipien sollte daher unbedingt angeführt werden.

Art 44 Abs 3 B-VG darf nicht vergessen werden, da die Gesamtänderung in direkter Verbindung mit den Grundprinzipien steht. Eine grundlegende Änderung oder Abschaffung der Grundprinzipien ist nur durch eine Gesamtänderung der Bundesverfassung möglich.

c) (2 Punkte) „Grundrecht“

Grundrechte sind verfassungsgesetzlich gewährleistete **(1 P)** subjektive Rechte. **(1 P)**

Der Fachterminus „verfassungsgesetzlich gewährleistete subjektive Rechte“ muss korrekt verwendet werden, da sonst nicht die volle Punktezahl erreicht werden kann.

Bei Grundrechten handelt es sich um Verfassungsrecht im formellen Sinn (= verfassungsgesetzlich), welches Ihnen als Individuum bestimmte Rechte gegenüber dem Staat ua einräumt (= subjektives Recht), die Sie durch Anrufung staatlicher Organe durchsetzen können.

11. (4 Punkte) Der Bundeskanzler plant, dass künftig nur noch die Bundesregierung zur Gesetzgebung ermächtigt ist. Zudem sollen die Gesetzgebungskompetenzen der Länder und der Bundesrat ersatzlos abgeschafft werden. Was wäre aus verfassungsrechtlicher Sicht zu bedenken? Könnten diese Vorhaben aus verfassungsrechtlicher Sicht umgesetzt werden?

Bei der Zusammenlegung der Staatsfunktionen Gesetzgebung und Verwaltung wird in das gewaltentrennende Grundprinzip eingegriffen. Durch diese Maßnahme wäre die Staatsgewalt nicht mehr in drei organisatorisch getrennte Staatsfunktionen, nämlich Gesetzgebung, Gerichtsbarkeit und Verwaltung, aufgeteilt. **(1 P)** Das Bundesstaatliche Grundprinzip sieht die Aufteilung der staatlichen Funktionen zwischen Bund und Ländern vor. Durch die Abschaffung der Gesetzgebungskompetenz der Länder, würde in das bundesstaatliche Grundprinzip eingegriffen werden. **(1 P)** Auch der Bundesrat ist ein Ausfluss des bundestaatlichen Grundprinzips und ermöglicht den Ländern am Gesetzgebungsverfahren des Bundes teilzunehmen. **(1 P)** Alle drei Vorhaben könnten durch eine Gesamtänderung der Bundesverfassung umgesetzt werden. Erforderlich wären entsprechende Verfassungsgesetze (mindestens 1/2 Präsensquorum, mindestens 2/3 Konsensquorum, Bezeichnung als „*Verfassungsgesetz*") und zusätzlich jeweils eine obligatorische Volksabstimmung. In dieser entscheidet, nach der Befassung des Bundesrates, welcher allen Gesetzesvorhaben zuzustimmen hat, die „*unbedingte Mehrheit der abgegebenen Stimmen*". **(1 P)**

Oftmals wird hier übersehen, dass das System der Verfassung inklusive Grundprinzipien unter bestimmten Voraussetzungen durchaus geändert werden kann. Dies ist jedoch nur unter erschwerten Bedingungen möglich, die ausnahmslos thematisiert und – inklusive zutreffender Quoren – angeführt werden müssen. (ebenso bei → Fragen 13, 14 und 15)

Daher erhält man für den Verweis, dass dieses Vorgehen nach der geltenden Rechtslage nicht möglich oder verfassungswidrig ist, keine Punkte.

Wichtig ist, dass sowohl der Bundesrat selbst als auch die Gesetzgebungskompetenz der Länder angesprochen werden. Obwohl beide Konstellationen Teil des Bundesstaatlichen Grundprinzips sind, müssen diese explizit angeführt werden, um alle Punkte zu erreichen, da unterschiedliche Aspekte dieses Grundprinzips gefragt werden.

Beachten Sie die Rolle des Bundesrates, der gewöhnlich über ein suspensives Veto gem Art 42 B-VG verfügt und ausnahmsweise gem Art 44 Abs 2 B-VG zuzustimmen hat, wenn Verfassungsbestimmungen über den Bundesrat abgeändert werden bzw. Verfassungsregelungen, durch die die Zuständigkeit der Länder in Gesetzgebung oder Vollziehung eingeschränkt wird, verändert werden. Wird die Zustimmung nicht erteilt, darf das Gesetzgebungsverfahren nicht fortgesetzt werden! (→ Fragen 27 und 30)

12. (4 Punkte) Sowohl das bundesstaatliche als auch das gewaltentrennende Grundprinzip dienen der Aufteilung der staatlichen Gewalt, um damit Machtmissbrauch zu verhindern. Erklären Sie, warum dies so ist!

Nach dem gewaltentrennenden Grundprinzip ist die Staatsgewalt organisatorisch zwischen Gesetzgebung (Legislative), Verwaltung (Exekutive) und Gerichtsbarkeit (Judikative) aufgeteilt. **(1 P)** Dies wird durch ein System der wechselseitigen Abhängigkeit und Kontrolle ergänzt („*checks and balances*"). **(1 P)** Auch das bundesstaatliche Grundprinzip sieht eine Aufteilung der staatlichen Funktionen vor, jedoch zwischen dem Bund und den (Bundes-)Ländern. **(1 P)** Ähnlich wie beim gewaltentrennenden Grundprinzip gibt es auch hier wechselseitige Kontrollmechanismen. **(1 P)**

Das gewaltentrennende Grundprinzips betreffend ist es hilfreich, sich die wechselseitige Kontrolle und Abhängigkeit anhand des Misstrauensvotum gem Art 74 B-VG vorzustellen: Der Nationalrat (= Legislative) kann entweder der ganzen Bundesregierung oder einzelnen Mitgliedern der Bundesregierung (= Exekutive) das Vertrauen entziehen und übt somit eine Kontrolle über die Bundesregierung und ihre Mitglieder aus.

Im Hinblick auf das bundesstaatliche Grundprinzip ist es ratsam, sich das System der Aufteilung der staatlichen Gewalt zwischen Bund und (Bundes-) Ländern vor Augen zu führen. Grundsätzlich gibt es Bundesgesetzgebungsorgane (= Nationalrat) und Landesgesetzgebungsorgane (= Landtage) sowie Bundesverwaltungsorgane (= Bundesregierung) und Landesverwaltungsorgane (= Landesregierung). Ähnlich wie beim gewaltentrennenden Grundprinzip gibt es auch hier ein System der wechselseitigen Kontrolle. Gem Art 15 Abs 10 B-VG muss die Bundesregierung (= Exekutive) bestimmten Landesgesetzen von Landtagen (= Legislative), die Einfluss auf die Bundesvollziehung haben, zustimmen damit diese erlassen werden können. Demgegenüber muss der Bundesrat als „Länderkammer" im Rahmen der Bundesgesetzgebung Veränderungen oder Einschränkungen der Kompetenzen der Länder zur Gesetzgebung oder Vollziehung ebenfalls zustimmen (Art 44 Abs 2 B-VG).

13. (4 Punkte) Art 141 Abs 1a B-VG besagt, dass der Verfassungsgerichtshof (VfGH) über die Anfechtung der Wahl zu den allgemeinen Vertretungskörpern (beispielsweise des Nationalrats) erkennt. Diese Regelung soll durch eine Novellierung entfallen, da in Zukunft Wahlen, bei denen es nachweislich zu keinen Manipulationen gekommen ist, nicht nur aufgrund von formalen Fehlern – wie etwa die zu frühe Auszählung der Briefwahlstimmen – wiederholt werden sollen. Wäre dies verfassungsrechtlich möglich?

Das Wegfallen der Anfechtung von Wahlen stellt einen erheblichen Eingriff in das demokratische Grundprinzip dar, **(1 P)** da nicht mehr gewährleistet ist, dass Wahlen ordnungsgemäß abgehalten werden, weil keine Überprüfung des Wahlverfahrens mehr möglich ist. **(1 P)** (Gleichwertige Alternativlösungen: a) Es könnte mit dem rechtsstaatlichen Grundprinzip argumentiert werden. Jedoch müsste nachvollziehbar erläutert werden, welcher Akt des Wahlverfahrens eine Norm darstellt, die im Sinne des Rechtsschutzes durch den VfGH überprüft werden kann. b) Ebenso würde das gewaltentrennende Grundprinzip als Lösung in Frage kommen. Dafür müsste einleuchtend argumentiert werden, dass der VfGH als Organ der Judikative das Prozedere der Exekutive (hier: der zuständigen Wahlbehörden) überprüft und somit das System der wechselseitigen Abhängigkeit und Kontrolle gewährleistet.)

Daher muss eine solche Novellierung in Form eines gesamtändernden Bundesverfassungsgesetzes erfolgen. Neben den erhöhten Quoren (1/2 Präsens- + 2/3 Konsensquorum) und der Bezeichnung als Verfassungsbestimmung **(1 P)** ist zwingend die Durchführung einer Volksabstimmung notwendig. In dieser entscheidet, nach der Befassung des Bundesrates, die *„unbedingte Mehrheit der abgegebenen Stimmen"*. **(1 P)**

Es wird erwartet, dass das betroffene Grundprinzip (hier: das demokratische Grundprinzip) einerseits aus dem konkreten Sachverhalt erkannt und andererseits auf diesen angewendet wird. Für das allgemeine Beschreiben der Grundprinzipien oder des demokratischen Grundprinzips kann es daher auch hier keine Punkte geben.

Wie dieser Fall anschaulich illustriert, ist die Trennung zwischen den einzelnen Grundprinzipien nicht exakt möglich, weil diese einerseits zusammenhängen und andererseits ineinander greifen.

14. Bundespräsidentin *Karin* ist schon seit längerem nicht mehr zufrieden mit den im Nationalrat beschlossenen Gesetzen, da diese nicht ihrer politischen Meinung entsprechen. Daher entschließt sie sich dazu, in Zukunft nur mehr jene Gesetze zu beurkunden, die mit ihrer politischen Meinung übereinstimmen.

a) (3 Punkte) Wäre ein solches Vorgehen verfassungsrechtlich zulässig? Erklären Sie schlüssig!

Die*der Bundespräsident*in ist zwar zuständig für die Beurkundung von Gesetzen, prüft aber lediglich das *„verfassungsmäßige Zustandekommen"* des Gesetzesbeschlusses (Art 47 Abs 1 B-VG). **(1 P)** Darunter versteht die herrschende Lehre jedoch nur die Überprüfung, ob im Gesetzgebungsverfahren alle formellen Voraussetzungen eingehalten wurden. Eine inhaltliche Prüfung, geschweige denn das Übereinstimmen mit der eigenen politischen Meinung der*des Bundespräsident*in, ist nicht vorgesehen. **(1 P)** Ist der Gesetzesbeschluss verfassungsmäßig zustande gekommen, ist die*der Bundespräsident*in verpflichtet, den Gesetzesbeschluss durch ihre*seine Unterschrift zu beurkunden. Die*der Bundespräsident*in hat hier somit keinen politischen Spielraum. **(1 P)**

b) (2 Punkte) Da sich *Karins* Amtszeit dem Ende zuneigt, möchte sie zudem Abgeordnete im Parlament davon überzeugen, die Amtsperiode des Bundespräsidenten von sechs auf sieben Jahre zu erhöhen. Ist dies möglich? Wenn ja, unter welchen Voraussetzungen?

Eine solche Änderung der Amtszeit ist zwar möglich, jedoch nur unter erschwerten Voraussetzungen. Bei der entsprechenden Bestimmung, die geändert werden soll (Art 60 Abs 5 B-VG) handelt es sich um ein Verfassungsgesetz. Um dieses zu ändern, bedarf es erhöhter Quoren im Nationalrat (mindestens die Hälfte der Abgeordneten muss anwesend sein; zwei Drittel der von den Anwesenden abgegebenen Stimmen müssen zustimmen) und der Bezeichnung als Verfassungsgesetz. **(1 P)** Da die Erhöhung der Amtszeit um ein Jahr lediglich eine geringfügige Verlängerung der Amtsperiode darstellt, handelt es sich (noch) nicht um eine Gesamtänderung der Bundesverfassung. Es ist daher keine Volksabstimmung notwendig. **(1 P)**

Auch wenn im Ergebnis keine Gesamtänderung vorliegt, ist es notwendig, diese zu thematisieren, da eine entsprechende Gesetzesänderung das republikanische Grundprinzip beeinträchtigen könnte.

c) (2 Punkte) Die Partei *XY* hält das Verhalten der Bundespräsidentin für inakzeptabel und denkt daher an, das Amt des Bundespräsidenten generell abzuschaffen. Ist dies möglich? Wenn ja, unter welchen Voraussetzungen?

Selbst die gänzliche Abschaffung des Amtes des Bundespräsidenten ist möglich, wobei auch hier erschwerte Voraussetzungen bestehen. Bei den entsprechenden Bestimmungen (Art 60 ff B-VG und weitere Verfassungsbestimmungen), die geändert werden sollen, handelt es sich um Verfassungsrecht im formellen Sinn. Um dieses zu ändern, bedarf es erhöhter Quoren im Nationalrat (mindestens die Hälfte der Abgeordneten muss anwesend sein; zwei Drittel der von den Anwesenden abgegebenen Stimmen müssen zustimmen) und der Bezeichnung als Verfassungsgesetz. **(1 P)** Zudem liegt ein Eingriff in das republikanische Grundprinzip vor, da das Amt des Bundespräsidenten zur Gänze abgeschafft werden soll und dadurch kein gewähltes Staatsoberhaupt mehr an der Spitze des Staates steht. Somit ist zusätzlich eine Volksabstimmung erforderlich. In dieser entscheidet, nach der Befassung des Bundesrates, die *„unbedingte Mehrheit der abgegebenen Stimmen“*. **(1 P)**

Zur Erreichung der Punkte ist es notwendig, auch die entsprechenden Quoren anzugeben.

15. (4 Punkte) Die Amtsperiode des Bundespräsidenten ist in Art 60 Abs 5 B-VG normiert. Die amtierende Regierung will diese von sechs auf zwanzig Jahre verlängern. Welche Möglichkeiten bestehen, um die verfassungsrechtlichen Vorgaben abzuändern? Wenden Sie Ihre Erkenntnisse auch auf den konkreten Fall an.

Die zeitlich beschränkte Amtsdauer des Bundespräsidenten ist neben der Direktwahl durch das Bundesvolk sowie die Verantwortlichkeit für die Amtsführung ein zwingendes Merkmal des republikanischen Grundprinzips. **(1 P)** Sofern die verfassungsrechtliche Absicherung dieses Merkmals in Art 60 Abs 5 B-VG abgeändert werden soll, bedarf es auf jeden Fall einer Teiländerung der Verfassung mit erhöhten Quoren (1/2 Präsens- + 2/3 Konsensquorum) und der Bezeichnung als Verfassungsbestimmung. **(1 P)** Im konkreten Fall ist es jedoch fraglich, ob eine Teiländerung ausreicht, da durch die Erhöhung der Amtsperiode auf zwanzig Jahre das republikanische Grundprinzip wesentlich modifiziert wird. **(1 P)** Vielmehr stellt dieser intensive Eingriff eine Gesamtänderung dar, die eine obligatorische Volkabstimmung verlangt. In dieser entscheidet, nach der Befassung des Bundesrates, die *„unbedingte Mehrheit der abgegebenen Stimmen“*. **(1 P)**

Das republikanische Grundprinzip findet sich insbesondere in Art 60 B-VG. Der Art 60 Abs 5 B-VG normiert hierzu, dass die Amtsperiode des Bundespräsidenten sechs Jahre beträgt, wobei eine Wiederwahl für die unmittelbar folgende Funktionsperiode nur einmal zulässig ist. Aus obigen Überlegungen ist somit erkennbar, dass beispielsweise eine Verlängerung der Amtsperiode des Bundespräsidenten von sechs auf sieben Jahren keinesfalls zu einer Gesamtänderung des republikanischen Grundprinzips führen würde. Die Bürger haben nach wie vor die Möglichkeit in absehbarer Zeit Einfluss auf die Besetzung des Bundespräsidentenamts zu nehmen und es würde keine wesentliche Änderung der Amtsperiode eintreten. Da es aber keine allgemein gültigen Regelungen gibt, ab wann ein Eingriff in ein Grundprinzip so intensiv vorliegt, dass diese Änderung mit Sicherheit eine Gesamtänderung der Verfassung mit der obligatorischen Volksabstimmung bedarf, wird bei der Beantwortung dieser Frage auf Ihren Argumentationsweg Wert gelegt. Aus diesem Grund ist es wichtig, beide Möglichkeiten der Abänderung der verfassungsrechtlichen Vorgaben (Teil- oder Gesamtänderung) auszuführen.

16. (2 Punkte) Die Abgeordnete *Helene* ist der Ansicht, dass „einfache Bürger*innen" bei der Nationalratswahl nicht unmittelbar die Abgeordneten wählen sollten. Außerdem findet sie, dass das Wahlrecht von Frauen gestärkt und ihre Stimme daher stärker gewichtet werden sollte. Was ist aus verfassungsrechtlicher Sicht dazu zu bemerken?

Die erste Forderung *Helenes* widerspricht dem Grundsatz der unmittelbaren Wahl. Gemäß diesem hat die Wahl der Nationalratsabgeordneten unmittelbar durch die Wähler*innen zu erfolgen (ohne dass etwa Wahlmänner oder Wahlfrauen zwischengeschaltet wären). **(1 P)** Zudem verstößt ihre zweite Forderung gegen den Grundsatz der gleichen Wahl. Dieser besagt, dass jede Stimme den gleichen Zählwert hat, also gleich viel wert ist. Somit wäre es nicht zulässig, dass die Stimmen weiblicher Wählerinnen stärker gewichtet werden als die Stimmen männlicher Wähler. **(1 P)**

17. (2 Punkte) *Georg* ist der Meinung, dass die Stimmen von Staatsbürger*innen mit Matura oder einem Studienabschluss bei der Nationalratswahl deutlich mehr wert sein sollten als die Stimmen von Staatsbürger*innen mit Pflichtschulabschluss. Zudem sollen die Nationalratsabgeordneten, wie in den USA, durch Wahlmänner und Wahlfrauen, gewählt werden. Wie beurteilen Sie *Georgs* Ansichten?

Dieses Vorhaben wäre mit den Grundsätzen des gleichen und unmittelbaren Wahlrechts nicht zu vereinbaren. Das gleiche Wahlrecht besagt, dass jeder Stimme der gleiche Zählwert zukommt und somit alle Stimmen gleich gewichtet werden. **(1 P)** Durch das unmittelbare Wahlrecht wird sichergestellt, dass die Wahl der Abgeordneten unmittelbar durch die Wahlberechtigten selbst erfolgt. Die Zwischenschaltung von Wahlmännern und Wahlfrauen wäre demnach unzulässig. **(1 P)**

Hier sollen nicht sämtliche Wahlrechtsgrundsätze aufgelistet werden. Bepunktet werden nur die im konkreten Fall relevanten Grundsätze.

*Der Grundsatz des persönlichen Wahlrechts ist hier unerheblich, da die Wahl nicht durch Stellvertreter*innen erfolgen soll. Die Wahlberechtigten geben vielmehr selbst ihre Stimmen ab, jedoch sollen die Abgeordneten in weiterer Folge durch die Wahlfrauen und Wahlmänner gewählt werden.*

18. Beantworten Sie folgende Fragen bezüglich Wahlgrundsätze:
a) (2 Punkte) Die Einhaltung welches Wahlgrundsatzes könnte bei der „Briefwahl" problematisch sein? Entscheiden Sie sich für einen und begründen Sie!

Hierbei ist insbesondere an den Wahlgrundsatz des persönlichen Wahlrechts zu denken, **(1 P)** da die persönliche Wahlabgabe durch die Stimmberechtigten bei der Briefwahl nicht sichergestellt werden kann. **(1 P)** (Gleichwertige Alternativlösung: Auch der Grundsatz des geheimen Wahlrechts kommt in Frage, weil dieser gewährleisten soll, dass weder der Staat noch Private sich über den Inhalt der individuellen Stimmabgabe Kenntnis verschaffen können.)

Die herrschende Lehre ist der Ansicht, dass der Grundsatz des persönlichen Wahlrechts bei der Briefwahl tangiert wird, da es schwierig nachzuvollziehen ist, ob die Stimmabgabe bei der postalischen Versendung einer Wahlkarte („Briefwahl") persönlich durch die Stimmberechtigen erfolgt ist. Dennoch ist auch die Einhaltung des geheimen Wahlrechtsgrundsatzes nach der herrschenden Lehre bei dieser Thematik strittig, insbesondere seitdem publik geworden ist, dass sich ordnungsgemäß verschlossene Briefkuverts durch einen Klebestreifen-Defekt von selbst geöffnet haben.

b) (1 Punkt) Nennen Sie zwei weitere Wahlgrundsätze!

Grundsatz des persönlichen Wahlrechts, Grundsatz des geheimen Wahlrechts, Grundsatz des unmittelbaren Wahlrechts, Grundsatz des freien Wahlrechts, Grundsatz des gleichen Wahlrechts, Erfordernis einer Verhältniswahl **(für zwei richtige Grundsätze, sofern diese nicht unter a) genannt wurden 1 P)**

Gesetzlich geregelt sind diese Wahlgrundsätze in Art 26 Abs 1 B-VG.

Bei der Einführungsprüfung werden im Öffentlichen Recht keine halben Punkte vergeben. Deshalb gibt es für die Nennung nur eines Wahlgrundsatzes bei der Beantwortung von b) keine Punkte. Gleiches gilt für die Nennung von zwei richtigen und einem falschen Grundsatz. Zudem ist zu berücksichtigen, dass bei b) von der Nennung „weiterer" Wahlgrundsätze die Rede ist, sodass nur Wahlgrundsätze zählen, die unter a) noch nicht genannt wurden.

19. (2 Punkte) Die Wahlbeteiligung soll gesteigert werden und zu diesem Zweck wird das Wahlrecht geändert. Nun sollen Personen, die bei der Wahl verhindert sind, ihre Stimme durch eine Person ihrer Wahl abgeben können. Diese Person übt das Wahlrecht im Wahllokal für die verhinderte Person aus. Welchem Grundsatz würde dies widersprechen? Erklären Sie!

Dies würde dem Grundsatz der persönlichen Wahl widersprechen. **(1 P)** Dieser besagt, dass die Wahl nicht durch eine*einen Stellvertreter*in erfolgen darf, sondern die Stimme vom Wahlberechtigten persönlich abzugeben ist. **(1 P)**

Auch hier gilt, dass das Aufzählen aller Wahlgrundsätze die Frage nicht beantwortet und es daher dafür keine Punkte geben kann.

Der Grundsatz der gleichen Wahl ist deshalb nicht auf diesen Fall anwendbar, da im Beispiel die Stimme nicht mehrmals gezählt wird, sondern nur für einen anderen abgegeben wird.

20. (2 Punkte) Am Wahltag wird *Max* beim Betreten des Wahllokals von Vertreter*innen der wahlwerbenden Parteien empfangen und intensiv für das Wählen der jeweiligen Partei umworben. Welchem Grundsatz könnte dies widersprechen? Erklären Sie!

Das intensive Werben durch die Vertreter*innen der wahlwerbenden Parteien widerspricht dem Grundsatz des freien Wahlrechts. **(1 P)** Dieser stellt sicher, dass Wahlberechtigte ihre Stimmabgabe ohne Zwang und unsachliche Beeinflussung treffen können. **(1 P)**

Das freie Wahlrecht ist ua durch das Verbot der Wahlwerbung im Wahlgebäude am Wahltag garantiert (§ 58 NRWO).

21. (2 Punkte) Bei den anstehenden Wahlen werden aufgrund eines Produktionsfehlers durchsichtige Wahlkuverts verwendet. Welchem Grundsatz könnte dies widersprechen? Erklären Sie!

Dieses Vorgehen würde dem Grundsatz des geheimen Wahlrechts widersprechen. **(1 P)** Demnach muss die Stimmabgabe so erfolgen, dass sich weder Private noch der Staat Kenntnis über die individuelle Stimmabgabe verschaffen können. **(1 P)**

Der Grundsatz des geheimen Wahlrechts wird beispielsweise ausdrücklich in der Nationalratswahlordnung geschützt, indem undurchsichtige Wahlkuverts zu verwenden sind (§ 64 Abs 1 NRWO).

22. (4 Punkte) Im Nationalrat soll ein Gesetz verabschiedet werden, welches die Bevölkerung vor Neandertalern schützen soll. Begeistert von der Idee erteilt der Klubobmann einer Oppositionspartei den Abgeordneten seiner Fraktion den Auftrag, für die Erlassung des Gesetzes zu stimmen. Handelt es sich bei der Anordnung um eine Weisung? Muss die Anordnung befolgt werden?

Eine Weisung ist eine verwaltungsinterne Anordnung, die von vorgesetzten Verwaltungsorganen gegenüber nachgeordneten Verwaltungsorganen erlassen wird. **(1 P)** Da sowohl der Klubobmann als auch die Abgeordneten keine Verwaltungsorgane sind, handelt es sich um keine Weisung. **(1 P)** Der Grundsatz des freien Mandats besagt, dass Abgeordnete bei der Ausübung ihres Berufes an keine Aufträge gebunden sind. **(1 P)** Aus diesem Grund muss die Anordnung nicht befolgt werden. **(1 P)**

Es wird erwartet, dass sowohl die Weisung als auch der Grundsatz des freien Mandats erklärt werden, da sonst die Frage unvollständig beantwortet ist.

Oftmals wird übersehen, dass Abgeordnete keine Verwaltungsorgane sind, oder nicht erkannt, dass der Nationalrat (und somit die Abgeordneten) der Legislative und nicht der Vollziehung zuzurechnen sind.

*Die Immunität darf nicht mit dem Grundsatz des freien Mandats gleichgesetzt werden. Das freie Mandat soll den Abgeordneten die Bildung einer freien Entscheidung, ohne eine rechtliche Bindung an die jeweilige Parteilinie, Interessensvertretungen oder Wähler*innengruppen ermöglichen. In der Praxis kann dies jedoch nicht durchgehalten werden, da Abgeordnete sehr wohl der Partei, den Interessensvertretungen sowie den Wähler*innengruppen faktisch verpflichtet sein können. Daher können Abgeordnete durchaus bei ihrer Entscheidungsbildung beeinflusst werden, wenn sie beispielsweise wiedergewählt werden wollen. Die Immunität hingegen verhindert oder erschwert, dass Abgeordnete für von ihnen getroffene Entscheidungen (Abstimmungsverhalten, Aussagen etc) zur Verantwortung gezogen werden können. Obwohl beide die Unabhängigkeit der Abgeordneten sichern, schützen sie Abgeordnete in aufeinanderfolgenden Schritten. Sinnvoll ist es daher, sich das freie Mandat und die Immunität als verschiedene aufeinanderfolgende Schritte einzuprägen.*

23. (4 Punkte) Was versteht man unter der *„beruflichen Immunität"* und der *„außerberuflichen Immunität"* im Hinblick auf die Mitglieder des Nationalrates?

Die berufliche Immunität schützt die Rede- und Abstimmungsfreiheit der Nationalratsabgeordneten. Sie umfasst daher Abstimmungen sowie jene Äußerungen, die *„in diesem Beruf"* (das heißt zB während einer Nationalratssitzung) getätigt werden. **(1 P)** Für Abstimmungen dürfen die Mitglieder des Nationalrates nicht rechtlich zur Verantwortung gezogen werden. Für die in Ausübung ihres Berufes getätigten Äußerungen dürfen die Abgeordneten nur vom Nationalrat verantwortlich gemacht werden (Art 57 Abs 1 B-VG). **(1 P)**
Die außerberufliche Immunität schützt die Mitglieder des Nationalrates vor behördlichen Verfolgungen wegen strafbarer Handlungen. Verhaftungen und Hausdurchsuchungen erfordern grundsätzlich stets die Zustimmung des Nationalrates. Eine Ausnahme davon besteht allerdings für Verhaftungen, die aufgrund einer Ergreifung auf frischer Tat bei der Verübung eines Verbrechens vorgenommen werden (Art 57 Abs 2 B-VG). **(1 P)** Bei sonstigen behördlichen Verfolgungsmaßnahmen gilt es zu unterscheiden: Steht die strafbare Handlung offensichtlich in keinem Zusammenhang mit der politischen Tätigkeit, darf die Strafverfolgung ohne Zustimmung des Nationalrates erfolgen. Besteht ein Zusammenhang mit der politischen Tätigkeit, bedarf die Verfolgung der Zustimmung des Nationalrates. **(1 P)**

Für Äußerungen „in diesem Beruf" können die Mitglieder des Nationalrates nur vom Nationalrat selbst zur Verantwortung gezogen werden. Die Geschäftsordnung des Nationalrates (§§ 101 f GOG-NR) räumt dem Präsidenten des Nationalrates dazu verschiedene Ordnungsmittel ein, wie den „Ruf zur Sache", den „Ruf zur Ordnung" und den „Entzug des Wortes". Wenn Art 57 Abs 1 B-VG davon spricht, dass die „in diesem Beruf" getätigten Äußerungen durch die berufliche Immunität geschützt sind, gilt es zu beachten, dass dieser Begriff eng auszulegen ist. Es sind daher nur jene Äußerungen umfasst, die unmittelbar bei der parlamentarischen Arbeit getätigt werden (zB Äußerungen im Plenum oder in Ausschüssen des Nationalrates). Nicht umfasst sind zB Äußerungen auf einer Pressekonferenz, selbst wenn sie im Zusammenhang mit der parlamentarischen Tätigkeit des Nationalratsabgeordneten stehen.

Die außerberufliche Immunität schützt Abgeordnete ausschließlich vor strafrechtlichen Verfolgungsmaßnahmen, die sie außerhalb ihrer parlamentarischen Tätigkeiten setzen und die somit nicht von der beruflichen Immunität umfasst sind.

24. Der Abgeordnete *Christian* tätigt während einer hitzigen Nationalratssitzung über ein politisch umstrittenes Thema folgende Aussage: *„Sie sind für mich im Sternzeichen ein Krokodil: eine große Papp'n und ein kleines Hirn"*. Der angesprochene Abgeordnete *Gerald* ist erbost und fordert Konsequenzen.
a) (2 Punkte) Wie kann *Christian* zur Verantwortung gezogen werden?

Aufgrund der beruflichen Immunität **(1 P)** kann *Christian* für seine Äußerung (*„in diesem Beruf"*) nur vom Gesetzgebungsorgan (= in diesem Fall der Nationalrat) zur Verantwortung gezogen werden (Art 57 Abs 1 B-VG). **(1 P)**

Gemäß § 102 Geschäftsordnungsgesetz stehen dem Präsidenten des Nationalrats, wenn Abgeordnete die Würde des Nationalrates verletzen oder beleidigende Äußerungen gebrauchen, die in der Anmerkung zur vorigen Frage genannten Ordnungsmittel zur Verfügung. Hervorzuheben ist, dass es ausschließlich im Ermessen des Nationalratspräsidenten liegt, ob ein Ordnungsmittel ausgesprochen wird.

b) (3 Punkte) Nach Ende der Nationalratssitzung treffen *Christian* und *Gerald* im Rahmen einer Diskussionsrunde zum selben politisch umstrittenen Thema im Parlamentsgebäude erneut aufeinander. *Christian* wiederholt seine Aussage, die er während der Nationalratssitzung getätigt hat, weil *Gerald* seine Argumente nicht gelten lassen will. *Gerald* will nun rechtliche Schritte unternehmen. Wie kann *Christian* zur Verantwortung gezogen werden?

Äußerungen bei einer Diskussionsrunde im Parlamentsgebäude sind grundsätzlich nicht von der beruflichen Immunität umfasst. **(1 P)** Jedoch darf *Christian* für seine strafbare Äußerung aufgrund der außerberuflichen Immunität **(1 P)** nur mit Zustimmung des Gesetzgebungsorgans (= in diesem Fall der Nationalrat) verfolgt werden. **(1 P)**

Wie bereits oben erläutert, ist der Schutz der beruflichen Immunität sehr eng gefasst. Selbst Diskussionsrunden, die im Parlamentsgebäude abgehalten werden, fallen nicht mehr in den Schutzbereich der beruflichen Immunität.

Im Gegensatz zur beruflichen Immunität entscheidet bei der außerberuflichen Immunität der gesamte Nationalrat über die Zustimmung zur Verfolgung.

Die ausnahmsweise Verfolgung ohne Zustimmung des Nationalrats liegt in diesem Beispiel nicht vor, da einerseits Christian nicht auf frischer Tat bei der Verübung eines Verbrechens betreten wurde und andererseits die Äußerung offensichtlich im Zusammenhang mit der politischen Tätigkeit steht.

25. Die WKStA hält es für erforderlich, im Rahmen eines laufenden Ermittlungsverfahrens gegen die Nationalratsabgeordnete *Karoline* eine Hausdurchsuchung durchzuführen. Diese wird des Amtsmissbrauches verdächtigt, wobei dieser Verdacht durch von der WKSTA ausgewertete Chat-Protokolle untermauert wird.

a) (2 Punkte) Muss die WKStA besondere Schritte einleiten, bevor sie eine Hausdurchsuchung bei der Nationalratsabgeordneten *Karoline* vornehmen kann?

Da *Karoline* Nationalratsabgeordnete ist, kommt ihr außerberufliche Immunität zu. **(1P)** Dies bedeutet unter anderem, dass Verhaftungen und Hausdurchsuchungen der Zustimmung des Gesetzgebungsorgans bedürfen (außer bei Ergreifung auf frischer Tat bei Verübung eines Verbrechens). Die WKStA muss somit zunächst die Genehmigung des Nationalrates einholen, bevor sie eine Hausdurchsuchung bei *Karoline* durchführen kann. **(1P)**

b) (4 Punkte) Im weiteren Verlauf des Ermittlungsverfahrens schaltet sich die Justizministerin ein und trägt dem leitenden Staatsanwalt auf, das Ermittlungsverfahren einzustellen, da die gesetzlichen Voraussetzungen vorliegen. Welche Form hoheitlichen Verwaltungshandelns liegt hier vor und muss/darf der Staatsanwalt diese Anordnung der Justizministerin befolgen?

Die Anordnung der Justizministerin stellt eine Weisung dar. **(1P)** Eine Weisung ist eine verwaltungsinterne Anordnung, die von vorgesetzten Verwaltungsorganen gegenüber nachgeordneten Verwaltungsorganen erlassen wird. **(1P)** Wird eine Weisung von einem übergeordneten Organ erlassen, muss diese grundsätzlich befolgt werden, außer die Weisung wird von einem unzuständigen Organ erteilt oder die Befolgung würde gegen strafgesetzliche Vorschriften verstoßen. **(1P)** Im vorliegenden Fall ist die Justizministerin gegenüber dem Staatsanwalt übergeordnetes Organ und dem Staatsanwalt gegenüber weisungsbefugt. Da die Befolgung der Weisung auch nicht gegen strafgesetzliche Vorschriften verstoßen würde, muss der Staatsanwalt die Weisung befolgen und das Verfahren einstellen. **(1P)**

Aufgrund der hierarchischen Gliederung der Verwaltung bestehen innerhalb dieser Weisungsketten. Darunter ist zu verstehen, dass Verwaltungsorgane idR einerseits den ihnen vorgesetzten Organen gegenüber weisungsgebunden sind, andererseits aber auch den ihnen nachgeordneten Organen gegenüber weisungsberechtigt sind. Naturgemäß gibt es sowohl oberste Organe, die zwar weisungsberechtigt, selbst aber nicht weisungsgebunden sind (da sie die obersten Organe in der Verwaltungshierarchie darstellen) als auch Organe, die zwar weisungsgebunden, selbst aber nicht weisungsberechtigt sind (da sie die „untersten" Organe in der Verwaltungshierarchie) darstellen.

*Oberste Organe sind insbesondere die einzelnen Bundesminister*innen, die Bundesregierung und auf Landesebene die Landesregierungen. Im vorliegenden Fall stellt die Bundesministerin für Justiz ein oberstes Verwaltungsorgan dar und ist somit gegenüber den ihr unterstehenden Organen weisungsbefugt. Innerhalb der Staatsanwaltschaft besteht folgende Weisungskette: die Staatsanwaltschaft ist der Oberstaatsanwaltschaft und letztlich der*dem Bundesminister*in für Justiz unterstellt und somit diesen gegenüber weisungsgebunden.*

26. (2 Punkte) Nach jahrelanger Tätigkeit im österreichischen Nationalrat möchte sich die Abgeordnete *Alexandra* neuen Herausforderungen stellen: Sie hat vor, bei der nächsten Bundespräsidentenwahl zu kandidieren. Sollte sie zur Bundespräsidentin gewählt werden, möchte sie ihr Mandat als Nationalratsabgeordnete jedoch nicht aufgeben, da sie der festen Überzeugung ist, beide Funktionen unter einen Hut bringen zu können. Was halten Sie von *Alexandras* Vorhaben?

Die Unabhängigkeit der Mitglieder des Nationalrates wird unter anderem durch Inkompatibilitätsbestimmungen sichergestellt. **(1 P)** *Alexandra* kann als Bundespräsidentin nicht gleichzeitig Abgeordnete des Nationalrats sein. **(1 P)**

*Grundsätzlich gilt, dass bestimmte Funktionen mit der Stellung einer*eines Abgeordneten unvereinbar sind. Dies gilt darüber hinaus bspw auch für die Funktion des Bundespräsidenten mit der gleichzeitigen Mitgliedschaft im Verfassungsgerichtshof oder Verwaltungsgerichtshof). Auch die Tätigkeit als Richter*in am Verfassungs- oder Verwaltungsgerichtshof wären nicht mit der Stellung einer*eines Abgeordneten vereinbar.*

Beachten Sie, dass verfassungsgesetzlich keine Inkompatibilität zwischen der Mitgliedschaft in der Bundesregierung und einem Mandat im Nationalrat vorliegt; es ist allerdings nicht üblich, dass Regierungsmitglieder auch im Nationalrat vertreten sind.

27. Jugendschutz fällt (mangels Nennung in Art 10, 11 und 12 B-VG) unter die Generalklausel des Art 15 B-VG und ist somit in Gesetzgebung und Vollziehung Landessache. Die Mitglieder einer Oppositionspartei im Nationalrat möchten die Zuständigkeit zur Regelung des Jugendschutzes nun auf den Bund übertragen.

a) (1 Punkt) Wie können die Mitglieder der Oppositionspartei ein solches Vorhaben einleiten?

Die Mitglieder der Oppositionspartei im Nationalrat können einen Gesetzesantrag (Art 41 B-VG) einbringen. Dieser wird auch als Gesetzesinitiative bezeichnet. **(1 P)**

Das Anführen, ein solches Vorhaben könne durch eine Regierungsvorlage eingeleitet werden, bringt deshalb keinen Punkt, weil explizit von Mitgliedern der Oppositionspartei die Rede ist und diese eben keine Regierungsvorlage einbringen können.

Um einen Punkt für das Argument zu erhalten, ein solches Vorhaben könnte durch ein Volksbegehren eingeleitet werden, müsste dargelegt werden, dass die Mitglieder der Oppositionspartei 100.000 Stimmberechtigte oder je ein Sechstel der Stimmberechtigten dreier Bundesländer überzeugen müssten, sich einem Volksbegehren anzuschließen.

Mittels einer Volksabstimmung kann kein Gesetzesantrag gestellt werden, da diese eine direkte Abstimmung der Wahlberechtigten über einen Gesetzesbeschluss, der von den gewählten Gesetzgebungsorganen gefasst wurde, darstellt.

b) (1 Punkt) In welcher Form müsste eine solche Änderung im Nationalrat beschlossen werden?

Es handelt sich um Verfassungsrecht im formellen Sinn. Für die Beschlussfassung muss mindestens die Hälfte der Abgeordneten anwesend sein und zwei Drittel von den Anwesenden müssen zustimmen. Zudem muss es als Verfassungsgesetz ausdrücklich bezeichnet sein. **(1 P)**

c) (1 Punkt) Welche Funktion kommt dem Bundesrat im Hinblick auf dieses Vorhaben zu?

Da die Zuständigkeit der Länder in Gesetzgebung und Vollziehung eingeschränkt werden soll, hat der Bundesrat dem Vorhaben zuzustimmen. **(1 P)**

Häufig wird bei dieser Frage verkannt, dass der Bundesrat in dieser Konstellation kein suspensives Veto, sondern ein Zustimmungsrecht gem Art 44 Abs 2 B-VG hat. Es stellt also einen schweren Fehler dar, wenn man ausführt, dass ein solches Verfahren mittels Beharrungsbeschluss fortgesetzt werden kann. *(→ Fragen 11 und 30)*

d) (2 Punkte) Ist zur Übertragung der Zuständigkeit des Jugendschutzes auf den Bund ein Volksbegehren notwendig?

Nein, da es sich bei einem Volksbegehren um ein Gesetzesantrag, der direkt durch die Wahlberechtigten gestellt wird (100.000 Stimmberechtigte oder je ein Sechstel der Stimmberechtigten dreier Bundesländer), handelt. **(1 P)** Wird die Zustimmung des Bundesrates erteilt, könnte nur eine Volksabstimmung durchgeführt werden. Da es sich allerdings in diesem Fall „nur" um die Übertragung einer einzelnen Zuständigkeit handelt, kommt es nicht zu einer Gesamtänderung der Verfassung für die eine solche obligatorisch (Art 44 Abs 3 B-VG) wäre. **(1 P)**

e) (3 Punkte) Wie muss das Gesetzgebungsverfahren weitergehen, wenn der Bundesrat zustimmt?

Anschließend muss das Vorhaben durch den Bundeskanzler dem Bundespräsidenten vorgelegt werden, welcher das *„verfassungsmäßige Zustandekommen"* (Art 47 Abs 1 B-VG) des Gesetzesbeschlusses zu prüfen hat und bejahendenfalls zu dessen Beurkundung durch seine Unterschrift verpflichtet ist. **(1 P)** Diese Unterschrift ist vom Bundeskanzler durch seine Unterschrift *„gegenzuzeichnen"* (Art 47 Abs 3 B-VG). **(1 P)** Schlussendlich hat der Bundeskanzler für die Kundmachung des Gesetzesbeschlusses im Bundesgesetzblatt (Art 49 B-VG) zu sorgen. **(1 P)**

Die Einhaltung der verschiedenen Schritte des Gesetzgebungsverfahrens ist von großer Bedeutung. Es ist daher ein Fehler, die „Gegenzeichnung" des Bundeskanzlers vor der Beurkundung des „verfassungsmäßigen Zustandekommens" durch den Bundespräsidenten zu nennen. Gleiches gilt für die Erwähnung der Kundmachung vor der „Gegenzeichnung".

Zudem wird erwartet, dass die verschiedenen Organe (= hier Bundespräsident und Bundeskanzler), die an diesen verschiedenen Schritten beteiligt sind, genannt werden und richtig zugeordnet werden können. Dies ist deshalb so wichtig, weil das Gesetzgebungsverfahren detailliert in der Verfassung geregelt ist und nur durch die Einhaltung dieser Schritte das wechselseitige System der Kontrollmechanismen im Sinne der verschiedenen Grundprinzipien gewährleistet werden kann.

28. Beantworten Sie folgende Fragen bezüglich Bundesrat:
a) (3 Punkte) Welche Funktion hat der Bundesrat im Gesetzgebungsverfahren des Bundes?

Im Regelfall verfügt der Bundesrat im Gesetzgebungsfahren des Bundes über die Möglichkeit der Erhebung eines suspensiven Vetos. **(1 P)** In anderen Fällen muss der Bundesrat einem Gesetzesbeschluss zwingend zustimmen, beispielsweise wenn es um die Abänderung von Verfassungsbestimmungen betreffend Bundesrat oder Verfassungsbestimmungen geht, durch die die Zuständigkeit der Länder in Gesetzgebung und Vollziehung eingeschränkt wird. **(1 P)** Darüber hinaus kann der Bundesrat oder mindestens ein Drittel seiner Mitglieder einen Gesetzesantrag stellen. **(1 P)**

Das suspensive Veto ist – wie sein Name sagt – bloß aufschiebend, weil es vom Nationalrat mittels eines Beharrungsbeschlusses überwunden werden kann. In diesem Fall kann der Bundesrat das Zustandekommen eines Gesetzes also nur verzögern, nicht aber verhindern. Sollte der Nationalrat jedoch keinen Beharrungsbeschluss fassen, kommt das Gesetz nicht zustande.

In bestimmten Fällen kommt dem Bundesrat allerdings überhaupt keine Mitwirkungsmöglichkeit zu, beispielsweise wenn es sich um Änderungen des Geschäftsordnungsgesetzes des Nationalrats handelt. In der Frage hier gab es dafür jedoch keine Punkte, da nach den Funktionen des Bundesrats gefragt wurde, also nicht nach jenen, die er nicht hat.

b) (1 Punkt) Wieso wird er, obwohl er ein Gesetzgebungsorgan des Bundes ist, als „*Länderkammer*" bezeichnet?

Der Bundesrat wird als „*Länderkammer*" bezeichnet, weil seine bestehenden 61 Mitglieder von den Landtagen entsendet werden. **(1 P)**

29. (2 Punkte) Grenzen Sie „*Einkammernsysteme*" von „*Zweikammernsystemen*" ab und nennen Sie Beispiele!

Bei der Betrachtung parlamentarischer Organe wird zwischen Einkammernsystemen und Zweikammernsystemen unterschieden. Einkammernsysteme zeichnen sich dadurch aus, dass das parlamentarische Organ lediglich aus einer Kammer besteht (wie beispielsweise die Landtage als Gesetzgebungsorgane der Länder. **(1 P)** Zweikammernsysteme hingegen bestehen aus zwei Kammern (wie etwa auf Bundesebene der Nationalrat und der Bundesrat). **(1 P)**

30. Die Mitglieder einer Oppositionspartei im Nationalrat möchten den Föderalismus in Österreich abbauen und wollen im Zuge dessen den Bundesrat abschaffen.
a) (1 Punkt) Wie können die Mitglieder der Oppositionspartei ein solches Vorhaben einleiten?

Ein solches Vorhaben müsste als Gesetzesantrag der Mitglieder des Nationalrats („*Gesetzesinitiative*") (Art 41 B-VG) gestellt werden. **(1 P)**

Das Anführen, ein solches Vorhaben könne durch eine Regierungsvorlage eingeleitet werden, bringt deshalb keinen Punkt, weil explizit von Mitgliedern der Oppositionspartei die Rede ist und diese eben keine Regierungsvorlage einbringen können.

Um einen Punkt für das Argument zu erhalten, ein solches Vorhaben könnte durch ein Volksbegehren eingeleitet werden, müsste dargelegt werden, dass die Mitglieder der Oppositionspartei 100.000 Stimmberechtigte oder je ein Sechstel der Stimmberechtigten dreier Bundesländer überzeugen müssten, sich einem Volksbegehren anzuschließen.

b) (3 Punkte) In welcher Form müsste eine solche Änderung im Nationalrat durchgeführt werden und wieso?

Die Abschaffung des Bundesrates stellt einen gravierenden Eingriff in das bundesstaatliche Grundprinzip dar, weil Verfassungsbestimmungen, die den Bundesrat betreffen, abgeschafft werden. **(1 P)** Dieser gravierende Eingriff in ein Grundprinzip müsste in Form eines gesamtändernden Verfassungsgesetzes **(1 P)** durch erhöhtes Präsensquorum (mindestens 1/2 der Nationalratsabgeordneten anwesend), erhöhtes Konsensquorum (Mehrheit von 2/3 der abgegebenen Stimmen) und der Bezeichnung als „*Verfassungsgesetz*" durchgeführt werden. **(1 P)**

Bei dieser Frage ist es essentiell, sich die entsprechenden Schritte des Gesetzgebungsverfahrens vor Augen zu führen. Nachdem zuvor die Einleitung des Gesetzgebungsprozesses gefragt war, befindet man sich nun bei der Behandlung dieses Vorhabens im Nationalrat. Weil an dieser Stelle nach der Behandlung im Nationalrat gefragt ist, gehören die Zustimmung des Bundesrates und die Notwendigkeit einer Volksabstimmung hier nicht her.

Um die volle Punktezahl zu erreichen, muss man sowohl das bundesstaatliche Grundprinzip nennen sowie erklären, warum dieses betroffen ist, da in der Angabe explizit danach gefragt wird. Dem folgend gibt es keine Punkte, wenn zusätzlich zum bundesstaatlichen Grundprinzip andere Grundprinzipien genannt werden, die in dieser Konstellation nicht verändert werden.

c) (2 Punkte) Welche rechtlichen Folgen hätte es, wenn der Bundesrat dem Vorhaben nicht zustimmt?

Da Verfassungsbestimmungen, die den Bundesrat betreffen, abgeschafft werden, muss der Bundesrat einem solchen Vorhaben zwingend zustimmen. **(1 P)** Wird diese Zustimmung nicht erteilt, ist kein Beharrungsbeschluss des Nationalrats möglich und das Gesetzgebungsverfahren endet. **(1 P)**

Häufig wird bei dieser Frage verkannt, dass der Bundesrat in dieser Konstellation kein suspensives Veto, sondern ein Zustimmungsrecht gem Art 44 Abs 2 B-VG hat. Es stellt also einen schweren Fehler dar, wenn man ausführt, dass ein solches Verfahren mittels Beharrungsbeschluss fortgesetzt werden kann.

d) (4 Punkte) Wie muss das Gesetzgebungsverfahren weitergehen, wenn der Bundesrat zustimmt?

Es muss zwingend eine Volksabstimmung durchgeführt werden, welche die Zustimmung der unbedingten *„Mehrheit der gültig abgegebenen Stimmen"* (Art 45 B-VG) benötigt. **(1 P)** Anschließend muss das Vorhaben durch den Bundeskanzler dem Bundespräsidenten vorgelegt werden, welcher das *„verfassungsmäßige Zustandekommen"* des Gesetzesbeschlusses zu prüfen hat (Art 47 Abs 1 B-VG) und bejahendenfalls zu dessen Beurkundung durch seine Unterschrift verpflichtet ist. **(1 P)** Diese Unterschrift ist vom Bundeskanzler durch seine Unterschrift *„gegenzuzeichnen"* (Art 47 Abs 3 B-VG). **(1 P)** Schlussendlich hat der Bundeskanzler für die Kundmachung des Gesetzesbeschlusses im Bundesgesetzblatt (Art 49 B-VG) zu sorgen. **(1 P)**

Wie bereits oben erläutert, ist die Einhaltung der verschiedenen Schritte des Gesetzgebungsverfahrens von großer Bedeutung. Es ist daher ein Fehler, die „Gegenzeichnung" des Bundeskanzlers vor der Beurkundung des „verfassungsmäßigen Zustandekommens" durch den Bundespräsidenten zu nennen. Gleiches gilt für die Erwähnung der Kundmachung vor der „Gegenzeichnung".

Zudem wird erwartet, dass die verschiedenen Organe (= hier Bundespräsident und Bundeskanzler), die an diesen verschiedenen Schritten beteiligt sind, genannt werden und richtig zugeordnet werden können. Dies ist deshalb so wichtig, weil das Gesetzgebungsverfahren detailliert in der Verfassung geregelt ist und nur durch die Einhaltung dieser Schritte das wechselseitige System der Kontrollmechanismen im Sinne der verschiedenen Grundprinzipien gewährleistet werden kann.

31. (3 Punkte) Art 18 Abs 1 Oberösterreichisches Landes-Verfassungsgesetz sieht eine sechsjährige Gesetzgebungsperiode des Landtages vor. Im B-VG findet sich dazu keine Regelung, jedoch normiert Art 27 Abs 1 B-VG eine fünfjährige Gesetzgebungsperiode für den Nationalrat. Kann das Bundesland Oberösterreich eine längere Gesetzgebungsperiode für den Landtag vorsehen? Erklären Sie!

Nach Art 99 Abs 1 B-VG kommt den Ländern eine relative Verfassungsautonomie zu. **(1 P)** Dies bedeutet, dass Länder ihre Angelegenheiten frei regeln dürfen, solange die Bundesverfassung keine widersprechenden Regelungen vorsieht. **(1 P)** Da sich in der Verfassung keine Regelung über die Dauer der Gesetzgebungsperiode von Landtagen findet, darf das Bundesland Oberösterreich diese selbständig festlegen. **(1 P)**

Die relative Verfassungsautonomie darf nicht mit der Generalklausel der Länder gem Art 15 B-VG verwechselt werden. Die Generalklausel sieht im Gegensatz zur relativen Verfassungsautonomie eine Gesetzgebungs- und Vollziehungskompetenz der Länder nur vor, wenn eine Angelegenheit nicht in den Art 10–14 B-VG erwähnt wird. Die relative Verfassungsautonomie der Länder besteht hingegen nur, wenn die Bundesverfassung den Ländern einen gewissen rechtlichen Spielraum zugesteht, indem sie eigenständig Regelungen erlassen dürfen. So sieht die Bundesverfassung beispielsweise vor, dass die Landtage die Gesetzgebung der Länder ausüben (Art 95 B-VG), aber nicht wie lange eine Gesetzgebungsperiode zu dauern hat. Daher dürfen die Länder dies in ihren jeweiligen Landesverfassungen selbst festlegen.

Die Tatsache, dass die Bundesverfassung eine fünfjährige Gesetzgebungsperiode des Nationalrats vorsieht (Art 27 Abs 1 B-VG), schließt keineswegs aus, dass die Länder eine abweichende Regelung für die Gesetzgebungsperiode der Landtage treffen können. Zu beachten ist jedoch, dass die Gesetzgebungsperiode der Landtage nicht beliebig verlängert werden kann. Die Grenze stellt das demokratische Grundprinzip dar.

32. Ein Gesetz, das eine verwaltungsstrafrechtliche Zahlung für den Verzehr von Getränken und Speisen während des Betriebes eines Kraftfahrzeuges vorsieht, wird am 22.10.2019 im Bundesgesetzblatt kundgemacht.
a) (2 Punkte) Wann tritt es in Kraft, wenn keine weiteren Regelungen bestehen?

Das Gesetz tritt gem Art 49 Abs 1 B-VG mit dem der Kundmachung folgenden Tag, **(1 P)** also dem 23.10.2019 in Kraft. **(1 P)**

b) (1 Punkt) Das Gesetz bestimmt, dass die Regelungen mit 1.1.2020 in Kraft treten. Wie nennt man eine solche Anordnung?

Eine solche Anordnung wird Legisvakanz genannt. **(1 P)**

Bei Beantwortung dieser Frage ist strikt zwischen Geltung und Inkrafttreten zu differenzieren. Diese Begriffe sind keine Synonyme. Richtig ist, dass Geltung und Inkrafttreten im selben Zeitpunkt liegen können. Doch dies ist nicht zwingend, wie sich hier und sogleich zeigt.

c) (2 Punkte) Wie wird eine Anordnung genannt, die bestimmt, dass das Gesetz schon seit dem 1.1.2018 auf alle Personen im Bundesgebiet Anwendung findet? Was ist hierzu aus verfassungsrechtlicher Sicht zu sagen?

Diese Anordnung wird Rückwirkung genannt. **(1 P)** Solch eine Regelung ist im Strafverfahren nach Art 7 Abs 1 EMRK nicht erlaubt, weil rückwirkende Strafgesetze aufgrund der mangelnden Vorhersehbarkeit der Rechtsfolgen nicht zulässig sind. **(1 P)**

Hier ist es von Bedeutung, den Begriff der Rückwirkung konkret zu beantworten. Es ist auf jeden Fall unzureichend, bloß „rückwirkend" in die Antwort einzubauen!

33. (3 Punkte) Eine Novelle der StVO tritt in Kraft, welche vorsieht, dass Verstöße gegen das Vorrangzeichen „*HALT*" (= „Stoppschild") mit einer unbedingten Freiheitsstrafe geahndet werden. Dies soll für alle Verstöße seit dem Jahr 2000 gelten. Was spricht gegen diese Gesetzesnovelle?

Grundsätzlich tritt ein Gesetz in Kraft, dh es gilt, sobald es ordentlich kundgemacht wurde, und ist nur auf Sachverhalte anwendbar, die sich nach dem Inkrafttreten ereignen. Jedoch ist auch die Rückwirkung von Gesetzen möglich, wenn dies ausdrücklich angeordnet ist. Eine rückwirkende Regelung darf aber nur innerhalb der Schranken des Gleichheitssatzes erlassen werden, aus dem ein Vertrauensschutz abgeleitet wird. Es ist demnach insb nicht erlaubt, plötzlich und unerwartet in wohlerworbene Rechte einzugreifen. **(1 P)** Für Strafgesetze normiert Art 7 EMRK zudem ein Rückwirkungsverbot. Dies bedeutet, dass niemand für eine Handlung oder Unterlassung bestraft werden darf, die zum Zeitpunkt ihrer Begehung nicht strafbar war bzw. darf, wie in diesem Fall, keine höhere Strafe als die im Zeitpunkt der Begehung der strafbaren Handlung angedrohte Strafe verhängt werden. **(1 P)** Damit verankert die Rechtsordnung den Grundsatz *nulla poena sine lege* (= keine Strafe ohne Gesetz). **(1 P)**

Meist wird auf den Gleichheitsgrundsatz vergessen, weil man sich sofort auf Art 7 EMRK stürzt, da der (verwalungs-)strafgesetzliche Charakter des Sachverhaltes erkannt wird. Dabei wird dann das Rückwirkungsverbot gem Art 7 EMRK erkannt, jedoch wird oft der Grundsatz nulla poena sine lege nicht ausgeführt.

Achten Sie hier zudem darauf, dass sich Art 7 EMRK nicht nur auf das Vorhandensein von Strafen für Handlungen zum Zeitpunkt der Begehung, sondern auch auf die Höhe der Bestrafung bezieht. Somit verstoßen rückwirkende höhere Strafen gegen das Rückwirkungsverbot, selbst wenn es zum Zeitpunkt der Handlung bereits eine (niedrigere) Strafdrohung gab.

34. (4 Punkte) Art 7 Abs 1 EMRK lautet: „*Niemand kann wegen einer Handlung oder Unterlassung verurteilt werden, die zur Zeit ihrer Begehung nach inländischem oder internationalem Recht nicht strafbar war. Ebenso darf keine höhere Strafe als die im Zeitpunkt der Begehung der strafbaren Handlung angedrohte Strafe verhängt werden[.]*" Welche Verbote sind aus dieser Verfassungsbestimmung abzuleiten? Erklären Sie!

Einerseits wird ein Rückwirkungsverbot **(1 P)** normiert, welches vorsieht, dass man nur für Handlungen oder Unterlassungen verurteilt werden kann, die zur Zeit ihrer Begehung nach inländischem oder internationalem Recht strafbar waren. **(1 P)**
Andererseits wird ein Analogieverbot **(1 P)** festgelegt, welches verhindert, dass dadurch neue strafrechtliche Tatbestände geschaffen werden können. **(1 P)**

Wichtig ist, dass die Verbote des Art 7 EMRK nicht mit dem Verschlechterungsverbot (Verbot der reformatio in peius) verwechselt wird, da dieses zum einen nicht durch Art 7 EMRK gewährleistet wird und zum anderen in einem komplett konträren Kontext (nämlich des Ergreifens eines Rechtsmittels, welches ausschließlich zu Gunsten des Beschuldigten erhoben wird) zum Tragen kommt.

35. (3 Punkte) Der Bundeskanzler plant die Einführung eines ihm zustehenden Weisungsrechts gegenüber den übrigen Mitgliedern der Bundesregierung. Im Rahmen einer Ministerratssitzung informiert er die Bundesregierung über sein Gesetzesvorhaben, das er als Regierungsvorlage im Nationalrat einbrin-

gen möchte. In welcher Organform muss der Bundeskanzler zur Verwirklichung seines Vorhabens handeln? Welchen rechtlichen Einwänden könnte die Einführung eines Weisungsrechts zugunsten des Bundeskanzlers begegnen?

Der Bundeskanzler kann nur als Teil des Kollegialorgans Bundesregierung handeln, **(1 P)** da in diesem Fall das Gesetzesvorschlagsrecht nur diesem Organ zukommt (Art 41 Abs 1 B-VG) und die Organfunktion daher von mehreren natürlichen Personen gemeinsam ausgeübt wird. **(1 P)** Die Einführung eines Weisungsrechts zugunsten des Bundeskanzlers ist insofern problematisch, als die Mitglieder der Bundesregierung als oberste Organe der Bundesverwaltung grundsätzlich einander gleichgestellt und an keine Weisungen gebunden sind. **(1 P)**

Der Bundeskanzler ist ein Mitglied der Bundesregierung, ihm kommt jedoch innerhalb der Bundesregierung keine übergeordnete Stellung zu. Auch die Bundesregierung ist den einzelnen Bundesministern nicht übergeordnet, da es sich bei der Bundesregierung ebenfalls um ein gleichrangiges oberstes Organ der Bundesverwaltung handelt.

36. (2 Punkte) *Arnold* freut sich als Parteimitglied der ÖVP darüber, dass Sebastian Kurz zum jüngsten Kanzler der Republik gewählt wurde. Was ist aus verfassungsrechtlicher Sicht daran falsch?

Der Bundeskanzler wird in Österreich nicht vom Volk gewählt. Vielmehr wählt das Bundesvolk gem Art 26 B-VG den Nationalrat. **(1 P)** Stattdessen wird der Bundeskanzler vom Bundespräsidenten ernannt, der dabei an keinen Vorschlag gebunden ist. **(1 P)**

37. (3 Punkte) Nachdem es immer wieder Ärger wegen Aussagen eines Bundesministers gibt, möchte seine politische Partei ihn gegen ein anderes Parteimitglied auswechseln. Geht das so einfach?

Nein, Bundesminister werden grundsätzlich vom Bundespräsidenten ernannt und entlassen. **(1 P)** In beiden Fällen ist ein Vorschlag des Bundeskanzlers erforderlich. **(1 P)** Es gibt daher keine Austauschmöglichkeit durch politische Parteien. **(1 P)**

Es wird erwartet, dass man ohne weitere Hinweise aus der Fragestellung erkennen kann, dass einerseits nur der Bundeskanzler im Zusammenspiel mit dem Bundespräsidenten solche „Auswechslungen" von Ministern vornehmen kann.

Alternativ erreicht man einen Punkt, wenn man schlüssig argumentiert, dass die politische Partei ein Misstrauensvotum gegen den Bundesminister einleiten könnte. Jedoch müsste man dabei klarstellen, dass dies nur durch den gesamten Nationalrat erreicht werden kann und nicht durch die politische Partei. Aber auch hier müsste zusätzlich der Bundespräsident tätig werden. Dieser wäre allerdings in solch einem Fall dazu verpflichtet.

38. Als die Veröffentlichung eines brisanten Videos eine Regierungskrise auslöst und den Austausch einiger Regierungsmitglieder zur Folge hat, äußern zahlreiche Nationalratsabgeordnete ihren Unmut über die Bundesregierung.
a) (3 Punkte) Besteht für den Nationalrat eine rechtlich zulässige Möglichkeit, die gesamte Bundesregierung „loszuwerden"?

Der Nationalrat hat gemäß Art 74 Abs 1 und 2 B-VG die Möglichkeit eines Misstrauensvotums. **(1 P)** Im Rahmen eines Misstrauensvotums kann der Nationalrat auch der gesamten Bundesregierung das Vertrauen entziehen. **(1 P)** Der Bundespräsident ist daraufhin verpflichtet, die Bundesregierung ihres Amtes zu entheben. **(1 P)**

*Spricht der Nationalrat einer*einem einzelnen Bundesminister*in oder der gesamten Bundesregierung das Misstrauen aus, hat das Organ Bundespräsident tätig zu werden und die betreffenden Bundesminister*innen oder die Bundesregierung ihres Amtes zu entheben. Zusätzlich zum Misstrauensvotum des Nationalrates ist daher ein zweiter Verfahrensschritt zur Enthebung der Bundesregierung oder der Bundesminister*innen notwendig.*

Neben der Amtsenthebung kann ein Mitglied der Bundesregierung aber sein Amt auch auf andere Weise verlieren: Wie der Bundespräsident sind die Mitglieder der Bundesregierung rechtlich verantwortlich (Art 142 B-VG). Das bedeutet, dass sie vor dem VfGH wegen schuldhafter Rechtsverletzung durch ihre Amtstätigkeit angeklagt werden und durch ein verurteilendes Erkenntnis ihr Amt verlieren können.

b) (1 Punkt) Der Bundespräsident hegt demgegenüber lediglich Bedenken gegen den Innenminister, der aufgrund seiner öffentlichen Aussagen bereits mehrfach negativ aufgefallen ist. Kann der Bundespräsident den Innenminister entlassen?

Der Bundespräsident hat gemäß Art 70 Abs 1 B-VG die Möglichkeit, den Innenminister zu entlassen; dazu ist allerdings ein Vorschlag des Bundeskanzlers notwendig. **(1 P)**

Gem Art 70 B-VG ist der Bundespräsident aber jederzeit ermächtigt, den Bundeskanzler sowie die gesamte Bundesregierung zu entlassen. Zur Entlassung des Bundeskanzlers und der Bundesregierung ist kein Vorschlag notwendig.

39. (4 Punkte) Erklären Sie den Unterschied zwischen politischer und rechtlicher Verantwortlichkeit des Bundespräsidenten und nennen Sie jeweils die dazugehörige gesetzliche Bestimmung!

Die Verantwortlichkeit des Bundespräsidenten umfasst zunächst die politische Verantwortlichkeit. Das bedeutet, dass der Bundespräsident vor Ablauf seiner Funktionsperiode durch Volksabstimmung, welche durch Beschluss der Bundesversammlung durchgeführt wird, **(1 P)** gem Art 60 Abs 6 B-VG abgesetzt werden kann. **(1 P)** Darüber hinaus gibt es die rechtliche Verantwortlichkeit des Bundespräsidenten. Gemäß Art 142 B-VG **(1 P)** kann der Bundespräsident durch die Bundesversammlung beim Verfassungsgerichtshof wegen erfolgter schuldhafter Rechtsverletzung durch seine Amtstätigkeit angeklagt werden. **(1 P)**

Die Verantwortlichkeit des Bundespräsidenten bereitet oft große Probleme. Häufig wird bereits die Fragestellung missverstanden und anstatt der politischen und rechtlichen Verantwortlichkeit der Aufgabenbereich des Bundespräsidenten beschrieben. Dieser ist jedoch nicht gefragt und bringt somit auch keine Punkte. Darüber hinaus kommt es oftmals zu einer Verwechslung der politischen und rechtlichen Verantwortlichkeit.

Bei der politischen Verantwortlichkeit ist es besonders wichtig zu wissen, dass der Bundespräsident bereits „vor Ablauf seiner Funktionsperiode“ durch eine Volksabstimmung abgesetzt werden kann.

Bei der rechtlichen Verantwortlichkeit wird der Bundespräsident wegen einer Rechtsverletzung, die er in Ausübung seines Amtes begangen hat, vor dem Verfassungsgerichtshof angeklagt. Im Falle seiner Verurteilung ist vom Verfassungsgerichtshof der Amtsverlust auszusprechen.

40. (3 Punkte) Was ist die Bundesversammlung? Welche Aufgaben hat sie, die in Zusammenhang mit dem Organ Bundespräsident stehen?

Die Bundesversammlung ist ein Organ, das aus Nationalrat und Bundesrat besteht (Art 38 B-VG). **(1 P)** Einerseits hat es die Aufgabe, einen Beschluss über die Durchführung einer Volksabstimmung zur vorzeitigen Absetzung des Bundespräsidenten zu fassen (Art 60 Abs 6 B-VG). **(1 P)**

Andererseits kann es den Bundespräsidenten beim Verfassungsgerichtshof aufgrund erfolgter Verletzungen der Bundesverfassung durch Beschluss anklagen (Art 142 Abs 2 B-VG). **(1P)** (Gleichwertige Alternativlösung: Eine weitere Aufgabe der Bundesversammlung ist die Angelobung des Bundespräsidenten.)

Ein häufiger Fehler besteht in der Annahme, dass die Bundesversammlung für die Gesetzgebung zuständig ist. Es handelt sich aber bei der Bundesversammlung um ein selbstständiges Organ. Der Umstand, dass die Bundesversammlung aus dem Nationalrat und dem Bundesrat besteht, bedeutet nicht, dass das Organ Bundesversammlung an der (Bundes-)Gesetzgebung beteiligt ist.

Bei der Beschreibung der Aufgaben der Bundesversammlung sollte bei der Anklage des Bundespräsidenten (= rechtliche Verantwortlichkeit) der Verfassungsgerichtshof unbedingt erwähnt werden. Ebenso muss man bei der vorzeitigen Absetzung des Bundespräsidenten (= politische Verantwortlichkeit) die Durchführung einer Volksabstimmung erwähnen. Andernfalls ist die Antwort unvollständig und reicht nicht für die volle Punktezahl.

41. *Sonja* wäre gerne Landeshauptfrau von Niederösterreich, da sie als oberstes Organ der Landesverwaltung frei von Weisungen agieren könne.

a) (2 Punkte) Klären Sie *Sonja* über die einschlägige Verfassungsrechtslage auf!

Oberstes Organ der Landesverwaltung ist die jeweilige Landesregierung, die sich aus dem Landeshauptmann (der Landeshauptfrau) und den Landesräten zusammensetzt. **(1P)** Der Landeshauptmann ist kein oberstes Organ und im Rahmen der mittelbaren Bundesverwaltung dem jeweils zuständigen obersten Bundesorgan weisungsunterworfen. **(1P)**

Ein häufiger Fehler liegt darin, den Landeshauptmann als oberstes Organ der Landesverwaltung zu bezeichnen. Ebenso wird oftmals dessen Weisungsbindung im Rahmen der mittelbaren Bundesverwaltung übersehen.

b) (1 Punkt) Unter welchen Umständen können Sie bei der Wahl des obersten Organs der Landesverwaltung mitstimmen?

Die Landesregierung wird vom Landtag gewählt. Sie müssten somit Abgeordnete*r des jeweiligen Landtages sein, um bei der Wahl des obersten Organs der Landesverwaltung Ihre Stimme abgeben zu können. **(1P)**

42. (2 Punkte) Ist das Organ Landeshauptmann im Rahmen der mittelbaren Bundesverwaltung ein Landes- oder Bundesorgan? Erklären Sie!

Einerseits ist das Organ Landeshauptmann ein Landesorgan im organisatorischen Sinn, da es der staatlichen Einheit (Bundes-)Land zugeordnet wird. **(1 P)** Andererseits ist es ein Bundesorgan im funktionellen Sinn, da es im Rahmen der mittelbaren Bundesverwaltung Aufgaben für den Bund besorgt. **(1 P)**

Das bloße Beschreiben der Organarten bringt keine Punkte.

Das Erreichen der vollen Punktezahl setzt voraus, dass begründet wird, weshalb das Organ Landeshauptmann in diesem Fall mehrere Organstellungen innehat.

43. *Hanna* möchte auf ihrem Waldgrundstück eine Lagerhalle errichten. Dafür bedarf es einer Rodungsbewilligung nach dem Forstgesetz (Bundesgesetz, das auf Grundlage des Art 10 B-VG erlassen wurde).
a) (4 Punkte) Wieso stellt *Hanna* ihren Antrag bei der Bezirksverwaltungsbehörde, einem Landesorgan im organisatorischen Sinn?

Das Forstwesen ist in Art 10 Abs 1 Z 10 B-VG angeführt. Materien des Art 10 B-VG sind in Gesetzgebung und Vollziehung Bundessache. Somit liegt eine Angelegenheit der Bundesverwaltung vor. **(1 P)** Auf untergeordneter Ebene werden Angelegenheiten der Bundesverwaltung entweder durch eigens eingerichtete Bundesbehörden (Bundesdenkmalamt, Finanzämter etc; = unmittelbare Bundesverwaltung) **(1 P)** oder durch Landesorgane im organisatorischen Sinn (Landeshauptmann, Bezirksverwaltungsbehörden etc; = mittelbare Bundesverwaltung) vollzogen. **(1 P)** Die Bezirksverwaltungsbehörde ist zwar Landesorgan im organisatorischen Sinn; in der mittelbaren Bundesverwaltung wird sie jedoch im funktionellen Sinn als Bundesorgan tätig. **(1 P)**

Die Zweiteilung in unmittelbare und mittelbare Bundesverwaltung ist ein zentraler Aspekt des öffentlichen Rechts, an den zahlreiche Fragen anknüpfen (zB die Zuständigkeitsverteilung in der Verwaltungsgerichtsbarkeit). Um sich das System genauer vor Augen zu führen, ist ein Blick in Art 102 B-VG ratsam. Aus diesem geht hervor, dass die mittelbare Bundesverwaltung den Regelfall darstellt und ein unmittelbarer Vollzug durch Bundesbehörden nur in bestimmten, in Abs 2 genannten Materien normiert werden darf.

Die Frage zielt auf diese Zweiteilung ab. Für eine vollständige Beantwortung reicht es dementsprechend nicht, die mittelbare Bundesverwaltung zu nennen, ohne das dahinterstehende verfassungsrechtliche Konzept zu beleuchten.

b) (2 Punkte) Die Landesregierung fürchtet um die Erholungsfunktion des Waldes. Darf sie die Bezirksverwaltungsbehörde anweisen, *Hanna* die Genehmigung zu versagen?

Da es sich um eine Angelegenheit der mittelbaren Bundesverwaltung handelt, in der ein Landesorgan im organisatorischen Sinn als Bundesorgan im funktionellen Sinn tätig wird, besteht keine Über- und Unterordnung zwischen der Landesregierung und der Bezirksverwaltungsbehörde. **(1 P)** Die Landesregierung kann keine Weisung erteilen. **(1 P)**

Der Weisungszusammenhang richtet sich nach der Materie, daher sind Landesbehörden in Angelegenheiten der mittelbaren Bundesverwaltung an Weisungen des Bundes (zB Umweltministerin) gebunden und unterstehen auch dessen Aufsicht.

44. (4 Punkte) *Gerhard* strebt das Amt des Bürgermeisters an, da er dann endlich ein Bundesorgan ist und als solches seiner Meinung nach hohes Ansehen genießt. Hat *Gerhard* mit dieser Aussage Recht? Begründen Sie Ihre Antwort schlüssig!

Es ist zwischen Organen im funktionellen Sinn und Organen im organisatorischen Sinn zu unterscheiden. Der Begriff des Organs im funktionellen Sinn zielt darauf ab, für welche staatliche Einheit Aufgaben besorgt werden. **(1 P)** Da *Gerhard* als Gemeindeorgan bei der Vollziehung der mittelbaren Bundesverwaltung Aufgaben des Bundes wahrnimmt, agiert er in diesen Angelegenheiten als Bundesorgan im funktionellen Sinn. **(1 P)** Spricht man von Organen im organisatorischen Sinn, betrachtet man, welcher staatlichen Einheit ein Organ zugeordnet ist. **(1 P)** Auch wenn *Gerhard* als Gemeindeorgan zum Teil Aufgaben der Bundesvollziehung wahrnimmt (im Rahmen der mittelbaren Bundesverwaltung) ist er letztlich immer ein Gemeindeorgane im organisatorischen Sinn (und somit nie Bundesorgan im organisatorischen Sinn), da er der Organisationseinheit Gemeinde zugeordnet ist. **(1 P)**

45. (4 Punkte) *Selma* konnte sich nun endlich bei der Bürgermeisterwahl in der Gemeinde Gutenstein in Niederösterreich durchsetzen. Durch dieses Amt verspricht sie sich, Angelegenheiten der örtlichen Baupolizei als auch

Angelegenheiten nach dem Meldegesetz, frei von Weisungen umzusetzen. Wäre dies aus verfassungsrechtlicher Sicht zulässig?

Besorgt *Selma* als Bürgermeisterin gem Art 118 Abs 2 B-VG im eigenen Wirkungsbereich der Gemeinde Gutenstein Angelegenheiten, die im ausschließlichen oder überwiegenden Interesse der in der Gemeinde verkörperten örtlichen Gemeinschaft liegen und geeignet sind, durch die Gemeinschaft innerhalb ihrer örtlichen Grenzen besorgt zu werden, wie z.B. die örtliche Baupolizei, **(1 P)** kann sie frei von Weisungen staatlicher Organe entscheiden. Sie unterliegt aber der Aufsicht des Bundes oder der Länder. **(1 P)**
Anderes gilt jedoch für den übertragenen Wirkungsbereich der Gemeinde. Darunter versteht man Aufgaben des Bundes oder der Länder, welche den Gemeinden übertragen werden, wie z.B. Angelegenheiten nach dem Meldegesetz. **(1 P)** Wird *Selma* in diesem Aufgabenbereich tätig, so ist sie an Weisungen des Bundes oder der Länder gebunden. **(1 P)**

Es ist zwischen Bundesverwaltung, Landesverwaltung und Selbstverwaltung zu unterschieden. Die Bundesverwaltung ist in manchen Bereichen unmittelbar und in anderen Bereichen mittelbar zu vollziehen. Die Selbstverwaltung lässt sich in territoriale und sonstige Selbstverwaltung gliedern. Als einzige Form der territorialen Selbstverwaltung sieht das B-VG die Selbstverwaltung durch die Gemeinden vor. Unter sonstiger Selbstverwaltung versteht man die nicht-gemeindliche Selbstverwaltung, also etwa Kammern und Sozialversicherungsträger. Bei der Selbstverwaltung wird zwischen eigenen und übertragenen Wirkungsbereich unterschieden.

Die Definitionen des eigenen und übertragenen Wirkungsbereichs werden oftmals nur teilweise ausgeführt oder es wird darauf vergessen, dass je nach Wirkungsbereich Weisungsfreiheit besteht oder nicht. Die Weisungsfreiheit im eigenen Wirkungsbereich bedeutet nur, dass keine Weisungen von staatlichen Behörden anderer Gebietskörperschaften möglich sind, dh von „außen". Dies schließt aber nicht aus, dass zB der Bürgermeister innerhalb der Gemeinde Weisungen erteilen kann.

46. (2 Punkte) Was besagt das Legalitätsprinzip?

Das Legalitätsprinzip besagt, dass sämtliche Handlungen der Vollziehung nur *„auf Grund der Gesetze"* (Art 18 Abs 1 B-VG) erfolgen dürfen. **(1 P)** Außerdem wird dadurch sichergestellt, dass die Vollziehung an die mittelbar demokratisch erlassenen Gesetze gebunden ist. **(1 P)**

Das Legalitätsprinzip ist zwar Teil des rechtsstaatlichen Grundprinzips, normiert aber keine Bindung des Gesetzgebers an die Verfassung. Eine solche Bindung sieht ausschließlich das rechtsstaatliche Grundprinzip vor.

47. (4 Punkte) Welche verfassungsrechtlich vorgesehenen Möglichkeiten gibt es, dass Volksvertreter*innen an der ordentlichen Gerichtsbarkeit mitwirken? Gibt es einen Zusammenhang mit einem Grundprinzip? Wenn ja, erklären Sie diesen Zusammenhang!

Einerseits haben Geschworene bei bestimmten, mit schwerer Strafe bedrohten Verbrechen über die Schuld des Angeklagten zu entscheiden. **(1 P)** Andererseits haben Schöffen in anderen Verfahren an der Rechtsprechung mitzuwirken (Art 91 B-VG). **(1 P)** Die Mitwirkung von Schöffen und Geschworenen an der Gerichtsbarkeit ist Ausfluss des demokratischen Grundprinzips. **(1 P)** Dies ergibt sich aus dem Ziel des demokratischen Grundprinzips, welches vorsieht, dass Menschen nur an solche Normen gebunden sind, die sie selbst erlassen haben. **(1 P)**

*In diesem Kontext wird häufig übersehen, dass das demokratische Grundprinzip nicht nur die Beteiligung der Bürger*innen durch Wahlen und die daraus resultierende Bindung an Gesetze (= Normen), die die von ihnen gewählten Abgeordneten erlassen, vor Augen hat. Vielmehr entspricht auch die Beteiligung durch die Bevölkerung als Schöffen und Geschworene an Urteilen (= Normen) der Gerichtsbarkeit und deren Bindung für die Bevölkerung dem Grundgedanken des demokratischen Grundprinzips. Daraus folgt, dass gem Art 91 Abs 2 B-VG die Geschworenen eigenständig über die Schuld einer*s Angeklagten entscheiden. Dies bedeutet, dass die Berufsrichter*innen in dieser Entscheidung kein Stimmrecht haben. Erst wenn die Geschworenen zum Ergebnis kommen, dass der Angeklagte schuldig zu sprechen ist, entscheiden Berufsrichter*innen und Geschworene gemeinsam über die zu verhängende Strafe (§ 338 StPO). Demgegenüber entscheiden Berufsrichter*innen und Schöffen sowohl über die Schuld als auch über die Strafe gemeinsam (§ 257 iVm § 32 StPO).*

48. (2 Punkte) *Laura* meint, Aufgabe des Rechnungshofes sei es, Missbräuche in der Verwaltung aufzuzeigen. Hat Sie Recht? Begründen Sie!

Nein, *Laura* hat nicht Recht. Aufgabe des Rechnungshofes ist die Kontrolle der „*Gebarung*" insb des Bundes, der Länder und der Gemeinden. **(1 P)** Das Aufzeigen von Missbräuchen in der Verwaltung liegt in der Zuständigkeit der Volksanwaltschaft, die auch entsprechende Empfehlungen erteilt, wie derartige Missstände beseitigt werden können. **(1 P)**

Der Rechnungshof kontrolliert, ob Bund, Länder und Gemeinden mit den Mitteln des Budgets sparsam, wirtschaftlich und zweckmäßig umgehen. Daher ist die Antwort, dass der Rechnungshof „für die Finanzen zuständig ist" ungenau und missverständlich. Ein Blick in den Gesetzestext bietet eine große Hilfe für diese Frage: Art 121 ff und Art 148a ff B-VG.

49. (2 Punkte) Das Land Niederösterreich schließt Verträge mit verschiedenen Handwerksbetrieben über Um- und Verbesserungsarbeiten des alten Rathauses in Zwettl ab. Der beim Land Niederösterreich angestellte Jurist *Bernd* meint, dass hierbei kein hoheitliches Handeln vorliegt und somit das Land Niederösterreich sich nicht an die Grundrechte zu halten hat. Stimmen Sie dem zu?

Das Land Niederösterreich wird hier im Rahmen der Privatwirtschaftsverwaltung tätig, da sie sich einer Form (Vertrag) bedient, die auch Privaten offensteht. **(1 P)** Die Fiskalgeltung der Grundrechte besagt jedoch, dass sich Grundrechte auch dann gegen den Staat richten, wenn dieser wie ein Privater handelt. **(1 P)**

*Damit ist sichergestellt, dass der Staat an die Grundrechte gebunden ist, unabhängig davon, ob er mit Hoheitsgewalt auftritt oder Rechtsakte setzt, die jede*r andere Rechtsunterworfene ebenso setzen könnte.*

50. In einer Stellenausschreibung für eine Stelle im Bundesministerium für Klimaschutz, Umwelt, Energie, Mobilität, Innovation und Technologie findet sich ua die Klausel, dass Bewerberinnen, die gleich geeignet sind wie der bestgeeignetste Bewerber, bevorzugt werden.
a) (3 Punkte) In welches Grundrecht wird eingegriffen? Erklären Sie!

Durch dieses Vorgehen wird in den Gleichheitsgrundsatz eingegriffen. **(1 P)** Gemäß Art 7 B-VG sind alle Staatsbürger vor dem Gesetz gleich. Vorrechte der Geburt, des Geschlechtes, des Standes, der Klasse und des Bekenntnisses sind ausgeschlossen. **(1 P)** Jedoch sind gem Art 7 Abs 2 B-VG Maßnahmen zur Förderung der faktischen Gleichstellung von Frauen und Männern, insbesondere durch Beseitigung tatsächlich bestehender Ungleichheiten, erlaubt. **(1 P)**

Nicht jeder Eingriff in ein Grundrecht ist automatisch eine Verletzung. Ein Eingriff kann keine Verletzung darstellen und daher zulässig sein, wenn er gesetzlich vorgesehen ist, verhältnismäßig erfolgt und das gelindeste Mittel darstellt. Daher ist stets strikt zwischen Eingriff in ein Grundrecht und seiner Verletzung zu differenzieren.

b) (2 Punkte) In der Privatwirtschaft wird von einem privaten Unternehmen eine Stellenausschreibung inseriert, die eine Anstellung ausschließlich von Frauen vorsieht. Wirken die Grundrechte in diesem Verhältnis? Erklären Sie!

In diesem Fall kann man sich nicht unmittelbar auf Art 7 B-VG stützen, da es zwischen Privaten keine unmittelbare Drittwirkung gibt. **(1 P)** Nehmen jedoch Regelungen, die das Rechtsverhältnis zwischen Privaten regeln, auf die Grundrechte Bezug, kommt es zur mittelbaren Drittwirkung von Grundrechten. **(1 P)**

*Der Gleichheitsgrundsatz normiert ein Diskriminierungsverbot aufgrund des Geschlechts, der Herkunft usw. Wäre dieser Grundsatz nur auf das Verhältnis Staat – Private*r anwendbar, würde dies bedeuten, dass im Verhältnis Private*r – Private*r Diskriminierungen unproblematisch wären. Da dem nicht so ist, können ausnahmsweise Grundrechte mittelbare Drittwirkung entfalten. In Österreich gibt es grundsätzlich keine unmittelbare Drittwirkung von Grundrechten, dh Private können sich im Verhältnis Private*r – Private*r nicht direkt auf in der Verfassung normierte oder im Verfassungsrang stehende Rechte berufen (= unmittelbare Drittwirkung). Private können sich beispielsweise bei der Bekämpfung einer diskriminierenden Stellenausschreibung nicht auf die Art 7 B-VG oder Art 14 EMRK stützen, weil diese Rechte im Verhältnis Staat – Privater gelten. Jedoch können Private das Gleichbehandlungsgesetz (GlBG), ein einfaches Bundesgesetz, in Anspruch nehmen, welches in § 9 vorsieht, dass Arbeitsplätze nicht nur für Männer oder nur für Frauen ausgeschrieben werden dürfen. Somit können Grundrechte ausnahmsweise im Verhältnis Private*r – Private*r ihre Wirkung entfalten, weil Regelungen, die das Rechtsverhältnis Private*r – Private*r regeln (= in diesem Fall das GlBG) auf den Gleichheitsgrundsatz Bezug nehmen (= mittelbare Drittwirkung).*

51. (2 Punkte) Was ist ein Gesetzesvorbehalt?

Ein Gesetzesvorbehalt ist eine verfassungsgesetzlich normierte Regelung, **(1 P)** die den einfachen Gesetzgeber ermächtigt, Grundrechte auszugestalten oder in Grundrechte einzugreifen. **(1 P)**

Der einfache Gesetzgeber wird durch einen Gesetzesvorbehalt ermächtigt, Grundrechte auszugestalten oder in sie einzugreifen. Somit ist es ein schwerer Fehler, wenn man einen Gesetzesvorbehalt als (einfaches) Gesetz beschreibt.

52. (3 Punkte) Unterscheiden Sie „*Gesetz im materiellen Sinn*“ und „*Gesetz im formellen Sinn*“! Nennen Sie jene Rechtsform, bei der es sich typischerweise um Gesetze im materiellen Sinn, nicht jedoch im formellen Sinn handelt.

Unter einem Gesetz im materiellen Sinn wird eine generell-abstrakte Regelung verstanden, die außenwirksam ist. **(1 P)** Ein Gesetz im formellen Sinn liegt hingegen vor, wenn eine Regelung von einem Gesetzgebungsorgan in einem bestimmten Rechtserzeugungsverfahren, also in Gesetzesform erlassen wurde. **(1 P)** Verordnungen sind generell-abstrakte Verwaltungsakte, die nach außen als Gesetze im materiellen Sinn wirken, jedoch nicht als Gesetze im formellen Sinn erlassen wurden. **(1 P)**

Oftmals werden die Begriffe „Gesetz im materiellen bzw im formellen Sinn“ mit jenen des „Verfassungsrechts im materiellen bzw formellen Sinn“ vermengt.

53. (4 Punkte) Unterscheiden Sie die unterschiedlichen Formen von Verordnungen!

Verordnungen sind an einen generellen Adressat*innenkreis gerichtete und allgemein-abstrakte Fälle erfassende Regelungen. Zum einen kennt die österreichische Rechtsordnung „*Durchführungsverordnungen*“, worunter Verordnungen verstanden werden, die „*auf Grund der Gesetze*“ erlassen werden. Diese benötigen eine ausreichend bestimmte gesetzliche Grundlage, die durch Verordnung nur mehr konkretisiert werden darf (Art 18 Abs 2 B-VG). **(1 P)**
Darüber hinaus sieht die Verfassung in bestimmten Fällen vor, dass Verordnungen auch ohne einfachgesetzliche Grundlage – verfassungsunmittelbar – erlassen werden. Hierbei ist zwischen „*gesetzesergänzenden*“, „*gesetzesvertretenden*“ und „*gesetzesändernden Verordnungen*“ zu unterscheiden. Gesetzesergänzende Verordnungen können erlassen werden, auch wenn es keine einfachgesetzliche Grundlage gibt, die konkretisiert werden kann (zB darf die Gemeinde in Angelegenheiten des eigenen Wirkungsbereiches sogenannte ortspolizeiliche Verordnungen zur Abwehr unmittelbar zu erwartender oder zur Beseitigung bestehender, das örtliche Gemeinschaftsleben störender Missstände erlassen). Das B-VG verwendet hierfür die Formulierung „*im Rahmen der Gesetze*“. Derartige Verordnungen dürfen

einfachgesetzlichen Regelungen nicht widersprechen. **(1 P)** Gesetzesvertretende Verordnungen sind Verordnungen, die anstelle von Gesetzen erlassen werden können (zB die Ermächtigung des Bundespräsidenten, Berufstitel zu schaffen). **(1 P)** Gesetzesändernde Verordnungen wiederum sind Verordnungen, mit denen bestehende Gesetze geändert werden können (zB Notverordnung des Bundespräsidenten). **(1 P)**

Grundsätzlich können „auf Grund der Gesetze" (Art 18 Abs 2 B-VG) erlassene Verordnungen eine einfachgesetzliche Grundlage nur konkretisieren. Im § 4 Abs 1 COVID-19-Maßnahmengesetz (= einfaches Gesetz) wird bspw normiert: „Beim Auftreten von COVID-19 kann durch Verordnung das Betreten und das Befahren von 1. bestimmten Orten oder 2. öffentlichen Orten in ihrer Gesamtheit geregelt werden, soweit dies zur Verhinderung der Verbreitung von COVID-19 erforderlich ist.". Solche Konkretisierungen finden sich zB in § 2 2. COVID-19-Öffnungsverordnung (= Verordnung): „Beim Betreten öffentlicher Orte in geschlossenen Räumen ist eine Maske zu tragen.[...]".

Das B-VG sieht jedoch in Einzelfällen vor, dass Verordnungen, die eine verfassungsgesetzliche Grundlage aufweisen, einfache Gesetze vertreten, ändern bzw ergänzen können.

Art 65 Abs 2 lit b B-VG ermächtigt bspw den Bundespräsidenten Berufstitel zu verleihen bzw neue zu schaffen. Dies erfolgt durch die sogenannte „Entschließung des Bundespräsidenten betreffend die Schaffung von Berufstiteln" (= gesetzesvertretende Verordnung).

Zudem normiert Art 18 Abs 3 B-VG, dass falls „die sofortige Erlassung von Maßnahmen, die verfassungsgemäß einer Beschlussfassung des Nationalrates bedürfen, zur Abwehr eines offenkundigen, nicht wieder gutzumachenden Schadens für die Allgemeinheit zu einer Zeit notwendig wird, in der der Nationalrat nicht versammelt ist, nicht rechtzeitig zusammentreten kann oder in seiner Tätigkeit durch höhere Gewalt behindert ist" der Bundespräsident ermächtigt wird auf Vorschlag der Bundesregierung diese Maßnahmen zu treffen (= gesetzändernde Verordnung).

Schließlich kann die Gemeinde im eigenen Wirkungsbereich gem Art 118 Abs 6 B-VG ortspolizeiliche Verordnungen erlassen, die einfache Gesetze ergänzen, aber nicht gegen sie verstoßen dürfen. Zb schreibt die „Verordnung des Magistrates der Stadt Wien betreffend das Verbot des Konsumierens von alkoholischen Getränken am Praterstern" vor, dass den Organen der öffentlichen Aufsicht zur Konsumation verwendete Flaschen, Dosen oder sonstige Behältnisse alkoholischer Getränke auf Verlangen zur näheren Überprüfung auszuhändigen sind (= gesetzesergänzende Verordnung).

54. (3 Punkte) Der Innenminister fährt mit dem Auto nach Hause und missachtet eine mit Verkehrszeichen angeordnete Geschwindigkeitsbeschränkung. Daraufhin wird er von einem Polizisten angehalten. Wutentbrannt faucht er den Polizisten an, ob er nicht wisse, dass er der Innenminister sei und gibt ihm die Anordnung, ihn sofort weiterfahren zulassen. Welche Formen des Verwaltungshandelns erkennen Sie?

Die Geschwindigkeitsbeschränkung ist eine Durchführungsverordnung, welche aufgrund des Bundesgesetzes Straßenverkehrsordnung (StVO) erlassen wurde. **(1 P)**
Das Anhalten des PKW durch den Polizisten ist ein Akt der unmittelbaren verwaltungsbehördlichen Befehls- und Zwangsgewalt. **(1 P)**
Die Anordnung, den Innenminister weiterfahren zu lassen, ist eine Weisung, da das vorgesetzte Verwaltungsorgan (= Innenministerin) dem nachgeordneten Verwaltungsorgan (= Polizist) diese erteilt. **(1 P)**

Das „erkennen" in der Angabe sollte nicht als „kennen" gelesen werden! Aus diesem Grund erreicht man durch das Aufzählen aller Akte des Verwaltungshandelns keine Punkte.

Der Fachterminus „Akt unmittelbarer verwaltungsbehördlicher Befehls- und Zwangsgewalt" muss korrekt verwendet werden, da sonst nicht die volle Punktezahl erreicht werden kann.

55. (2 Punkte) Handelt es sich bei der StVO um eine Durchführungsverordnung? Was zeichnet eine Durchführungsverordnung aus?

Nein, bei der Straßenverkehrsordnung handelt es sich um ein einfaches Bundesgesetz. **(1 P)** Durchführungsverordnungen können aufgrund einer ausreichend bestimmten einfachgesetzlichen Grundlage („*auf Grund der Gesetze*"; Art 18 Abs 2 B-VG) von Verwaltungsbehörden erlassen werden und konkretisieren den Inhalt einfacher Gesetze. **(1 P)**

Die Straßenverkehrsordnung (StVO) darf nicht mit einer Verordnung verwechselt werden!

Ein Beispiel für eine Durchführungsverordnung sind Straßenverkehrszeichen (§ 44 Abs 1 StVO), die beispielsweise Geschwindigkeitsbeschränkungen im Straßenverkehr normieren. Diese Straßenverkehrszeichen (= Durchführungsverordnungen) dürfen aufgrund des § 43 Abs 1 StVO erlassen werden.

56. (2 Punkte) *Loni* wird mit Bescheid die österreichische Staatsbürgerschaft verliehen. Sie fragt sich, wo und wie sie diesen nun vollstrecken kann, um endlich offiziell österreichische Staatsbürgerin zu sein. Was ist aus rechtlicher Sicht dazu zu bemerken?

Rechtsgestaltungsbescheide zeichnen sich dadurch aus, dass ein Rechtsverhältnis durch diese begründet, geändert oder aufgehoben wird. Es handelt sich hierbei um einen Rechtsgestaltungsbescheid, da *Loni* die Staatsbürgerschaft verliehen und dadurch ein Rechtsverhältnis begründet wird. **(1 P)** Rechtsgestaltungsbescheide entfalten ihre Wirkung sobald sie rechtskräftig werden; einer Vollstreckung bedarf es nicht. *Loni* muss bzw kann den Bescheid somit nicht vollstrecken lassen und ist mit Rechtskraft des Bescheides österreichische Staatsbürgerin. **(1 P)**

Vollstreckbar sind lediglich Leistungsbescheide, die eine Verpflichtung zu einem bestimmten Tun, Dulden oder Unterlassen begründen.

*Beachten Sie bitte, dass Bescheide an individuelle Adressat*innen in konkreten Fällen gerichtete Entscheidungen sind, die aufgrund eines förmlichen Verwaltungsverfahrens erlassen werden. Im Gegensatz zu Verordnungen, die sich an einen generellen Adressat*innenkreis richten (→ Fragen 53 und 58).*

57. (2 Punkte) *Stefan* erhält einen Bescheid, in dem ihm aufgetragen wird, sein Solarium, welches er im Garten aufgestellt hat, aufgrund drohender Umweltschäden zu entfernen. Um welche Art von Bescheid handelt es sich? Begründen Sie!

Es handelt sich um einen Leistungsbescheid. **(1 P)** Dieser zeichnet sich durch die Verpflichtung zu einem Tun (= Entfernen des Solariums), Dulden oder Unterlassen aus. **(1 P)**

58. (3 Punkte) Der Gesundheitsminister ordnet in einem Schreiben folgendes an: *„Die lokalen Gesundheitsbehörden werden angewiesen, Kontrollen der 3-G- bzw. 2-G-Regel im Bereich der Gastronomie zu verstärken."* Handelt es sich bei dieser Äußerung um eine Verordnung?

Nein, es handelt sich hierbei um einen Erlass des Gesundheitsministers. **(1 P)** Ein Erlass ist eine verwaltungsinterne, generell-abstrakte Weisung und wird von übergeordneten Verwaltungsorganen gegenüber nachgeordneten Verwaltungsorganen erlassen. **(1 P)** Eine Verordnung ist hingegen eine Regelung, die sich an einen generellen Adressat*innenkreis richtet und allgemein-abstrakte Fälle erfasst. Verordnung und Erlass unterscheiden sich durch den Adressat*innenkreis. **(1 P)**

Häufig wird der Begriff „Erlass" im Skriptum überlesen, wodurch die Beantwortung der Frage unmöglich ist. Verordnungen werden auch als Gesetze im materiellen Sinn bezeichnet.

59. *Peter* weigert sich, eine Organstrafverfügung für das Nicht-Wegräumen des Hundekots seines Hundes zu bezahlen. Deshalb wird gegen *Peter* als Beschuldigten iSd VStG ein Verwaltungsstrafverfahren eingeleitet. *Ulrike* möchte an diesem Verfahren teilnehmen, weil sie generell das Wegräumen von Hundekot durch Hundebesitzer*innen als Skandal empfindet.
a) (2 Punkte) Welche Möglichkeiten hat *Ulrike*, ihre persönlichen Interessen in diesem Verfahren durchzusetzen? Erklären Sie!

Keine, weil *Ulrike* in diesem Verfahren kein subjektives Recht auf Parteistellung hat und somit nicht berechtigt ist, am Verfahren teilzunehmen. **(1 P)** Das AVG gewährt nur Personen das subjektive Recht auf Parteistellung, die aufgrund *„eines Rechtsanspruches oder eines rechtlichen Interesses"* (§ 8 AVG) an der Sache, die in dem Verfahren entschieden werden soll, beteiligt sind. **(1 P)**

Ein häufiger Fehler liegt bei dieser Frage darin, die (Vor-)Frage, wem Parteistellung zukommt, zu übergehen. Häufig werden stattdessen einfach nur alle Parteirechte aufgezählt, die sich aus der Parteistellung ergeben, was jedoch keine Punkte bringt.

In diesem Beispiel kommt ausschließlich Peter Parteistellung zu. Er ist Beschuldigter und daher Partei im Sinne des AVG. § 32 Abs 1 VStG: „Beschuldigter ist die im Verdacht einer Verwaltungsübertretung (= hier: Nicht-Wegräumen des Hundekots) stehende Person von dem Zeitpunkt der ersten von der Behörde gegen sie gerichteten Verfolgungshandlung (= hier: Organstrafverfügung) bis zum Abschluß der Strafsache. Der Beschuldigte ist Partei im Sinne des AVG."

b) (2 Punkte) Kann sich *Ulrike* auf die Schutznormtheorie berufen, um in diesem Verwaltungsstrafverfahren ihre persönlichen Interessen durchzusetzen? Erklären Sie!

Nein, die Schutznormtheorie besagt, dass im Zweifel derjenige, in dessen (überwiegendem) Interesse eine Regelung erlassen wurde, ein subjektives

Recht hat. **(1P)** Es bestehen hier aber weder Zweifel noch wurde die Regelung im überwiegenden Interesse der *Ulrike* erlassen. **(1P)**

Zur Veranschaulichung: § 32 Abs 1 VStG iVm § 8 AVG lässt keinen Spielraum für Zweifel, ob Ulrike Beschuldigte und somit Partei des Verwaltungsstrafverfahren sein kann. Ihr wird keine Verwaltungsübertretung vorgeworfen, somit ist sie nicht in ihrem überwiegenden (rechtlichen) Interesse berührt, was dazu führt, dass sie weder Beschuldigte ist noch Partei in diesem Verwaltungsstrafverfahren sein kann.

Es wird nicht erwartet, die Schutznormtheorie anhand der soeben erwähnten Bestimmungen durchzuprüfen. Jedoch muss die Schutznormtheorie abstrakt erklärt und angewendet werden können.

60. (2 Punkte) Nennen Sie zwei Konsequenzen, die bei Rechtskraft des Bescheids eintreten!

Wird ein Bescheid rechtskräftig, ist er
- verbindlich,
- für die Parteien unanfechtbar,
- für die Behörde unabänderlich und unwiderruflich und
- es darf keine neuerliche Entscheidung in derselben Sache erfolgen.

(je richtiger Antwort 1 P, max 2P)

61. *Lilly* möchte sich den Traum von einem Haus im Grünen erfüllen. Nachdem sie ein passendes Grundstück gekauft hat, bringt sie bei der zuständigen Verwaltungsbehörde einen Antrag auf Baubewilligung ein.
a) (4 Punkte) Von der Verwaltungsbehörde wird sie daraufhin als „Partei" des Baubewilligungsverfahrens geführt. Können Sie *Lilly* erklären, welche Rechte ihr aufgrund dieser Stellung zustehen?

Lilly stehen verschiedene Verfahrensrechte, wie das Recht auf Parteiengehör **(1P)** und das Recht auf Akteneinsicht **(1P)** zu. Außerdem ist *Lilly* die behördliche Entscheidung zuzustellen **(1P)** und sie hat als Partei des Verfahrens auch das Recht, dagegen ein Rechtsmittel zu erheben. **(1P)**

b) (2 Punkte) Als *Lilly* nach Ablauf der Entscheidungsfrist noch immer keinen Bescheid der Verwaltungsbehörde in Händen hält, wird sie ungeduldig. Wie kann sich *Lilly* gegen die Untätigkeit der Verwaltungsbehörde zur Wehr setzen?

Gegen die Untätigkeit der Verwaltungsbehörde kann sich *Lilly* mit einer Säumnisbeschwerde zur Wehr setzen. **(1 P)** Da das Baurecht nach Art 15 Abs 1 B-VG in die Gesetzgebungs- und Vollziehungskompetenz der Länder fällt, ist die Säumnisbeschwerde beim zuständigen Landesverwaltungsgericht einzubringen. **(1 P)**

Beachten Sie, dass sowohl das entsprechende Rechtsmittel als auch das zuständige Gericht zu nennen sind.

Die Verwaltungsbehörde hat in der Regel binnen sechs Monaten über den Antrag einer Partei zu entscheiden. Gesetzlich können allerdings auch kürzere oder längere Entscheidungsfristen vorgesehen werden.

c) (1 Punkt) Als in weiterer Folge auch das zuständige Verwaltungsgericht untätig bleibt, rät ein befreundeter Rechtsanwalt *Lilly* zu einem Fristsetzungsantrag. Bei welchem Gericht hat sie diesen einzubringen?

Lilly hat den Fristsetzungsantrag beim Verwaltungsgerichtshof einzubringen (Art 133 Abs 1 Z 2 B-VG). **(1 P)**

62. (3 Punkte) Sie bekommen von einem Polizisten einen „Strafzettel", da Sie während der Autofahrt mit Ihrem Mobiltelefon telefonieren. Um welches Verfahren handelt es sich und wodurch zeichnet sich dieser „Strafzettel" aus? Können Sie gegen diesen rechtlich vorgehen?

Es handelt sich um ein Verwaltungsstrafverfahren, welches (auch) als *„abgekürztes Verfahren"*, d.h. ohne vorangehendes Ermittlungsverfahren, durchgeführt werden kann. **(1 P)** Der „Strafzettel" stellt eine Organstrafverfügung dar, die bei geringfügigen Übertretungen von besonders geschulten Organen der öffentlichen Aufsicht (hier: der Polizist) wegen bestimmter von ihnen dienstlich wahrgenommener oder vor ihnen eingestandener Verwaltungsübertretungen verhängt werden kann. **(1 P)** Nein, gegen die Organstrafverfügung ist kein Rechtsmittel zulässig. Wird die Einzahlung des Strafbetrages verweigert, wird die Organstrafverfügung gegenstandslos. **(1 P)**

Es wird sodann durch Erstattung einer Anzeige an die Behörde ein ordentliches (Verwaltungsstraf-)Verfahren eingeleitet.

63. *Antonia* fährt ausschließlich mit dem Fahrrad, ein Auto besitzt sie nicht. Dennoch wird ihr eine an sie adressierte Anonymverfügung wegen Falschparkens eines Kfz zugestellt.
a) (2 Punkte) Welches Rechtsmittel kann *Antonia* gegen die Anonymverfügung erheben?

Gegen die Anonymverfügung steht kein Rechtsmittel offen. **(1 P)** Sofern *Antonia* die darin verhängte Geldstrafe nicht fristgerecht bezahlt, wird die Anonymverfügung gegenstandslos und ein ordentliches Verwaltungsstrafverfahren eingeleitet. **(1 P)**

Im Vergleich zum ordentlichen Verwaltungsstrafverfahren werden Anonymverfügungen wie Strafverfügungen und Organstrafverfügungen in einem abgekürzten Verfahren erlassen.

b) (1 Punkt) *Antonia* ist überzeugt, dass das Verfahren mit einem Freispruch enden muss. Zu Recht?

Nein, da im Verwaltungsstrafverfahren kein Freispruch vorgesehen ist. Das Verfahren kann allenfalls eingestellt werden. **(1 P)**

64. (4 Punkte) Die neue ins Amt gekommene Landeshauptfrau *Tanja* ist begeistert von ihrer neuen Position, da sie meint, nun endlich den unfreundlichen Mitarbeiter*innen im Finanzamt Weisungen erteilen zu können. Auch ist sie stolz darauf, als oberstes Organ der Landesverwaltung direkt von den Bürger*innen im Land gewählt worden zu sein. Hat *Tanja* Recht? Erklären Sie schlüssig!

Zunächst handelt es sich bei den Finanzämtern um besondere Bundesbehörden, die im Rahmen der unmittelbaren Bundesverwaltung unter den Bundesministern eingerichtet werden können. **(1 P)** Da diese somit nicht im Rahmen der mittelbaren Bundesverwaltung tätig werden, unterstehen sie nicht der Landeshauptfrau. Aus diesem Grund ist die Landeshauptfrau *Tanja* gegenüber den Mitarbeiter*innen des Finanzamtes nicht weisungsberechtigt. **(1 P)** Außerdem irrt sich *Tanja* dahingehend, dass das oberste Organ der Landesverwaltung nicht das monokratische Organ Landeshauptmann ist, sondern die jeweilige Landesregierung als Kollegialorgan (die aus dem Landeshauptmann, dem Landeshauptmann-Stellvertreter und den sonstigen Mitgliedern besteht). **(1 P)** Auch wird *Tanja* als Landeshauptfrau nicht direkt von den Landesbürger*innen gewählt. Diese wählen vielmehr den Landtag, der wiederum die Landesregierung (und damit auch die Landeshauptfrau) wählt. **(1 P)**

Die Unterscheidung zwischen unmittelbarer und mittelbarer Bundesverwaltung ist hier wesentlich. Dabei ist ausschlaggebend, ob die Vollziehung durch Bundesbehörden oder Landesbehörden erfolgt. Es ist demnach zunächst festzustellen, dass es sich beim Finanzamt um eine Bundesbehörde handelt. Da somit die Vollziehung durch eine Bundesbehörde erfolgt, spricht man von unmittelbarer Bundesverwaltung. Würde die Vollziehung durch Landesbehörden erfolgen, würde es sich um die mittelbare Bundesverwaltung handeln, die in der Regel durch den Landeshauptmann und die ihm unterstellten Behörden (vor allem die Bezirksverwaltungsbehörden, also die Bezirkshauptmannschaften oder die Magistrate in den Städten mit eigenem Statut) ausgeübt wird. Nur im Bereich der mittelbaren Bundesverwaltung kommt dem Landeshauptmann ein Weisungsrecht gegenüber den ihm unterstellten Landesbehörden zu.

*Sowohl bei der mittelbaren als auch bei der unmittelbaren Bundesverwaltung handelt es sich letztlich um Bundesverwaltung, weshalb in beiden Fällen die*der ressortmäßig zuständige Bundesminister*in als oberstes Organ die Verantwortung trägt und weisungsbefugt ist. Im vorliegenden Fall wäre das Finanzamt dem Bundesminister für Finanzen gegenüber weisungsgebunden, nicht jedoch gegenüber der Landeshauptfrau Tanja.*

65. *Ernie* und *Bert* möchten in Tirol eine kleine Blockhütte errichten. Nachdem sie ein geeignetes Grundstück erworben haben, beantragen sie die erforderliche Bewilligung. Der nach der Tiroler Bauordnung (Baurecht ist eine Angelegenheit des Art 15 B-VG) zuständige Bürgermeister versagt deren Erteilung jedoch.
a) (2 Punkte) Wie können *Ernie* und *Bert* gegen den negativen Bescheid des Bürgermeisters vorgehen, welche Frist haben sie dabei zu beachten?

Da es sich beim Bauverfahren um eine Angelegenheit der Landesverwaltung handelt, können *Ernie* und *Bert* eine Beschwerde beim Landesverwaltungsgericht Tirol einbringen. **(1 P)** Die für die Beschwerdeerhebung vorgeschriebene Frist beträgt vier Wochen ab Zustellung des Bescheides. **(1 P)**

Rechtsmittel und Zuständigkeiten sollte man sich gut einprägen, da sich daraus viele Fallvarianten bilden lassen.

b) (2 Punkte) Die Rechtsmittelbehörde behebt den Bescheid und verweist die Rechtssache zurück an den Bürgermeister, der das Bauvorhaben im zweiten Anlauf genehmigt. Nun ist die Nachbarin *Henriette*, die schon im ersten Verfahrensgang Bedenken gegen das Vorhaben geäußert hatte, mit der Entscheidung unzufrieden und möchte sich dagegen rechtlich zur Wehr setzen. Dennoch fangen *Ernie* und *Bert* sofort zu bauen an. Ist ein solches Vorgehen ratsam?

Nein, *Ernie* und *Bert* sollten bis zur Rechtskraft der Baubewilligung zuwarten, da *Henriette* als Nachbarin Partei des Verfahrens ist und gegen den Bescheid das Rechtsmittel der Beschwerde erheben könnte. **(1 P)** Beschwerden gegen Bescheide haben grundsätzlich aufschiebende Wirkung, dh, dass während eines Beschwerdeverfahrens vom verliehenen Recht noch kein Gebrauch gemacht werden darf. **(1 P)**

Es wird erwartet, dass die Nachbarin als Verfahrenspartei erkannt wird. Als solche kann sie wie die Antragsteller ein Rechtsmittel gegen eine sie in ihrer Rechtssphäre beeinträchtigende Entscheidung erheben.

66. Ihr neues Auto wird unzulässiger Weise von der zuständigen Behörde abgeschleppt.
a) (2 Punkte) Was können Sie dagegen unternehmen?

Beim Abschleppen handelt es sich um einen Akt unmittelbarer verwaltungsbehördlicher Befehls- und Zwangsgewalt. **(1 P)** Sie können dagegen eine Maßnahmenbeschwerde an das zuständige Verwaltungsgericht erheben. **(1 P)**

Der Begriff „Akt unmittelbarer verwaltungsbehördlicher Befehl- und Zwangsgewalt" darf bei der erstmaligen Verwendung in einer Frage nicht abgekürzt werden. Es ist der vollständige und korrekt formulierte Begriff zu nennen.

b) (2 Punkte) Ihrem Vorbringen wird nicht stattgegeben. Welche Möglichkeiten haben Sie noch?

Ihnen steht die Revision an den Verwaltungsgerichtshof wegen Rechtswidrigkeit der Entscheidung des Verwaltungsgerichts **(1 P)** und die Beschwerde an den Verfassungsgerichtshof wegen Verletzung Ihres verfassungsgesetzlich gewährleisteten subjektiven Rechts offen. **(1 P)**

Zu beachten ist, in welchem Stadium des Verfahrens man sich befindet. Je nachdem, können bestimmte Rechtsmittel (noch) nicht zur Verfügung stehen.

Die Revision kann man ausschließlich beim Verwaltungsgerichtshof und nur aufgrund behaupteter Rechtswidrigkeit erheben.

Die Beschwerde an den Verfassungsgerichtshof kann nur aufgrund einer Grundrechtsverletzung erhoben werden. Darin liegt auch der Unterschied zur „normalen" Beschwerde, die gegen Entscheidungen einer Behörde zur Verfügung steht.

67. *Gerhard* bemerkt auf der gegenüberliegenden Straßenseite eine handfeste Auseinandersetzung zwischen drei Personen. Daraufhin sprintet *Gerhard* zu den „Rowdies" hinüber und will sie besänftigen. Bevor er überhaupt noch in irgendeiner Weise eingreifen kann, trifft die Polizei ein und verhaftet kurzerhand alle beteiligten Personen.
a) (1 Punkt) Um was für einen Rechtsakt handelt es sich dabei?

Die Festnahme *Gerhards* stellt eine Zwangsmaßnahme dar, die als Akt unmittelbarer verwaltungsbehördlicher Befehls- und Zwangsgewalt zu qualifizieren ist. **(1 P)**

Auch hier gilt, dass der Begriff „Akt unmittelbarer verwaltungsbehördlicher Befehl- und Zwangsgewalt" nicht nur abgekürzt verwendet werden darf.

b) (1 Punkt) *Gerhard* ist wutentbrannt über das Verhalten des ihn festnehmenden Polizisten und möchte gegen die Festnahme vorgehen. An wen könnte er sich wenden und mit welchem Rechtsmittel?

Gerhard kann beim zuständigen Verwaltungsgericht eine Maßnahmenbeschwerde erheben. **(1 P)**

Hierbei ist zu beachten, dass die volle Punkteanzahl nur durch die richtige Benennung des zuständigen Gerichts (Verwaltungsgericht) und der korrekten Bezeichnung der Beschwerdeform (Maßnahmenbeschwerde) zu erreichen ist.

68. (2 Punkte) In Österreich ist ein Politiker eines Verbrechens angeklagt. Nach der Verlesung der Anklage durch die Richterin nimmt diese dazu Stellung: „*Ich halte es nicht für notwendig, den Angeklagten anzuhören, da ich seine fragwürdige politische Karriere verfolgt habe, und werde sogleich ein Urteil sprechen.*" Wie bewerten Sie dies im Hinblick auf die verfassungsrechtlichen Grundlagen im Strafrecht?

Gemäß Art 90 Abs 2 B-VG gilt der Anklageprozess im gerichtlichen Strafrecht. Somit gibt es eine Trennung zwischen dem Organ Ankläger (= Staatsanwalt) und dem Organ Richter. **(1 P)**
Es gilt die Unschuldsvermutung nach Art 6 Abs 2 EMRK. Bis zum Nachweis der Schuld gilt der Angeklagte als unschuldig. **(1 P)** (gleichwertige Alternativlösung: Art 6 EMRK garantiert das Recht auf ein faires Verfahren. Darunter fällt ebenfalls die unabhängige und unparteiische Entscheidung eines Gerichts über die Anklage.)

Das Beschreiben des strafrechtlichen Verfahrens sowie der zur Verfügung stehenden Rechtsmittel beantwortet die Frage nicht.

Die Anklage wird ausschließlich durch die Staatsanwaltschaft vertreten und auch nur von dieser verlesen, da andernfalls dasselbe Organ (hier: Richterin) die Anklage vertreten sowie das Urteil darüber sprechen würde.

Das Gericht ist verpflichtet, unabhängig und unparteiisch eine Entscheidung zu treffen. Dazu zählt auch, dass der Angeklagte bis zum Beweis seiner Schuld als unschuldig gilt (= Unschuldsvermutung).

Der Angeklagte muss die Möglichkeit erhalten, gehört zu werden, das heißt beispielsweise Argumente gegen die Anklage vorbringen zu können. Dies ist ein essentieller Bestandteil eines fairen Verfahrens im Sinne des Art 6 EMRK.

69. (3 Punkte) Welche Täterschaftsformen im Strafrecht kennen Sie? Nennen und erklären Sie diese!

Zunächst kennt das StGB die unmittelbare Täter*in, also diejenige Person, die selbst die Tat verübt (diese also unmittelbar ausübt). **(1 P)** Darüber hinaus wird im Strafrecht als Bestimmungstäter*in bezeichnet, wer jemanden dazu anstiftet, eine strafbare Handlung zu begehen (dh in der unmittelbaren Täter*in den Vorsatz erweckt, eine Straftat zu begehen). **(1 P)** Beitragstäter*in ist wiederum jede Person, die in irgendeiner Weise an der Tatbegehung mitwirkt (dh einen Beitrag leistet). **(1 P)**

Die Fragestellung verlangt, dass die jeweiligen Täterschaftsformen sowohl genannt als auch erklärt werden. Für die Nennung allein oder die reine Umschreibung ohne Bezeichnung gibt es keine Punkte.

70. (3 Punkte) § 75 StGB sieht Folgendes vor: *„Wer einen anderen tötet, ist mit Freiheitsstrafe von zehn bis zu zwanzig Jahren oder mit lebenslanger Freiheitsstrafe zu bestrafen."* Wann wäre bei diesem Delikt das subjektive Tatbestandsmerkmal erfüllt?

Da Mord ein Vorsatzdelikt ist, ist das subjektive Tatbestandsmerkmal erfüllt, wenn man den Mord vorsätzlich begeht. Dabei genügt es, dass die*der Täter*in mit *„dolus eventualis"* handelt. **(1 P)** Dies ist dann der Fall, wenn die*der Täter*in die Verwirklichung des gesetzlichen Tatbilds ernstlich für möglich hält **(1 P)** und sich damit abfindet. **(1 P)**

Im Hinblick auf die subjektiven Tatbestandsmerkmale ist vor allem zwischen dem „dolus eventualis" und der (bewussten) Fahrlässigkeit zu unterscheiden. Während jemand, der vorsätzlich handelt, den Eintritt des Erfolges ernstlich für möglich hält und sich damit abfindet, vertraut jemand, der (bewusst) fahrlässig handelt, darauf, dass der Erfolg gerade nicht eintritt (zB bei einem leichtsinnigen Überholmanöver, das zu einem tödlichen Verkehrsunfall führt).

Nicht bei jedem Vorsatzdelikt ist das subjektive Tatbestandsmerkmal bereits erfüllt, wenn mit „dolus eventualis" gehandelt wird. Manche Delikte erfordern als gesteigerte Vorsatzform die Absichtlichkeit oder Wissentlichkeit (zB § 87 StGB: Absichtliche schwere Körperverletzung).

71. (3 Punkte) Unter welchen Voraussetzungen kann einer*einem Täter*in im Strafrecht kein Schuldvorwurf gemacht werden?

Einer*einem Täter*in kann nur dann ein Schuldvorwurf gemacht werden, wenn sie oder er schuldfähig ist. Die Schuldfähigkeit hängt zunächst vom Alter ab, denn bis zum vollendeten 14. Lebensjahr besteht Schuldunfähigkeit. **(1 P)** Darüber hinaus ist jemand bei Vorliegen einer psychischen Störung schuldunfähig (Zurechnungsunfähigkeit). **(1 P)** Schließlich kann einer*einem Täter*in auch dann kein Schuldvorwurf gemacht werden, wenn Entschuldigungsgründe vorliegen, wie zB ein entschuldigender Notstand. **(1 P)**

Beachten Sie in diesem Zusammenhang auch die unterschiedlichen Voraussetzungen der Strafbarkeit, nämlich insbesondere die Rechtswidrigkeit und die Schuldhaftigkeit. Zu unterscheiden gilt es vor allem den Rechtfertigungsgrund des rechtfertigenden Notstandes, dessen Vorliegen bereits die Rechtswidrigkeit entfallen lässt, und den Entschuldigungsgrund des entschuldigenden Notstandes.

72. Jus-Studentin *Maria* stößt immer wieder auf verschiedene Besetzungen der strafrechtlichen Gerichte. Sie hat in Erfahrung gebracht, dass die Gerichte als Einzelrichter, als Schöffengericht und als Geschworenengericht auftreten können. Bitte ordnen Sie folgende Delikte den drei angesprochenen Besetzungen der Gerichte zu!
a) (1 Punkt) *Alexander* wird wegen Mordes nach § 75 StGB von der Staatsanwaltschaft angeklagt. Der Strafrahmen für dieses Delikt beträgt zehn bis zwanzig Jahre oder eine lebenslange Freiheitsstrafe. In welcher Besetzung muss das Gericht hier auftreten?

Das Landesgericht entscheidet als Geschworenengericht. Es setzt sich damit aus 3 Berufsrichter*innen (Schwurgericht) und 8 Laienrichter*innen (Geschworenen) zusammen. **(1 P)**

Das Geschworenengericht entscheidet in Strafsachen, die mit lebenslanger oder einer Freiheitsstrafe bedroht sind, deren Untergrenze mehr als fünf Jahre und deren Obergrenze mehr als zehn Jahre beträgt. Das Paradebeispiel hierzu ist Mord nach § 75 StGB.

*Zur Erreichung des Punktes ist es notwendig, die Besetzung des Geschworenengerichts und somit die exakte Anzahl der Berufs- und Laienrichter*innen (Geschworenen) anzuführen.*

b) (1 Punkt) *Xenia* überfällt mit einer Pistole eine Bank und erbeutet einen erheblichen Geldbetrag. Sie wird geschnappt und wegen schweren Raubes nach § 143 StGB von der Staatsanwaltschaft angeklagt. Der Strafrahmen dieses Deliktes beträgt ein bis zu fünfzehn Jahren Freiheitsstrafe. In welcher Besetzung tritt das zuständige Gericht in diesem Fall zusammen?

Das Landesgericht entscheidet als Schöffengericht und besteht damit aus zwei Berufsrichter*innen und zwei Laienrichter*innen (Schöffen). **(1 P)**

Das Landesgericht als Schöffengericht entscheidet grundsätzlich über Straftaten, die mit einer fünf Jahre übersteigenden Freiheitsstrafe bedroht sind und nicht in die Zuständigkeit des Landesgerichts als Geschworenengericht fallen. Das Landesgericht als Schöffengericht entscheidet beispielsweise über das Delikt des Raubes (§ 142 Abs 1StGB) und auch des schweren Raubes nach § 143 StGB. In unserem Fall ist es wichtig, das Gesetz genau zu lesen, da auch eine Zuständigkeit der obig beschriebenen Geschworenengerichte naheliegen könnte. Doch verlangt das Geschworenengericht eine Untergrenze von 5 Jahren als Strafdrohung, die der schwere Raub mit einem Jahr Untergrenze nicht erfüllt.

*Auch hier gilt, dass die Besetzung des Schöffengerichts und somit die genaue Anzahl der Berufs- und Laienrichter*innen (Schöffen) zur Erreichung des Punktes angegeben werden muss.*

c) (1 Punkt) Gegen *Lily* wird Anklage wegen leichter Körperverletzung nach § 83 Abs 2 StGB durch die Staatsanwaltschaft erhoben. Der Strafrahmen für dieses Delikt beträgt eine Geldstrafe oder bis zu einem Jahr Freiheitsstrafe. In welcher Besetzung wird hierbei das zuständige Gericht urteilen?

In diesem Verfahren entscheidet das Bezirksgericht als Einzelrichter. **(1 P)**

Prinzipiell ist das Bezirksgericht als Einzelrichter nach § 30 StPO für alle Straftaten zuständig, die nur mit einer Geldstrafe oder einer ein Jahr nicht übersteigenden Freiheitsstrafe bedroht sind. Alle anderen Delikte werden vor den Landesgerichten abgehandelt.

Das Landesgericht als Einzelrichter ist für Delikte zuständig, die mit einer ein Jahr übersteigenden Freiheitsstrafe bedroht sind und nicht in die Zuständigkeit der Schöffen oder Geschworenengerichte fällt. Dies wäre beispielsweise bei dem Delikt nach § 144 StGB (Erpressung) der Fall.

Erwähnenswert ist außerdem, dass sich die Zuständigkeit der Besetzung einerseits nach der Schwere der Strafdrohung als auch nach der Art des Deliktes richten kann. Zur Veranschaulichung kann die Tötung auf Verlangen gem § 77 StGB angeführt werden. Mit einer Strafdrohung von sechs Monaten bis zu fünf Jahren Freiheitsstrafe würde dieses Delikt an sich in die Zuständigkeit des Landesgerichts als Einzelrichter fallen, da die Strafdrohung fünf Jahre nicht übersteigt. Jedoch ist durch § 31 Abs 3 Z 2 StPO festgelegt, dass dieses Delikt in die Zuständigkeit des Landesgerichts als Schöffengericht fällt. So etwas nennt man Zuständigkeit nach Art des Deliktes.

73. *Anouk* und *Oliver* lernen gemeinsam für die STEOP-MP Einführung und stoßen dabei auf den Begriff der „*Strafverfügung*". Während *Anouk* der festen Überzeugung ist, dass es sich dabei eindeutig um ein gerichtliches Strafverfahren handelt, ist *Oliver* der Meinung, dass der Begriff dem Verwaltungsstrafverfahren zuzuordnen ist.

a) (2 Punkte) Wer hat Recht? Begründen Sie Ihre Antwort schlüssig!

Tatsächlich haben beide Recht. Einerseits findet sich der Begriff der Strafverfügung im gerichtlichen Strafverfahren: Im Rahmen des vereinfachten Verfahrens (Mandatsverfahren) kann das Bezirksgericht oder das Landesgericht als Einzelrichter aufgrund der Anklage und der Ergebnisse des Ermittlungsverfahrens eine schriftliche Strafverfügung erlassen, ohne davor eine Hauptverhandlung durchgeführt zu haben. **(1 P)** Andererseits kennt auch das Verwaltungsstrafverfahren die Strafverfügung: dabei handelt es sich um Entscheidungen, die in *„abgekürzten Verfahren"*, also ohne vorangehendes Ermittlungsverfahren, erlassen werden. **(1 P)**

b) (2 Punkte) Erläutern Sie schlüssig, inwiefern sich das gerichtliche Strafverfahren vom Verwaltungsstrafverfahren in Hinblick auf die Einleitung des Verfahrens unterscheidet!

Im gerichtlichen Strafverfahren gilt der Anklageprozess, was bedeutet, dass der berechtigte Ankläger und das Organ, das das Urteil erlassen soll, voneinander getrennt sind. **(1 P)** Dahingegen gilt im Verwaltungsstrafverfahren der Inquisitionsprozess, in dem die Verwaltungsbehörde zugleich das verfahrenseinleitende und das entscheidende Organ ist. **(1 P)**

Gem § 491 StPO besteht die Möglichkeit, dass das Gericht (= Organ, das Urteil erlassen soll) auf Antrag der Staatsanwaltschaft (= berechtigte Anklägerin) über Vergehen mittels schriftlicher Strafverfügung entscheidet, ohne dass eine Hauptverhandlung anzusetzen ist (= Verfahrensbeschleunigung). Das Gericht kann die Strafe mittels Strafverfügung ua nur dann festsetzen, wenn die Ergebnisse des Ermittlungsverfahrens in Verbindung mit der Verantwortung des Angeklagten zur Beurteilung der Schuld- und Straffrage ausreichend geklärt sind.

Im Verwaltungsstrafverfahren gilt ua gem § 47 VStG, dass wenn von einer Verwaltungsbehörde auf Grund eigener dienstlicher Wahrnehmung oder eines vor ihr abgelegten Geständnisses eine Verwaltungsübertretung angezeigt oder wenn das strafbare Verhalten auf Grund von Verkehrsüberwachung mittels bildverarbeitender technischer Einrichtungen festgestellt wird, dann kann die Behörde ohne weiteres Verfahren durch Strafverfügung eine Geldstrafe bis zu 600 Euro festsetzen.

74. (3 Punkte) Die Staatsanwaltschaft bietet dem Beschuldigten *Albert* an, das Verfahren bei Erbringung einer Zahlung von € 300,– einzustellen. Was ist damit gemeint? Ist die Annahme dieses Vorschlags mit einem Geständnis gleichzusetzen, welches im Strafregister von *Albert* ausgewiesen wird?

Die Staatsanwaltschaft kann dem Beschuldigten bei leichten oder mittelschweren Straftaten eine Diversion anbieten. Das bedeutet, dass das Verfahren gegen Erbringung bestimmter Leistungen (zB Zahlung eines Geldbetrages oder Erbringung gemeinnütziger Leistungen) beendet wird.

(1 P) Nimmt der Beschuldigte *Albert* diesen Vorschlag an, so wird das Verfahren eingestellt und der Beschuldigte gilt nicht als vorbestraft. **(1 P)** Die Zustimmung zur Diversion wird nicht als Geständnis gewertet und da nur rechtskräftige Verurteilungen im Strafregister einzutragen sind, ist *Albert* weiterhin unbescholten. **(1 P)**

Die Diversion zählt zu den Befugnissen der Staatsanwaltschaft im Ermittlungsverfahren. Diese Maßnahme hat zur Folge, dass auf die Durchführung eines Hauptverfahrens vor Gericht verzichtet wird.

75. (3 Punkte) *Detlef* ist von der Staatsanwaltschaft wegen Mordes angeklagt. Ein Geschworenengericht des Landesgerichts für Strafsachen in Graz verurteilt ihn zu einer unbedingten Freiheitsstrafe von zwölf Jahren. Die Staatsanwaltschaft erkennt das Urteil an. Daraufhin rät *Detlefs* Strafverteidiger ihm zur Erhebung eines Rechtsmittels, um eine mildere Strafe zu erwirken. Da *Detlef* jedoch Angst hat, dass ihn die Staatsanwaltschaft in nächster Instanz – im Sinne des Inquisitionsprinzips – zu einer lebenslangen Freiheitsstrafe verurteilen könnte, ist er unsicher, ob er den Rat befolgen soll. Ist diese Angst berechtigt?

Das gerichtliche Strafverfahren erfolgt in Österreich auf Grundlage des Anklageprozesses, wonach Ankläger und entscheidendes Organ getrennt sind. Das Inquisitionsprinzip, wonach das anklagende und das entscheidende Organ in einem vereint sind, gilt hier explizit nicht, weshalb die Staatsanwaltschaft *Detlef* nicht verurteilen kann. **(1 P)** Durch das Anerkennen des Urteils verzichtet die Staatsanwaltschaft auf ein Rechtsmittel, wodurch nun das Verbot der *reformatio in peius* (Verschlechterungsverbot) gilt. **(1 P)** Das bedeutet, dass durch die Erhebung eines Rechtsmittels ausschließlich durch den Beschuldigten (*Detlef*) trotz eines höheren Strafrahmens keine höhere Strafe verhängt werden darf, als wenn die Entscheidung nicht angefochten worden wäre. **(1 P)**

Im gerichtlichen Strafverfahren gilt der Grundsatz des Anklageprozesses, welcher in Art 90 Abs 2 B-VG normiert ist. Das Inquisitionsprinzip gibt es in Österreich nur im Verwaltungsstrafverfahren, weil die Verwaltungsbehörde das verfahrenseinleitende und das entscheidende Organ in einem sein kann. Bei Beantwortung dieser Teilfrage wird darauf Wert gelegt, dass zum einen das Anklageprinzip erkannt und erklärt wird. Zum anderen wird verlangt, dass Sie den Terminus „Inquisitionsprinzip" definieren und seine Anwendung ausschließen. Oft wird bei der Modulprüfung nach diesen Fachtermini konkret gefragt, jedoch können diese auch implizit verlangt werden.

Das Verschlechterungsverbot ist die deutsche Übersetzung vom lateinischen Verbot der reformatio in peius. Diese Verbindung wird leider oftmals nicht hergestellt, da der lateinische Begriff im Skriptum überlesen wird. Zwar wird bei dieser Fragestellung sowohl der Terminus Verschlechterungsverbot als auch die reformatio in peius als Punkt gewertet, jedoch wird oftmals explizit nach dem lateinischen Verbot gefragt.

Wichtig ist außerdem, dass das Verschlechterungsverbot genau (anhand des Falles) erklärt wird, damit der dritte Punkt erzielt wird.

Recht und Staat und internationale Dimensionen des Rechts

76. Nachdem Wien zum zehnten Mal in Folge zur lebenswertesten Stadt gewählt wurde, fordert ein Lokalpolitiker, die Bundeshauptstadt von den übrigen Bundesländern loszulösen und einen eigenen Wiener Stadtstaat zu begründen. *Alexa* möchte sich dem entgegenstellen. Sie plädiert dafür, die Mitgliedstaaten der EU in einem europäischen Bundesstaat zusammenzuführen.
a) (4 Punkte) Welche Formen der Staatennachfolge werden im Sachverhalt angedacht? Begründen Sie Ihre Antwort!

Die Errichtung eines Wiener Stadtstaats wäre als Sezession, **(1 P)** jene eines europäischen Bundesstaats als Verschmelzung zu qualifizieren. **(1 P)** Bei einer Sezession löst sich ein Teil (Wien) vom bisherigen Staat (Republik Österreich) ab, um einen eigenen Staat (Wiener Stadtstaat) zu bilden. Der bisherige Staat besteht in diesem Fall fort. **(1 P)** Bei einer Verschmelzung gehen hingegen die sich vereinigenden Staaten (Mitgliedstaaten der EU) unter, ein gänzlich neuer Staat (europäischer Bundesstaat) entsteht an ihrer Stelle. **(1 P)**

Sezession und Dismembration unterscheiden sich dadurch, dass bei ersterer der bisherige Staat fortbesteht, während er bei letzterer untergeht.

Verschmelzung und Inkorporation können demgegenüber dadurch auseinandergehalten werden, als nur bei erstgenannter ein gänzlich neuer Staat entsteht.

b) (3 Punkte) Nennen Sie die Voraussetzungen, die ein Wiener Stadtstaat und ein europäischer Bundesstaat erfüllen müssten, um im rechtlichen Sinn als Staat zu gelten.

Für die Qualifikation als Staat müssen drei Elemente vorliegen, nämlich Staatsgebiet, **(1 P)** Staatsvolk **(1 P)** und Staatsgewalt. **(1 P)**

Kein konstitutives Element stellt hingegen die rein deklaratorisch wirkende völkerrechtliche Anerkennung dar.

77. (4 Punkte) Nennen und beschreiben Sie die zwei völkerrechtlichen Anknüpfungspunkte für die Erlangung der Staatsbürgerschaft!

Das *ius sanguinis* **(1 P)** sieht vor, dass Personen die Staatsbürgerschaft durch die Abstammung von einer Staatsbürgerin oder einem Staatsbürger erlangen können. **(1 P)** Das *ius soli* **(1 P)** normiert, dass Personen die Staatsbürgerschaft durch eine örtliche Beziehung zu einem Staat, entweder durch Geburt oder durch längeren Aufenthalt in diesem Staatsgebiet, erlangen können. **(1 P)**

Das ius sanguinis (Erwerb der Staatsbürgerschaft durch Abstammung) ist in Österreich in § 7 Staatsbürgerschaftsgesetz festgeschrieben.

78. (3 Punkte) Welche Völkerrechtsquellen gibt es? Nennen Sie diese!

- Völkervertragsrecht **(1 P)**
- Völkergewohnheitsrecht **(1 P)**
- die allgemeinen Rechtsgrundsätze **(1 P)**

79. (4 Punkte) Menschenrechte werden in zahlreichen völkerrechtlichen Verträgen normiert. Warum können sich Individuen nicht unmittelbar auf die vertraglich verbrieften Garantien berufen?

Durch Normen des Völkerrechts werden grundsätzlich nur Völkerrechtssubjekte berechtigt oder verpflichtet (im Fall von Völkerrechtsverträgen insb Staaten und internationale Organisationen). **(1 P)** Damit sich Einzelne vor österreichischen Behörden auf völkerrechtlich gewährleistete Garantien berufen können, bedarf es der sogenannten Transformation. **(1 P)** Während bei der generellen Transformation völkerrechtliche Normen ohne inhaltliche Änderung in das nationale Recht übernommen werden (zB EMRK, Welterbekonvention), **(1 P)** erlässt der Staat im Fall der speziellen Transformation eigene Regelungen, um seiner völkerrechtlichen Verpflichtung zu entsprechen (zB Transformation des Strafrechtsübereinkommens über Korruption in eigenen Bestimmungen des Strafgesetzbuches). **(1 P)**

Der Anwendungsbereich der Transformation beschränkt sich nicht auf das Völkervertragsrecht. Auch Völkergewohnheitsrecht und die allgemeinen Rechtsgrundsätze bedürfen einer Überführung in die innerstaatliche Rechtsordnung, damit sich Individuen darauf berufen können. Durch die Bestimmung des Art 9 Abs 1 B-VG wird etwa das Völkergewohnheitsrecht (der Gesetzeswortlaut spricht von den „allgemein anerkannten Regeln des Völkerrechts“) generell transformiert. Das Völkergewohnheitsrecht wird so Teil des innerstaatlich geltenden Rechts.

80. Der Unternehmer *Martin* betreibt ein erfolgreiches Unternehmen, das seinen Sitz in Österreich hat und seine Produkte unter anderem nach Deutschland, Italien und Spanien (allesamt Mitgliedstaaten der Europäischen Union) exportiert. Zudem bietet *Martins* Fluglinie Flüge in diese Länder an. Nach einem erfolgreichen Geschäftsjahr entscheidet sich *Martin* dazu, die ausgeschütteten Gewinne in Aktien von deutschen Unternehmen zu investieren.
a) (3 Punkte) Welche Grundfreiheiten nimmt *Martin* im Rahmen dieser Tätigkeiten in Anspruch?

In Hinblick auf das Exportieren der Produkte kommt die Warenverkehrsfreiheit zur Anwendung. Diese bezeichnet die Freiheit, Waren aller Art im Unionsbereich frei zu bewegen und in Verkehr zu setzen. **(1P)** Das Anbieten von Flügen (Dienstleistung) in anderen Mitgliedsstaaten fällt in den Anwendungsbereich der aktiven Dienstleistungsfreiheit. Darunter wird die Freiheit verstanden, von einem Mitgliedstaat aus Leistungen in einem anderen Mitgliedstaat zu erbringen. **(1P)** Im Rahmen der getätigten Investition in deutsche Aktien nimmt *Martin* die Kapitalverkehrsfreiheit in Anspruch, die die Freiheit garantiert, Vermögen im Unionsbereich frei zu bewegen und zu veranlagen. **(1P)**

b) (3 Punkte) Nach einiger Zeit stellt sich heraus, dass die Produkte, die *Martins* Unternehmen exportiert, schwere Gesundheitsschäden bei den Konsument*innen auslösen, die auch Langzeitfolgen mit sich bringen. Daraufhin verbietet Deutschland die Einfuhr und den Vertrieb der Waren des Unternehmens. *Martin* ist empört – immerhin sei Deutschland Teil des Binnenmarktes der Europäischen Union und könne ihm den Vertrieb der Waren somit nicht verbieten! Was ist aus rechtlicher Sicht dazu zu bemerken? Begründen Sie schlüssig!

Da Deutschland das Inverkehrbringen und den Vertrieb der Waren verbietet, widerspricht das Verhalten Deutschlands grundsätzlich der Warenverkehrsfreiheit. **(1P)** Ausnahmen dürfen jedoch aus bestimmten *„zwingenden Gründen"* vorgesehen werden. Ein solch zwingender Grund wäre etwa der Schutz der Gesundheit. Da im vorliegenden Fall die Konsument*innen davor geschützt werden sollen, zu erkranken, liegt jedenfalls ein zwingender Grund vor. **(1P)** Die Ausnahmen müssen zudem verhältnismäßig sein. Auch die Verhältnismäßigkeit ist im vorliegenden Fall wohl gegeben, da es sich um schwere Gesundheitsschäden handelt, die auch Langzeitfolgen mit sich bringen. Der Eingriff ist somit gerechtfertigt und Deutschland verhält sich unionsrechtskonform. **(1P)**

Das allgemeine Diskriminierungsverbot des Art 18 AEUV kommt hier nicht zur Anwendung, da dieses gegenüber den Grundfreiheiten subsidiär ist. Ist der Anwendungsbereich einer Grundfreiheit eröffnet, geht diese somit als speziellere Regelung vor.

*Liegt grundsätzlich eine Einschränkung einer der Grundfreiheiten der Europäischen Union vor, ist in einem nächsten Schritt zu prüfen, ob diese gerechtfertigt ist. Erst wenn eine Prüfung ergibt, dass keine Rechtfertigung gegeben ist, liegt eine Verletzung der entsprechenden Grundfreiheit vor. Bei der Rechtfertigungsprüfung sind zwei Komponenten zu berücksichtigen: Zunächst muss ein zwingender Grund vorliegen (hier: der Gesundheitsschutz). Sodann ist zu prüfen, ob die einschränkende Maßnahme angesichts dieses Rechtfertigungsgrundes auch verhältnismäßig ist. Verhältnismäßig ist eine Maßnahme dann, wenn sie 1. geeignet ist, um das damit verfolgte Ziel zu erreichen, 2. erforderlich ist (und vor allem nicht über das Ziel hinausschießt) und 3. das gelindeste Mittel (also den niederschwelligsten Eingriff in die Grundfreiheit) darstellt. Im vorliegenden Fall ist ein Exportverbot der Waren, die schwere Gesundheitsschäden bei Konsument*innen verursachen, definitiv geeignet, um die Gesundheit dieser Menschen zu schützen. Außerdem ist die Maßnahme erforderlich, um weitere Gesundheitsschäden zu verhindern und angesichts der großen Gefahr, die von der Ware ausgeht (schwere Gesundheitsschäden mit Langzeitfolgen) auch das gelindeste Mittel.*

81. (3 Punkte) Ein Mitgliedstaat der Europäischen Union beschließt, künftig nur noch Student*innen an den staatlichen Universitäten zuzulassen, die in seinem Staat maturiert haben. Wäre eine solche Regelung europarechtlich zulässig? Begründen Sie!

Eine solche Regelung ist unzulässig, da es sich um eine indirekte Diskriminierung handelt, die auf eine Diskriminierung aufgrund der Staatsbürgerschaft hinausläuft. **(1 P)** Der generelle Ausschluss von ausländischen Student*innen ist aus Gründen des Allgemeininteresses unzulässig **(1 P)** und weder angemessen noch erforderlich. **(1 P)**

Das Aufzählen der Grundfreiheiten beantwortet die Frage nicht und ist auch nicht gefragt.

Die Voraussetzungen für eine ausnahmsweise mögliche Ungleichbehandlung (Allgemeininteresse, Angemessenheit und Erforderlichkeit) müssen thematisiert werden.

82. (3 Punkte) *Daniel* behauptet, dass EU-Richtlinien von den Mitgliedstaaten erst in nationales Recht umgesetzt werden müssen und daher nie – wie EU-Verordnungen – unmittelbar anwendbar sein können. *Franz* bestreitet dies. Wer hat Recht?

Franz hat Recht, da EU-Richtlinien unmittelbar anwendbar sein können, wenn für die Umsetzung der Richtlinie in innerstaatliches Recht eine bestimmte Frist festgelegt wurde. **(1 P)** Wenn der Mitgliedstaat es verabsäumt hat, die Richtlinie fristgerecht in innerstaatliches Recht umzusetzen, **(1 P)** und zudem der Inhalt der Richtlinie hinreichend genau bestimmt ist, können sie unmittelbare Wirkung entfalten. **(1 P)**

Richtlinien richten sich primär an die Mitgliedstaaten der Europäischen Union, die diese innerhalb einer bestimmten Frist in nationales Recht umzusetzen haben. Die Bürger können sich daher prinzipiell erst nach der Umsetzung auf den Inhalt der Richtlinie berufen, weil es sich dann eben um anwendbares nationales Recht handelt. Wenn jedoch die obigen Kriterien vorliegen, können sich die Bürger ausnahmsweise unmittelbar auf die Richtlinie stützen.

83. (4 Punkte) Die Richtlinie über die Rechte der Raucher*innen der Europäischen Union wird nicht fristgerecht umgesetzt. Die Richtlinie würde Ihnen als Gastronom*in die Möglichkeit eröffnen, Ihr Lokal vor 22:00 Uhr als Nichtraucher*innenlokal und ab 22:00 Uhr als Raucher*innenlokal zu führen. Die bisherige Rechtslage würde dies nicht zulassen. Welche Möglichkeit gibt es, sich auf diese Richtlinie zu berufen? Welches Rechtsmittel kann gegen die nicht fristgerechte Umsetzung erhoben werden?

Sie könnten sich ausnahmsweise auf die unmittelbare Anwendbarkeit der Richtlinie berufen:
- Für die Umsetzung wurde eine Frist festgelegt, **(1 P)**
- diese Frist ist ungenutzt verstrichen und **(1 P)**
- der Inhalt der Richtlinie ist bestimmt genug. **(1 P)**

In Vertragsverletzungsverfahren gegen Mitgliedstaaten entscheidet der EuGH auf Antrag der Europäischen Kommission. **(1 P)**

Bei einer nicht fristgerechten Umsetzung der Richtlinie verstößt der betreffende Mitgliedstaat gegen seine unionsrechtlichen Verpflichtungen. Ziel dieser Verpflichtungen ist, einen vertragskonformen Zustand des europäischen Rechts und damit zusammenhängend die einheitliche Möglichkeit zur Durchsetzung in jedem Mitgliedstaat zu gewährleisten.

84. (3 Punkte) Nennen Sie die Organe, die an der europäischen Gesetzgebung beteiligt sind.

Auf Vorschlag der Kommission **(1 P)** werden das Europäische Parlament **(1 P)** und der Rat (der Europäischen Union) **(1 P)** gemeinsam als Gesetzgeber der Europäischen Union tätig (Art 289 iVm Art 294 AEUV).

Beachtet werden muss, dass ohne Vorschlag der Kommission keine Gesetzgebungsakte der Europäischen Union erlassen werden können.

Der Rat (der Europäischen Union) darf nicht mit dem Europäischen Rat verwechselt werden, welcher keinerlei Gesetzgebungsbefugnisse hat, sondern vielmehr Impulse für die Entwicklung der Europäischen Union gibt. Sinnvoll ist es daher, sich die Zusammensetzung der verschiedenen Organe vor Augen zu führen. Der Rat (der Europäischen Union) setzt sich aus den jeweiligen Fachministern zusammen, im Unterschied zum Europäischen Rat, der aus den jeweiligen Staats- und Regierungschefs der Mitgliedstaaten besteht.

Darüber hinaus ist der Europarat kein Organ der Europäischen Union. Trotz der Tatsache, dass diesem zwar alle Mitgliedstaaten der Europäischen Union angehören, handelt es sich aber um eine eigenständige internationale Organisation, die von der Europäischen Union unterschieden werden muss.

85. Während eines Beschwerdeverfahrens stößt Verwaltungsrichterin *Claudia* auf eine bundesgesetzliche Bestimmung, die der anzuwendenden EU-Verordnung 2016/679 widerspricht.

a) (3 Punkte) Wie hat *Claudia* vorzugehen?

Bei einem Normenkonflikt zwischen unmittelbar anwendbarem Unionsrecht und widersprechendem nationalem Recht genießt das Unionsrecht Anwendungsvorrang. **(1 P)** Dies bedeutet, dass im Anwendungsbereich der EU-Verordnung die nationale Bestimmung verdrängt wird. **(1 P)** *Claudia* muss die Bestimmung des Bundesgesetzes unangewendet lassen. **(1 P)**

Normenkonflikte zwischen Unions- und nationalem Recht werden über den Anwendungsvorrang des Unionsrechts, innerstaatliche Normenkonflikte dagegen mithilfe der lex specialis- und der lex posterior-Regel gelöst. Diese Lösungssysteme dürfen nicht vermengt werden.

b) (4 Punkte) Ein für ihre Falllösung wesentlicher Absatz der EU-Verordnung bringt *Claudia* besonders zum Grübeln. Trotz tagelanger Recherche gelangt sie zu keinem sinnvollen Auslegungsergebnis. Zu welchem Vorgehen würden Sie ihr raten?

Als ständig eingerichtete unabhängige Behörden fallen Verwaltungsgerichte unter den autonom – dh im Sinne des Unionsrechts – auszulegenden Begriff *„Gericht"*. **(1 P)** *Claudia* kann das Verfahren unterbrechen, um ihre Frage dem EuGH vorzulegen. **(1 P)** Dieser entscheidet sodann im Wege eines Vorabentscheidungsverfahrens über die Auslegung des betreffenden Sekundärrechts. **(1 P)** Das innerstaatliche Gericht ist an die Entscheidung des EuGH gebunden. **(1 P)**

Da das Verwaltungsgericht nicht in letzter Instanz entscheidet, ist es bloß vorlageberechtigt, aber nicht vorlageverpflichtet.

86. (3 Punkte) *Franjo* ist der Meinung, dass jegliches Verfassungsrecht dem Unionsrecht vorgeht! Stimmt das?

Wenn innerstaatliches Recht unmittelbar anwendbarem Unionsrecht widerspricht, so wird das innerstaatliche Recht im Anwendungsbereich des unmittelbar anwendbaren Unionsrechts verdrängt (Anwendungsvorrang). **(1 P)** Der Anwendungsvorrang besteht grundsätzlich auch gegenüber Verfassungsrecht. **(1 P)** Umstritten ist jedoch, ob es auch innerstaatliche Normen gibt, die von dieser Regel ausgenommen sind. So soll der Anwendungsvorrang hinsichtlich der Grundprinzipien der Bundesverfassung nicht zum Tragen kommen. Nach dieser Auffassung existiert ein sog *„integrationsfester Kern"* der Verfassung. **(1 P)**

Der Anwendungsvorrang bezieht sich auf das Verhältnis zwischen Unionsrecht und innerstaatlichem Recht. Häufig kommt es zu Verwechslungen mit den beiden Regeln zur Vermeidung von ausschließlich innerstaatlichen Rechtsnormenkonflikten (lex specialis und lex posterior → Frage 4).

Bei dieser Frage ist zu beachten, dass bei Widerspruch zwischen innerstaatlichem Recht und unmittelbar anwendbarem Unionsrecht die innerstaatliche Norm nicht aufgehoben, sondern bloß verdrängt wird. Die innerstaatliche Norm ist somit auf den konkreten Sachverhalt nicht anzuwenden. Auf andere Sachverhalte ohne Unionsrechtsbezug kommt die Norm weiterhin zur Anwendung. Wird die unmittelbar anwendbare unionsrechtliche Bestimmung aufgehoben, so ist die innerstaatliche Norm wieder auf alle Sachverhalte anwendbar.

87. (4 Punkte) *Andreas* behauptet, dass der Beitritt Österreichs zur Europäischen Union durch ein einfaches Gesetz erfolgte, da keine Grundprinzipien modifiziert wurden. Hat *Andreas* Recht? Erklären Sie schlüssig!

Nein *Andreas* hat nicht Recht. Das Bundesverfassungsgesetz über den Beitritt Österreichs zur Europäischen Union wurde als gesamtänderndes Bundesverfassungsgesetz erlassen. Neben den erhöhten Präsens- bzw Konsensquoren (mindestens die Hälfte der Abgeordneten muss anwesend sein; zwei Drittel der von den Anwesenden abgegebenen Stimmen müssen zustimmen) sowie der Bezeichnung als Verfassungsgesetz, war eine Volksabstimmung mit der unbedingten Mehrheit der abgegebenen Stimmen notwendig, weil durch den Beitritt eine Gesamtänderung der österreichischen Bundesverfassung erfolgte. **(1 P)** Es kam zumindest bei drei Grundprinzipen zu wesentlichen Veränderungen: Durch den EU-Beitritt wurden weitreichende Rechtsetzungsbefugnisse auf Unionsorgane, insbesondere das Europäische Parlament und den Rat, übertragen. Im Rat ist Österreich durch ein Mitglied der Bundesregierung vertreten. Minister*innen sind aber nicht auf dieselbe Weise demokratisch legitimiert, wie die Abgeordneten des Nationalrats. Wesen des demokratischen Grundprinzips ist jedoch die Legitimation der Gesetzgebung durch das österreichische Bundesvolk. **(1 P)** Überdies gibt es keine dem bundesstaatlichen Grundprinzip entsprechende Strukturierung. **(1 P)** Gegen die unmittelbar wirksamen Unionsakte steht den Einzelnen weder ein Rechtsschutz durch österreichische Gerichte noch ein gleichwertiger Rechtsschutz durch Europäische Gerichte offen, was eine wesentliche Abänderung in Hinblick auf das rechtsstaatliche Grundprinzip bedeutete. **(1 P)**

88. (4 Punkte) Unterscheiden Sie das Vertragsverletzungsverfahren von der Nichtigkeitsklage!

Im Rahmen einer Nichtigkeitsklage entscheidet das Gericht oder der EuGH über die Rechtmäßigkeit der Handlungen von Unionsorganen. **(1 P)** Klagelegitimiert sind die EU-Mitgliedstaaten, das Europäische Parlament, die Europäische Kommission, der Rat sowie natürliche und juristische Personen, sofern die Handlung sie unmittelbar und individuell betrifft. **(1 P)** Im Rahmen des Vertragsverletzungsverfahrens kann der EuGH demgegenüber Verletzungen des EU-Rechts durch die EU-Mitgliedstaaten ahnden. **(1 P)** Antragslegitimiert ist dabei die Europäische Kommission. **(1 P)**

Rechtstheorie und methodische Grundlagen

89. (3 Punkte) In einem Aufsatz wird die Entwicklung der Immunität dargestellt. Zu diesem Zweck werden die nicht mehr geltende *„Dezemberverfassung“* untersucht und die ausschlaggebenden Fakten, die zur heutigen Rechtslage geführt haben, herausgearbeitet. Ebenso wird untersucht, wie andere europäische Staaten die Abgeordneten der jeweiligen Gesetzgebungskörperschaften schützen, und es werden Vorschläge zur Verbesserung der Rechtslage in Österreich gemacht. Welche rechtswissenschaftlichen Untersuchungen werden dabei gemacht? Erklären Sie!

Die Rechtsgeschichte behandelt Rechtsordnungen, die nicht mehr in Geltung sind, und untersucht deren Entwicklung. **(1 P)** Bei der Rechtsvergleichung werden Regelungen in verschiedenen Rechtsordnungen oder rechtlichen Systemen verglichen, um aus diesen Vergleichen neue Erkenntnisse zu gewinnen. **(1 P)** Das Erarbeiten von Vorschlägen zur Verbesserung des Rechts ist Aufgabe der Rechtspolitik. **(1 P)**

90. (3 Punkte) *Klaus* wundert sich, dass der Begriff der Rechtswissenschaften im Plural steht. Zudem fragt er sich, ob sich das Recht im Laufe der Zeit entwickelt hat und in welchem Verhältnis Recht und Gerechtigkeit stehen. Erklären Sie, warum von „Rechtswissenschaften“ gesprochen wird und erläutern Sie, welche rechtswissenschaftlichen Disziplinen *Klaus* Antworten auf seine Fragen geben könnten!

Die Rechtswissenschaften beschäftigen sich mit dem Erkenntnisgegenstand „Recht“. Da man diesen von unterschiedlichen Perspektiven aus betrachten kann, haben sich auch verschiedene Wissenschaftszweige herausgebildet, die sich mit Rechtsnormen beschäftigen. Daher spricht man nicht von einer Rechtswissenschaft, sondern von „Rechtswissenschaften“ im Plural. **(1 P)** Karl spricht zum einen die Rechtgeschichte an, die sich mit der Entwicklung von Rechtsgebieten beschäftigt und auch Rechtsordnungen untersucht, die nicht mehr in Geltung sind. **(1 P)** Fragen der Gerechtigkeit wiederum werden im Rahmen der Rechtsphilosophie behandelt, die sich den philosophischen Grundlagen des Rechts widmet (wie etwa dem Verhältnis von Recht, Moral und Gerechtigkeit). **(1 P)**

91. (2 Punkte) Um die Blumen auf der Wiese vor dem Rathaus zu schützen, beschließt das zuständige Gemeindeorgan eine Tafel anzubringen, auf der zu lesen ist: *„Das Betreten der Wiese ist verboten"* – es wird jedoch keine Rechtsfolge angeordnet. Wie wird eine solche Regelung genannt und wodurch zeichnet sie sich aus?

Es handelt sich hierbei um eine sogenannte *„lex imperfecta"* **(1P)**, die sich dadurch auszeichnet, dass sie nur einen Gebotsteil enthält, jedoch keinen Sanktionsteil. Da also keine Sanktion angeordnet wird, ist die Verhaltensanordnung in einem solchen Fall nicht durchsetzbar. **(1P)**

92. (1 Punkt) Gem § 2 Abs 1 Wiener Reinhaltegesetz (Wr ReiG) ist das *„Verunreinigen von Straßen mit öffentlichem Verkehr sowie von öffentlich zugänglichen Grünflächen"* verboten. Auf welchen Geltungs- und Anwendungsbereich bezieht sich diese Rechtsvorschrift?

Diese Rechtsvorschrift bezieht sich auf den sachlichen Geltungs- und Anwendungsbereich, da ein bestimmtes Verhalten verboten wird. **(1P)** (Gleichwertige Alternativlösungen: a) Das (Wr ReiG) gilt nur für das Bundesland Wien, womit es sich auf den örtlichen Geltungs- bzw Anwendungsbereich bezieht. b) Das (Wr ReiG) ist eine generelle Norm, die sich an einen unbestimmten, nach Gattungsmerkmalen bestimmten Personenkreis richtet, womit der persönlichen Geltungs- oder Anwendungsbereich angesprochen ist.)

Mit Verhalten iSd sachlichen Geltungs- und Anwendungsbereiches ist das „Verunreinigen von Straßen mit öffentlichem Verkehr sowie von öffentlich zugänglichen Grünflächen" gemeint.

Hinsichtlich des örtlichen Geltungs- und Anwendungsbereiches kann man anhand des „Wiener" Reinhaltegesetzes erkennen, dass dieses Gesetz nur im Bundesland Wien anwendbar ist.

Schlussendlich muss man sich vor Augen führen, dass zwar im Prinzip ein unbestimmter Personenkreis vom Wr ReiG erfasst wird, dieser unbestimmte Personenkreis jedoch nach Gattungsmerkmalen bestimmt wird. Das bedeutet, dass zwar potentiell alle Personen (= unbestimmter Personenkreis) vom Wr ReiG erfasst sind, jedoch nur diejenigen sanktioniert werden, die gegen das Verbot des „Verunreinigens von Straßen mit öffentlichem Verkehr sowie von öffentlich zugänglichen Grünflächen" verstoßen (= nach Gattungsmerkmalen bestimmter Personenkreis).

93. (5 Punkte) Ein Bundesgesetz über die Vereinheitlichung der Mindestsicherung wird kundgemacht, obwohl die notwendige Abstimmung im Nationalrat dafür nicht durchgeführt wurde. Ist das Gesetz anwendbar?

Aus rechtstheoretischer Sicht führen Fehler in der Erzeugung von Normen zu deren absoluter Nichtigkeit, es sei denn, das positive Recht normiert ein Fehlerkalkül (hier: Kompetenz zur Gesetzesprüfung durch den VfGH gem. Art 140 B-VG). **(1 P)** Die Voraussetzungen für die Anwendbarkeit des Fehlerkalküls durch den VfGH sind jedoch nicht gegeben: **(1 P)** Einerseits liegt kein Willensakt des Organs (in diesem Fall des Nationalrats) vor. **(1 P)** Andererseits ist die Kundmachung des Gesetzes rechtswidrig erfolgt, da kein Beschluss des Staatsorgans vorliegt. **(1 P)** Daher ist das Gesetz absolut nichtig und damit nicht anwendbar. **(1 P)**

Das Bestehen eines Fehlerkalküls kann in der Kompetenz des Verfassungsgerichtshofes, Verordnungen und Gesetze aufzuheben (Art 139 Abs 3 und 140 Abs 3 B-VG), erblickt werden. Dies setzt aber voraus, dass eine gesetzwidrige Verordnung oder ein verfassungswidriges Gesetz Geltung erlangt hat. Nur in diesem Fall kann der Verfassungsgerichtshof tätig werden.

Das bloße Beschreiben des Fehlerkalküls, ohne Bezug auf den Sachverhalt, bringt keine Punkte. Auch die Phrase „Rechtssicherheit vor Rechtsrichtigkeit" beantwortet die Frage nicht.

Die Kundmachung ist in diesem Fall zwar erfolgt, aber rechtswidrig, da es keinen Willen eines Staatsorgans gibt, den man kundmachen könnte.

94. (4 Punkte) Der neu bestellte Bundeskanzler will „Nägel mit Köpfen machen" und beschließt gleich nach seinem Amtsantritt ein neues steuerrechtliches Gesetz. Anstatt den langwierigen Prozess durch die gesetzgebenden Institutionen des Bundes zu durchlaufen, leitet er den Beschluss gleich an den Bundespräsidenten weiter; dieser unterschreibt das Gesetz, der Bundeskanzler zeichnet es gegen und veröffentlicht es noch am selben Tag auf der Homepage des Bundeskanzleramtes. Ist das Bundesgesetz anwendbar? Begründen Sie!

Aus rechtstheoretischer Sicht führen Fehler in der Erzeugung von Normen zu deren absoluter Nichtigkeit, es sei denn, das positive Recht normiert ein Fehlerkalkül (hier: Kompetenz zur Gesetzesprüfung durch den VfGH gem. Art 140 B-VG). **(1 P)** Dafür müssen zwei Mindestvoraussetzungen vorliegen: Einerseits muss ein Willensakt eines Staatsorgans gegeben sein. Ein solcher liegt in diesem Fall nicht vor, da der Bundeskanzler keinen Willen in Form eines Gesetzesbeschlusses bilden kann. **(1 P)** Andererseits muss das Gesetz in irgendeiner Weise veröffentlicht worden sein. In diesem Fall hat die Veröffentlichung rechtswidrig stattgefunden, da Gesetze einer Veröffentlichung durch den Bundeskanzler im Bundesgesetzblattgesetz (BGBlG) bedürfen. **(1P)** Das Gesetz ist daher absolut nichtig und somit nicht anwendbar. **(1P)**

Fälle, die auf das Fehlerkalkül anspielen, können mit Hilfe eines Fallprüfungsschemas gelöst werden:

Zuerst gilt es festzustellen, ob Fehler im Gesetzgebungsprozess unterlaufen sind. Danach ist die Anwendbarkeit des Fehlerkalküls durch den VfGH zu überprüfen. Das Fehlerkalkül dient der Rechtssicherheit, denn wenn es dieses nicht gäbe, wären alle fehlerhaft erzeugten Gesetze nichtig, ungültig und somit nicht anwendbar. Das Fehlerkalkül stellt darauf ab, dass oben genannte Mindestvoraussetzungen im Gesetzgebungsverfahren eingehalten werden müssen, damit ein Gesetz (wenn auch fehlerhaft) zustande kommen kann. Liegen diese beiden Voraussetzungen vor, ist das Gesetz relativ nichtig, somit in Geltung und anwendbar. Das ändert nichts daran, dass der Verfassungsgerichtshof das fehlerhaft erzeugte, in Geltung stehende Gesetz jederzeit aufheben kann. Bis zu seiner Aufhebung haben sich die Normunterworfenen jedoch an das relativ nichtige Gesetz zu halten.

95. (4 Punkte) Nachdem das Erneuerbaren-Ausbau-Gesetz im Nationalrat beschlossen wurde, kommt zwischen den Abgeordneten *Barbara* und *Peter* eine Diskussion auf: *Barbara* behauptet, dass das Erneuerbaren-Ausbau-Gesetz im Stufenbau der Rechtsordnung neben dem Geschäftsordnungsgesetz steht. Dem widerspricht *Peter*, da er der festen Überzeugung ist, dass das Geschäftsordnungsgesetz über dem Erneuerbaren-Ausbau-Gesetz steht. Erläutern Sie, warum beide Recht haben!

In Hinblick auf den Stufenbau nach der derogatorischen Kraft hat *Barbara* Recht, da es bei diesem darauf ankommt, wie (also auf welche Art und Weise) eine Norm erzeugt wurde. **(1P)** Beide Gesetze stellen einfache Bundesgesetze dar, die im Nationalrat unter Anwesenheit von mindestens einem Drittel der Abgeordneten und mit Zustimmung von mehr als der Hälfte der abgegebenen Stimmen erzeugt wurden. Somit stehen beide Normen im Stufenbau nach der derogatorischen Kraft nebeneinander. **(1P)** Betrachtet man jedoch den Stufenbau nach der rechtlichen Bedingtheit, der auf den Inhalt der Norm abstellt, hat *Peter* Recht. **(1P)** Da das Geschäftsordnungsgesetz nähere Regelungen über den Erlass von Gesetzen enthält, stellt es im Verhältnis zum Erneuerbaren-Ausbau-Gesetz (der erzeugten Norm) einen Teil der Erzeugungsnorm dar. Somit steht es im Stufenbau nach der rechtlichen Bedingtheit über dem Erneuerbaren-Ausbau-Gesetz. **(1 P)**

96. (5 Punkte) Zwischen dem Bundesverfassungsgesetz über den Beitritt Österreichs zur Europäischen Union und dem teiländernden Bundesverfassungsgesetz über die Nachhaltigkeit, den Tierschutz, den umfassenden Umweltschutz, die Sicherstellung der Wasser- und Lebensmittelversorgung und die Forschung gibt es keinen Erzeugungszusammenhang. Welcher Rang kommt ihnen in den Stufenbaumodellen zu?

Im Stufenbau nach der rechtlichen Bedingtheit **(1 P)** haben diese Bundesverfassungsgesetze keinen Erzeugungszusammenhang und stehen somit weder übereinandern noch nebeneinander, sondern nach der rechtlichen Bedingtheit in keinem Verhältnis zueinander. **(1 P)**
Das Bundesverfassungsgesetz über den Beitritt Österreichs zur Europäischen Union wurde als gesamtänderndes Bundesverfassungsgesetz erzeugt. **(1 P)**
Aus diesem Grund steht im Stufenbau nach der derogatorischen Kraft **(1 P)** das gesamtändernde Bundesverfassungsgesetz über dem teiländernden Bundesverfassungsgesetz. **(1 P)**

Wenn kein Erzeugungszusammenhang vorliegt, ist dies vergleichbar mit der Situation, dass einfache Bundesgesetze und einfache Landesgesetze in keinem Verhältnis zueinander stehen. Einfache Bundesgesetze können demnach einfache Landesgesetze weder abändern oder aufheben noch können einfache Bundesgesetze einfache Landesgesetze erzeugen.

Es wird erwartet, dass das Bundesverfassungsgesetz über den Beitritt Österreichs zur Europäischen Union – auch ohne weitere Hinweise in der Angabe – als gesamtänderndes Verfassungsgesetz erkannt wird.

97. (4 Punkte) Das Bundespräsidentenwahlgesetz sieht vor, dass die Wiederholung der Bundespräsidentenwahl von der Bundesregierung durch Verordnung im Bundesgesetzblatt auszuschreiben ist. Stehen das Bundespräsidentenwahlgesetz und diese Verordnung in den Stufenbaumodellen auf derselben Stufe? Erklären Sie!

Im Stufenbau nach der derogatorischen Kraft **(1 P)** steht das Bundespräsidentenwahlgesetz, aufgrund der schwierigeren Art der Erzeugung

(= Form), über der Verordnung. **(1 P)** Gleiches gilt für den Stufenbau nach der rechtlichen Bedingtheit. **(1 P)** Die inhaltliche Betrachtung des Bundespräsidentenwahlgesetzes (= „*Wiederholung der Bundespräsidentenwahl* [...] *durch Verordnung* [...] *auszuschreiben*") zeigt, dass das Bundespräsidentenwahlgesetz (= Erzeugungsnorm) über der Verordnung (= erzeugte Norm) steht. **(1 P)**

Bei dieser Verordnung handelt es sich um eine Durchführungsverordnung und mangels verfassungsrechtlicher Ermächtigung um keine gesetzesergänzende, gesetzesvertretende oder gesetzesändernde Verordnung (→ Frage 53).

Der Erzeugungszusammenhang zwischen dem Bundespräsidentenwahlgesetz (als Erzeugungsnorm) und der Verordnung (als erzeugter Norm) muss ohne weitere Hinweise aus der Angabe erkannt werden.

98. (4 Punkte) Ordnen Sie sowohl das Tierschutzgesetz (einfaches Bundesgesetz) als auch das Bundesgesetzblattgesetz in die jeweiligen Stufenbaumodelle ein!

Es gibt zunächst den Stufenbau nach der rechtlichen Bedingtheit. Dieser nimmt eine Gliederung von Normen nach ihrem Erzeugungszusammenhang vor, wobei die Erzeugungsnorm über den erzeugten Normen steht. **(1 P)** Im Stufenbau nach der rechtlichen Bedingtheit steht das Bundesgesetzblattgesetz über dem Tierschutzgesetz, da das Bundesgesetzblattgesetz genauere Regelungen zur Kundmachung von Rechtsvorschriften im Bundesgesetzblatt beinhaltet. Das Bundesgesetzblattgesetz ist daher Erzeugungsnorm und das Tierschutzgesetz erzeugte Norm. **(1 P)**
Darüber hinaus gibt es den Stufenbau nach der derogatorischen Kraft. Dieser nimmt die Gliederung von Normen nach der Art ihrer Erzeugung vor. In diesem Stufenbaumodell stehen schwieriger erzeugte Normen auf Grund ihrer derogatorischen Kraft (Kraft zur Abänderung oder Aufhebung von Normen) über leichter erzeugten Normen. **(1 P)** Sowohl das Bundesgesetzblattgesetz als auch das Tierschutzgesetz sind einfache Bundesgesetze. Im Stufenbaumodell nach der derogatorischen Kraft stehen daher beide Gesetze auf gleicher Stufe. **(1 P)**

99. (2 Punkte) Ein Bundesverfassungsgesetz soll die Grundnorm abändern. Erklären Sie die Grundnorm und welche Quoren sind für eine solche Abänderung notwendig?

Bei der Grundnorm handelt es sich um eine Annahme zur Geltungsbegründung oberster Normen und nicht um eine Norm des positiven Rechts. **(1 P)** Somit kann diese nicht durch positivrechtliche Quoren abgeändert werden. **(1 P)**

Wenn die Grundnorm richtig erklärt wurde, jedoch anschließend die Quoren eines einfachen Bundesgesetzes oder eines Verfassungsgesetzes für die Abänderung angeführt werden, erreicht man bei dieser Frage keine Punkte.

100. (2 Punkte) Charakterisieren Sie die europarechtskonforme Interpretation!

Ähnlich wie die verfassungskonforme Interpretation ist die europarechtskonforme Interpretation von der Überlegung getragen, dass das untergeordnete Recht – im konkreten Fall das nationale Recht – unter Bedachtnahme auf das übergeordnete Recht – im konkreten Fall das Europarecht – auszulegen ist. **(1 P)** Lässt der Wortlaut des nationalen Rechts mehrere Auslegungsvarianten zu, so ist im Zweifel jener Auslegung der Vorrang zu geben, die mit dem Europarecht vereinbar ist. **(1 P)**

101. (3 Punkte) *Moritz* möchte Art 29 Abs 1 B-VG unter Bedachtnahme auf Art 67 Abs 1 B-VG verfassungskonform interpretieren. Ist diese Interpretationsmethode anwendbar? Erklären Sie!

Die verfassungskonforme Interpretation ist eine systematische Interpretation mit Elementen der historischen Interpretation. **(1 P)** Dabei geht man davon aus, dass eine erzeugungsmäßig niedrige Rechtsnorm im Hinblick auf die sie bestimmende (determinierende) Vorschrift auszulegen ist. **(1 P)** Somit setzt die verfassungskonforme Interpretation eine Über- und Unterordnung der betreffenden Normen voraus. Da es sich sowohl bei Art 29 Abs 1 B-VG als auch bei Art 67 Abs 1 B-VG um Verfassungsbestimmungen handelt, gibt es keine Über- und Unterordnung zwischen ihnen. Daher ist diese Interpretationsmethode nicht anwendbar. **(1 P)**

Oftmals wird die betreffende Interpretationsmethode (hier: verfassungskonforme Interpretation) nicht erklärt. Diese Erklärung ist jedoch Voraussetzung, um die Frage konkret zu beantworten.

Der Hinweis, dass im Zweifel jener Auslegung der Vorzug zu geben ist, welche zu keinem verfassungswidrigen Ergebnis führt, bringt bei dieser Fragestellung keine Punkte.

102. (2 Punkte) *Antonia* und *Florian* lernen gemeinsam für die STEOP-MP Einführung. *Antonia* behauptet, dass zur Auslegung mancher verfassungsrechtlicher Rechtsvorschriften der Inhalt einfacher historischer Gesetze berücksichtigt werden muss. *Florian* entgegnet, dass zur Auslegung einfacher Gesetze auf verfassungsgesetzliche Regelungen Bedacht zu nehmen ist. Welche methodischen Grundlagen sprechen *Antonia* und *Florian* an? Nennen und erklären Sie diese schlüssig!

Antonia spricht die Versteinerungstheorie an. Bei dieser handelt es sich um eine historisch-systematische Interpretation, die vor allem bei der Auslegung der Kompetenzbestimmungen der Bundesverfassung herangezogen wird. Stellt sich die Frage, welchen Umfang eine Kompetenzbestimmung hat, wird untersucht, welchen Inhalt einfache Gesetze zum Zeitpunkt des Inkrafttretens der Kompetenzbestimmungen des B-VG hatten. Diese Auslegungsmethode basiert auf der Annahme, dass der Verfassungsgesetzgeber die damals geltende einfachgesetzliche Rechtslage dem von ihm verwendeten Wortlaut zu Grunde gelegt hat. **(1 P)** *Florian* bezieht sich auf die verfassungskonforme Interpretation. Auch diese stellt eine systematische Interpretation dar, die mit historischen Elementen verbunden ist. Bestehen Zweifel in Hinblick auf die Auslegung einer Norm, so ist derjenigen Auslegungsvariante der Vorrang zu geben, die ein Gesetz verfassungskonform erscheinen lässt. Dem liegt die Annahme zugrunde, dass der Gesetzgeber keine verfassungswidrige Norm schaffen wollte. **(1 P)**

103. (3 Punkte) Der Bund ist gem Art 10 B-VG für das Verkehrswesen bezüglich der Eisenbahnen zuständig. Unklar ist, ob dazu auch die Zuständigkeit zur Errichtung einer neuen Seilbahn zählt. Normalerweise sind die Länder gem Art 15 B-VG für das Baurecht zuständig. Mit welcher Methode stellt der Verfassungsgerichtshof fest, ob der Bund oder die Länder zuständig sind?

Im vorliegenden Fall stellt der Verfassungsgerichtshof mittels Auslegung fest, welchen Umfang Kompetenzbestimmungen (hier: „*Verkehrswesen bezüglich der Eisenbahnen*“) haben. Dazu bedient er sich der Versteinerungstheorie. **(1 P)** Diese historisch-systematische Interpretation **(1 P)** ermittelt, welchen Inhalt einfache Gesetze zum Zeitpunkt des Inkrafttretens der Kompetenzbestimmung des B-VG hatten. **(1 P)**

Die Erklärung der Versteinerungstheorie fällt erfahrungsgemäß schwer. Oftmals wird nicht daran gedacht, dass eine Angelegenheit, die nicht in den Art 10–14 B-VG genannt ist, unter die Generalklausel des Art 15 B-VG fällt. Dies hat zur Folge, dass all diese Angelegenheiten mangels expliziter Erwähnung in Art 10–14 B-VG automatisch in der Gesetzgebungs- und Vollziehungskompetenz der Länder liegen.

Für das Verständnis der Versteinerungstheorie ist es daher sinnvoll, sich die Verbindung der Elemente der historischen Interpretation und der systematischen Interpretation vor Augen zu führen. Der Verfassungsgerichtshof versteht den Begriff „Verkehrswesen bezüglich der Eisenbahnen", der in der Verfassung selbst nicht näher definiert wird, in der Bedeutung, der dem Begriff nach dem Stand und der Systematik der Rechtsordnung (= systematische Interpretation) und zum Zeitpunkt ihres Wirksamwerdens (= historische Interpretation) zukam.

Daher muss der Verfassungsgerichtshof den Zeitpunkt des Inkrafttretens des Art 10 Abs 1 Z 9 B-VG (= 1. 10. 1925) heranziehen (= historische Interpretation). Der Inhalt des Eisenbahnkonzessionsgesetzes 1854 und des Gesetzes über die Bahnen niederer Ordnung 1910 (= beides einfache Gesetze) ergibt zweierlei: Einerseits beinhaltet der Art 10 Abs 1 Z 9 B-VG eine umfassende Fachplanungs- und Sonderbaurechtskompetenz des Bundes für Eisenbahnen. Andererseits gelten Seilbahnen als Eisenbahnen im Sinne des Art 10 Abs 1 Z 9 B-VG (= systematische Interpretation). Dies führt dazu, dass der Bund für die Errichtung der Seilbahn zuständig ist und den Ländern ausnahmsweise ihre baurechtlichen Kompetenzen nicht zukommen.

Es wird nicht erwartet, die soeben angeführte Erklärung als „Lösung" dieser Frage zu geben. Jedoch wird erwartet, dass die Versteinerungstheorie abstrakt erklärt werden kann.

104. § 6 Abs 1 Wiener Reinhaltegesetz (Wr ReiG) sieht vor, dass Personen, die Straßen verunreinigen, eine Verwaltungsübertretung begehen, welche mit einer Geldstrafe bis zu € 1.000,– zu bestrafen ist.

a) (2 Punkte) Bereits mit Inkrafttreten des Wiener Reinhaltegesetzes wird in § 2 Wr ReiG festgelegt, dass unter Straßen in § 6 Abs 1 Wr ReiG alle dem Verkehr von Fahrzeugen dienenden Grundflächen zu verstehen sind. Wie nennt man die Anordnung in § 2 Abs 1 Wr ReiG? Erklären Sie!

Es handelt sich um eine Legaldefinition. **(1 P)** Dabei legt der Gesetzgeber bereits mit Inkrafttreten des Gesetzes fest, wie ein bestimmter Begriff (in diesem Fall: „*Straßen*") zu verstehen ist. **(1 P)**

b) (4 Punkte) Nach dem Inkrafttreten des Wiener Reinhaltegesetztes wird der § 2 Wr ReiG durch eine Novelle verändert. Dieser sieht nun vor, dass unter Straßen in § 6 Abs 1 Wr ReiG alle dem Verkehr von Menschen oder Fahrzeugen dienenden Grundflächen zu verstehen sind und waren. Wie nennt man diese Anordnung? Gibt es verfassungsrechtliche Bedenken?

Diese Anordnung ist eine authentische Interpretation, **(1 P)** da vom zuständigen Gesetzgeber in einem Normsetzungsakt rückwirkend (= *„zu verstehen sind und waren“*) festgelegt wird, was unter *„Straßen“* zu verstehen ist und war. **(1 P)**
Verfassungsrechtlich bedenklich ist, dass nun zusätzlich zu den Grundflächen für Fahrzeuge, das Verunreinigen von Grundflächen, die dem Verkehr von Menschen dienen, rückwirkend zu bestrafen wäre. **(1 P)** Im Hinblick auf das in Art 7 EMRK normierte Rückwirkungsverbot ist dies unzulässig. **(1 P)**

Häufig wird der Fehler gemacht, die authentische Interpretation ausschließlich als eine Art Legaldefinition zu definieren. Dabei wird außer Acht gelassen, dass ein entscheidender Bestandteil der authentischen Interpretation – neben dem Normsetzungsakt – die Rückwirkung ist. Ratsam ist es daher, nach Hinweisen auf eine mögliche Rückwirkung im Sachverhalt Ausschau zu halten (→ Fragen 33 und 34).

105. (2 Punkte) Nach sorgfältiger Anwendung sämtlicher Interpretationsmethoden kommt die Datenschutzbehörde in einem konkreten datenschutzrechtlichen Fall zum Ergebnis, dass der Wortlaut einer Bestimmung des Datenschutzgesetzes der in den Materialien geäußerten Absicht des Gesetzgebers widerspricht. Wie hat die Datenschutzbehörde?

Die Datenschutzbehörde hat Rückschlüsse auf den „Willen“ des Normsetzers, der die auszulegende Vorschrift erlassen hat, unter Zuhilfenahme der historischen (Willens-)Interpretation, gezogen. Im Zuge der Entstehung von Gesetzen gibt es Unterlagen, aus denen man Rückschlüsse auf die Absicht, die mit einer Regelung verfolgt werden sollte, gewinnen kann. Es sind dies die sogenannten *„Gesetzesmaterialien“* – das sind Gesetzesentwürfe, Gesetzesanträge (insb Regierungsvorlagen samt Erläuterungen – zu finden in den Beilagen zu den Stenographischen Protokollen), Stenographische Protokolle und Ausschussberichte. **(1 P)** Es kann durchaus vorkommen, dass die Absicht des Gesetzgebers im Normtext keinen Ausdruck findet, oder, dass der Normtext und die gesetzgeberische Absicht unterschiedlich sind. In solchen Fällen kommt dem Normtext vorrangige Bedeutung zu. **(1 P)**

106. (4 Punkte) Die StVO sieht die Möglichkeit vor, flächendeckende Kurzparkzonen zu schaffen, in denen Autobesitzer*innen ohne Ausnahmebewilligung für längeres Halten und Parken mit Strafe sanktioniert werden. Nun wird aber nur für den sechzehnten Wiener Gemeindebezirk eine solche Regelung geschaffen. Manche Bewohner des dreizehnten Gemeindebezirkes denken sich, dass diese Regelung auch auf ihren Bezirk analog anzuwenden wäre. Was sagen Sie aus verfassungsrechtlicher Sicht dazu? Erklären Sie!

Analogieschlüsse sind im Öffentlichen Recht nur bei eindeutig planwidrigen Unvollständigkeiten des Gesetzes zulässig. **(1 P)** Dies ist hier nicht der Fall, da die bestehende Regelung auch ohne Analogieschluss vollzogen werden kann. **(1 P)** Zudem ist ein Analogieschluss, der zur Schaffung neuer Straftatbestände führen würde, nach Art 7 EMRK unzulässig. **(1 P)** Daher kann die Regelung nicht auf den dreizehnten Gemeindebezirk analog angewendet werden. **(1 P)**

Bei dieser Frage stellt die Erklärung der Analogie die Voraussetzung für die Beantwortung der Frage dar. Aus diesem Grund kann diese Erklärung nicht zusätzlich bepunktet werden.

Der Umstand, dass diese Regelung ausschließlich für den sechzehnten Wiener Gemeindebezirk anwendbar ist und nicht auch für den dreizehnten gilt, ist nicht genug, um eine planwidrige Lücke darzustellen. Eine solche würde beispielsweise nur vorliegen, wenn für den sechzehnten Bezirk nicht klar geregelt wäre, welche konkreten Straßen umfasst sind, für wen eine solche Kurzparkzone gilt oder wie man eine Ausnahmebewilligung beantragen kann.

II. Privatrecht

Die Prüfung aus Privatrecht besteht in der Regel aus 12 bis 14 Fragen. Regelmäßig wird der Großteil der Punkte durch Fälle abgedeckt. Aus jedem der 7 Teile des Skriptums – nach diesen sind auch in der Folge die gelösten Fragen unterteilt – kommt mindestens eine Wissensfrage oder ein Fall. Im vorliegenden Buch wurde der Schwerpunkt auf jene Bereiche und Fallkonstellationen gelegt, die den Student*innen erfahrungsgemäß die größten Schwierigkeiten bereiten.

Die zu lukrierenden Punkte sind jeweils nach dem bepunkteten Begriff, Satzteil oder Satz angegeben. Ist ein ganzer Satz in eckiger Klammer gehalten, so bedeutet dies, dass dieser nicht gesondert bepunktet wird. Dies ist der Fall, wenn ein Satz für eine „lesbare" Antwort ausnahmsweise notwendig ist (zB Überschriften, Zwischenergebnisse und Zusammenfassungen).

Ist bei einer Frage angegeben, dass falsche Antworten Punkteabzug bringen, so betrifft dies nur die jeweilige Frage. Man kann also schlimmstenfalls für eine Frage 0 Punkte erzielen, nicht aber ein Minus, das sich auf die anderen Fragen überträgt. Dabei handelt es sich nur um eine Klarstellung: Andernfalls würde jemand, der 100 Begriffe hinschreibt, worunter sich „zufällig" die drei gefragten befinden, alle Punkte bekommen, auch wenn 97 falsche dort stehen. Zudem werden pro Frage nicht mehr Punkte vergeben, als bei der jeweiligen Frage zu Beginn angegeben sind.

Für das bloße Anführen einer – wenn auch richtigen – Paragrafenzahl gibt es grundsätzlich keine Punkte, während umgekehrt ihre Angabe nicht erforderlich ist, damit der jeweilige Punkt vergeben wird. Dennoch werden in der Lösung stets die entsprechenden Paragrafen genannt. Dies liegt ganz einfach daran, dass die Verwendung des Gesetzestextes bei der Prüfung gestattet ist und daher ein Vertrautmachen mit dem Gesetz bereits jetzt nur von Vorteil sein kann.

Quellen und Methoden des österreichischen Privatrechts

107. (2 Punkte) Was versteht man unter objektivem Recht und was unter einem subjektiven Recht?

Als objektives Recht wird die für die Rechtsgemeinschaft verbindliche Ordnung des menschlichen Zusammenlebens verstanden – es ist also die Rechtsordnung selbst –, **(1/2 P)** die unter der Anforderung der Gerechtigkeit steht und allenfalls mit Zwang durchgesetzt werden kann. **(1/2 P)** Unter einem subjektiven Recht wird die konkrete Befugnis eines Einzelnen verstanden, **(1/2 P)** die Einhaltung einer Vorschrift des objektiven Rechts durch Anrufung staatlicher Organe durchzusetzen. **(1/2 P)**

Das objektive Recht (Rechtsordnung) kann in Rechtsgebiete (Teilbereiche der Rechtsordnung) unterteilt werden; die wichtigste Teilung ist jene zwischen Öffentlichem Recht und Privatrecht (→ Frage 108).

108. (2 Punkte) Nennen Sie zwei Gründe, warum die Unterscheidung zwischen Öffentlichem Recht und Privatrecht – abgesehen von der systematischen Ordnung – von Bedeutung ist! (Falsche Angaben bringen Punkteabzug.)

Behördenzuständigkeit, verfassungsrechtliche Kompetenzverteilung, Amtshaftungsrecht **(pro richtiger Antwort 1 P, pro falscher 1 P Abzug)**

109. (2 Punkte) Was versteht man unter materiellem Recht, was unter formellem Recht?

Materielles Recht sind Rechtsnormen, die eine inhaltliche Ordnung für das menschliche Zusammenleben treffen. **(1 P)** Das formelle Recht besteht dagegen aus Normen, die das Verfahren der Rechtsdurchsetzung vor staatlichen Behörden regeln. **(1 P)**

110. (2 Punkte) Welche der folgenden Aufgaben verfolgt das österreichische Privatrecht?

- ☐ Austauschgerechtigkeit
- ☐ Schaffung gerechter Vermögensverteilung unter Individuen
- ☐ Korrektur unerwünschter Vermögensverschiebungen
- ☐ Bestrafung für Fehlverhalten

Anzukreuzen sind Austauschgerechtigkeit und Korrektur unerwünschter Vermögensverschiebungen. **(pro richtiger Antwort 1 P, pro falscher 1 P Abzug)**

111. (1 Punkt) Was versteht man unter Privatautonomie?

Unter dem Prinzip der Privatautonomie versteht man die Möglichkeit jedes einzelnen, seine Rechtsbeziehungen nach seinen Wünschen und Vorstellungen zu regeln (Gestaltungsfreiheit). **(1 P)**

112. (2 Punkte) Erklären Sie den Begriff „*ius cogens*"!

[Bei zwingendem Recht ist zu differenzieren:] Von absolut zwingendem Recht kann nicht einmal zugunsten des Betroffenen abgewichen werden. **(1 P)** Ist eine Norm dagegen relativ zwingend, können die Parteien für eine bestimmte Partei günstigere Regelungen vereinbaren. **(1 P)**

113. (2 Punkte) Was versteht man unter dispositivem Recht? Nennen Sie zwei seiner Funktionen! (Falsche Angaben bedeuten Punkteabzug.)

Das dispositive (nachgiebige, abdingbare) Recht lässt eine abweichende privatautonome Rechtsgestaltung zu. Das heißt, die Vertragsparteien können von den gesetzlichen Regelungen abweichen und etwas anderes rechtswirksam vereinbaren. **(1 P)**
Funktionen des dispositiven Rechts:
- Ergänzung unvollständiger Verträge
- Hilfe bei der Vertragsauslegung
- „Richtigkeitsgewähr" **(pro richtiger Antwort 1/2 P, pro falscher 1/2 P Abzug)**

114. (2 Punkte) In welche Teile gliedert sich das ABGB? Welchem System wird dabei prinzipiell gefolgt? (Falsche Nennungen bedeuten Punkteabzug.)

Das ABGB gliedert sich in folgende Teile:
- Von dem Personenrechte
- Von dem Sachenrechte
- Von den gemeinschaftlichen Bestimmungen der Personen- und Sachenrechte

(pro richtiger Antwort 1/2 P, pro falscher 1/2 P Abzug)
Es folgt damit dem Institutionensystem. **(1/2 P)**

Dass das ABGB in drei Teile mit den soeben genannten Überschriften gegliedert ist, erweckt den Eindruck, als wäre dieses in seiner Grundkonzeption unvollständig im Vergleich zum Pandektensystem (→ Frage 115). Doch dieser Eindruck ist nicht richtig. Vielmehr handelt es sich nur um eine andere Gliederung oder Reihenfolge der jeweiligen Bestimmungen. So hat etwa das ABGB selbstverständlich einen Erbrechtsteil; dieser ist ein Unterteil des Teils „Von dem Sachenrechte" (§§ 531–824 ABGB), das daneben auch das eigentliche Sachenrecht (§§ 285–530 ABGB) enthält.

115. (3 Punkte) Kreuzen Sie jene Teile an, nach denen das allgemeine Privatrecht nach dem Pandektensystem nicht unterteilt ist! (Falsche Antworten bedeuten Punkteabzug.)

- ☐ Sachenrecht
- ☐ Verjährungsrecht
- ☐ Schuldrecht
- ☐ Verbraucherrecht
- ☐ Erbrecht
- ☐ Vertragliche Schuldverhältnisse
- ☐ Wohnrecht
- ☐ Familienrecht
- ☐ Außervertragliche Schuldverhältnisse
- ☐ Allgemeiner Teil
- ☐ Internationales Privatrecht

Anzukreuzen sind Verjährungsrecht, Verbraucherrecht, Vertragliche Schuldverhältnisse, Wohnrecht, Außervertragliche Schuldverhältnisse, Internationales Privatrecht. **(pro richtiger Antwort 1/2 P, pro falscher 1/2 P Abzug)**

116. (2 Punkte) Welche Aufgabe hat das Internationale Privatrecht und was regelt das Internationale Zivilverfahrensrecht?

Das Internationale Privatrecht (IPR) regelt bei Sachverhalten mit Auslandsbezug, welches materielle Recht (Sachrecht) anzuwenden ist. **(1 P)**
Das Internationale Zivilverfahrensrecht (IZVR) gibt darüber Auskunft, ob überhaupt ein österreichisches Gericht zuständig ist. **(1 P)**

Zwischen anwendbarem Recht und Zuständigkeit ist strikt zu differenzieren. Es kann also ein österreichisches Gericht zuständig sein, aber dieses Gericht hat ausländisches materielles Recht anzuwenden, um zu beurteilen, ob der in der Klage geltend gemachte Anspruch besteht.

Da das IPR nur angibt, welches Recht anzuwenden ist, besteht es aus Verweisungsnormen und man spricht auch von Kollisionsrecht.

Es gibt kein einheitliches, für alle Staaten verbindliches IPR – daher ist es auch kein internationales Recht –, sondern jeder Staat hat (vereinfacht gesagt) grundsätzlich sein eigenes. Die Mitgliedstaaten der EU haben aber zum Teil dasselbe IPR, wenn und weil es entsprechende EU-Verordnungen gibt.

Da es kein einheitliches IPR gibt, stellt sich die Frage, welches IPR bei einem Fall mit Auslandsbezug überhaupt anzuwenden ist. Dies entscheidet sich nach der Zuständigkeit: Wer zuständig ist, darf „in seinem IPR nachsehen" (wozu auch entsprechende EU-Verordnungen gehören). Daher ist die Frage der Internationalen Zuständigkeit technisch der Frage des anwendbaren Rechts vorgelagert.

117. (2 Punkte) Welche privatrechtlichen Sondergesetze gibt es? Kreuzen Sie die richtigen Antworten an! (Falsche Antworten bedeuten Punkteabzug.)

- ☐ KSchG
- ☐ AVG
- ☐ UGB
- ☐ AußStrG
- ☐ EKHG
- ☐ B-VG
- ☐ FAGG
- ☐ KHG
- ☐ JN
- ☐ ZPO

Anzukreuzen sind das KSchG (Konsumentenschutzgesetz), UGB (Unternehmensgesetzbuch), EKHG (Eisenbahn- und Kraftfahrzeughaftpflichtgesetz) und FAGG (Fern- und Auswärtsgeschäfte-Gesetz). **(pro richtiger Antwort 1/2 P, pro falscher 1/2 P Abzug)**

Beim KHG handelt es sich um ein Fantasiegesetz.

Weitere privatrechtliche Sondergesetze wären etwa das EheG (Ehegesetz), WEG (Wohnungseigentumsgesetz), MRG (Mietrechtsgesetz), PRG (Pauschalreisegesetz), PHG (Produkthaftungsgesetz), FernFinG (Fern-Finanzdienstleistungs-Gesetz), TNG (Teilzeitnutzungsgesetz), VKrG (Verbraucherkreditgesetz), HIKrG (Hypothekar- und Immobilienkreditgesetz), GmbHG (Gesetz über Gesellschaften mit beschränkter Haftung), AktG (Aktiengesetz), UWG (Gesetz gegen den unlauteren Wettbewerb), KartG (Kartellgesetz), PatG (Patentgesetz) und MarkenschutzG. Für das zusätzliche Anführen dieser oder anderer privatrechtlicher Sondergesetze gibt es aber – weil nicht gefragt – keine Punkte.

118. (1 Punkt) Was sind die Voraussetzungen für das Entstehen von Gewohnheitsrecht?

Eine langandauernde und allgemeine Übung (Anwendung, *consuetudo*) bestimmter Regeln, **(1/2 P)** die von der Überzeugung getragen sein muss, dass die angewandten Regeln Recht seien (*opinio iuris*). **(1/2 P)**

119. (2 Punkte) Kommt in Österreich Gerichtsurteilen die Kraft eines Gesetzes zu?

Gerichtsurteile haben in Österreich nicht die Kraft eines Gesetzes, sie binden grundsätzlich nur die Parteien des jeweiligen Rechtsstreits. **(1 P)** EuGH-Urteile über die Interpretation von EU-Rechtsakten sind aber für nationale Gerichte verbindlich, dh sie dürfen davon nicht abweichen. **(1 P)**

120. (4 Punkte) Nennen Sie die vier klassischen Interpretationsmethoden! (Falsche Angaben bringen Punkteabzug.)

- Wortinterpretation (grammatische/grammatisch-logische Interpretation)
- systematische Interpretation
- historische Interpretation
- teleologische Interpretation

(pro richtiger Antwort 1 P, pro falscher 1 P Abzug)

Ein schwerer Fehler ist es, hier die authentische Interpretation anzuführen. Diese erfolgt durch Gesetz und hat mit der Interpretation im eigentlichen Sinn nichts zu tun (→ Frage 124).

Zudem darf Interpretation nicht mit Lückenschließung verwechselt werden; die Anführung der verschiedenen Analogien ist also ebenso falsch. Vereinfacht gesagt, wird vorhandener Gesetzestext interpretiert, während durch Analogie ein (für den konkreten Fall nicht vorhandener) Gesetzestext gewonnen wird (→ Frage 125).

121. (3 Punkte) Was versteht man unter systematischer Interpretation? Welche Unterfälle sind besonders wichtig?

Die systematische Interpretation fragt nach dem Bedeutungszusammenhang und der Gesamtkonzeption des Gesetzes. **(1 P)** Besonders wichtig sind die verfassungskonforme **(1 P)** und die unionsrechtskonforme Interpretation (bei Richtlinien wird diese speziell „richtlinienkonforme Interpretation“ genannt). **(1 P)**

122. (1 Punkt) Was versteht man unter historischer Interpretation?

Die historische Interpretation untersucht den Entstehungshintergrund (Genese) einer Norm einschließlich der tatsächlichen Lebensverhältnisse zum Zeitpunkt der Entstehung der Norm. **(1 P)**

Hilfsmittel zur Ermittlung des historischen Verständnisses des Gesetzgebers finden sich in den Gesetzesmaterialien. Für österreichische Bundesgesetze kann auf die Stenographischen Protokolle des Nationalrates und ihre Beilagen (Regierungsvorlage, ihre Erläuterungen, Ausschussberichte, Kommissionsberichte, Initiativanträge) zurückgegriffen werden.

123. (1 Punkt) Was versteht man unter teleologischer Interpretation?

Diese Interpretationsmethode fragt nach dem Sinn und Zweck (*telos*) einer gesetzlichen Regelung und sucht ein Auslegungsergebnis zu erreichen, das diesem Sinn und Zweck möglichst gerecht wird. **(1 P)**

124. (1 Punkt) Was versteht man unter authentischer Interpretation?

Bei der authentischen Interpretation wird ein neues Gesetz erlassen, mit dem der Gesetzgeber ein anderes Gesetz auf verbindliche Weise erklärt. **(1 P)**

Die authentische Interpretation erfolgt also durch ein neues Gesetz und hat daher mit der Auslegung im eigentlichen Sinn und mit den klassischen Interpretationsmethoden (→ Frage 120) nichts zu tun.

125. (2 Punkte) Wie sind Rechtslücken zu schließen?

Rechtslücken können durch eine Analogie (Ähnlichkeitsschluss) geschlossen werden. **(1 P)** Ist eine Analogie nicht möglich, verweist der Gesetzgeber auf die „natürlichen Rechtsgrundsätze", also die allgemeinsten Prinzipien und Werte, die der Rechtsordnung zugrunde liegen. **(1 P)**

Zu den Arten von Analogien → Frage 126.

126. (2 Punkte) Was versteht man unter einer Gesetzesanalogie, was unter einer Rechtsanalogie?

Bei der Gesetzesanalogie wird die Rechtsfolge einer einzelnen, bestimmten Norm auf einen dem Wortlaut der Norm nach nicht geregelten Sachverhalt angewendet, der aber aus teleologischer Perspektive gleich zu bewerten ist. **(1 P)**
Bei der Rechtsanalogie (Gesamtanalogie) wird aus mehreren vorhandenen Rechtsnormen ein allgemeiner Grundsatz abgeleitet, der dann auf den gesetzlich nicht geregelten Fall angewendet wird. **(1 P)**

127. (1 Punkt) Erklären Sie die teleologische Reduktion!

Auf die vom Wortlaut des Tatbestandes, nicht aber von seinem Sinn und Zweck nach erfassten Fälle wird der Tatbestand nicht angewendet. **(1 P)**
[Bei der teleologischen Reduktion handelt es sich also um einen Sonderfall der planwidrigen Unvollständigkeit, weil das Gesetz zu viel regelt.]

Grundelemente des Privatrechts

128. (2 Punkte) Was versteht man unter einem *nasciturus*? Ist ein *nasciturus* rechtsfähig?

Unter einem *nasciturus* versteht man ein gezeugtes, aber noch ungeborenes Kind. **(1 P)** § 22 ABGB räumt diesem bereits Rechtspositionen ein, die allerdings durch seine spätere Lebendgeburt bedingt sind. **(1 P)**

Wichtig ist, dass nach § 23 ABGB die Lebendgeburt – durch diese ist die Rechtsstellung des Kindes bedingt – vermutet wird. Kann also nicht bewiesen werden, dass das Kind tot geboren wurde, gilt dieses als lebend geboren (→ auch Frage 263).

129. (1 Punkt) Was versteht man unter dem Begriff „Geschäftsfähigkeit“?

Die Geschäftsfähigkeit ist die Fähigkeit einer Person, sich durch eigenes Handeln rechtsgeschäftlich zu berechtigen und zu verpflichten (§ 865 Abs 1 ABGB). **(1 P)**

130. (3 Punkte) Beschreiben Sie die Geschäftsfähigkeit von Kindern bis zum vollendeten 7. Lebensjahr!

Kinder bis zum vollendeten 7. Lebensjahr sind grundsätzlich vollkommen geschäftsunfähig; werden sie selbst rechtsgeschäftlich tätig, ist das Rechtsgeschäft nichtig und kann auch nachträglich nicht wirksam werden. **(1 P)** [Davon gibt es zwei Ausnahmen:] Jede Person kann ein bloß zu ihrem Vorteil gemachtes Versprechen selbst annehmen (§ 865 Abs 2 ABGB). **(1 P)** Außerdem werden Rechtsgeschäfte über alterstypische, geringfügige Angelegenheiten des täglichen Lebens mit Erfüllung der das Kind treffenden Pflicht rückwirkend rechtswirksam (Taschengeldparagraf; § 170 Abs 3 ABGB). **(1 P)**

131. (1 Punkt) Die 6-jährige *Senta* bekommt von ihrem reichen Onkel *Fritz* € 1.000,– in bar geschenkt. *Senta* ist freudig damit einverstanden, weil sie für ein Reitpferd spart. *Sentas* Eltern wollen aber nicht, dass ihre Tochter einfach so viel Geld bekommt. Ist hier ein Vertrag zustande gekommen?

[*Senta* ist im rechtlichen Sinn ein Kind (0 bis 6 Jahre alt), sodass alle von ihr geschlossenen Rechtsgeschäfte grundsätzlich zur Gänze unwirksam (nichtig) sind (§ 865 Abs 4 ABGB).] Bei der Schenkung der € 1.000,– handelt es sich aber um ein bloß zu ihrem Vorteil gemachtes Versprechen; ein solches kann jede Person annehmen (§ 865 Abs 2 ABGB). **(1 P)**

132. (3 Punkte) Die 10-jährige *Franziska* bekommt von ihrem Onkel *Georg* zu Weihnachten ein Faultierbaby geschenkt. Da *Georg* als Faultierliebhaber aus eigener Erfahrung weiß, dass die Faultierhaltung sehr kostspielig ist, erklärt er sich außerdem bereit, alle künftigen Tierarztkosten zu übernehmen. Die Eltern von *Franziska* sind von dem Geschenk wenig begeistert. Wie ist die Rechtslage?

Jede Person kann ein bloß zu ihrem Vorteil gemachtes Versprechen annehmen (§ 865 Abs 2 ABGB), was aber auf die Schenkung des Faultiers nicht zutrifft, weil dieses gepflegt werden muss und neben Tierarztkosten insbesondere Futterkosten verursacht. **(1 P)** *Franziska* ist aufgrund ihres Alters eine unmündige Minderjährige (7 bis 13 Jahre alt). **(1 P)** Daher ist die Schenkung schwebend unwirksam, also nur dann wirksam, wenn der gesetzliche Vertreter (Eltern von *Franziska*) zustimmt (§ 865 Abs 4 ABGB). **(1 P)**

Ob die Eltern von Franziska tatsächlich ihre gesetzlichen Vertreter sind, hängt davon ab, ob sie obsorgeberechtigt sind. Denn die Obsorge muss nicht (beiden) leiblichen Eltern zukommen, was aber mangels gegenteiliger Angaben im Sachverhalt hier nicht anzunehmen ist (→ Frage 254).

133. (4 Punkte) *Lotte* ist 16 Jahre alt und bekommt von ihren Eltern für den Querflötenunterricht eine Querflöte geschenkt. Nach wenigen Monaten hat *Lotte* kein Interesse mehr am Unterricht und verkauft die Querflöte an *Elliot* um € 500,–. Als *Elliot* die Querflöte abholen will, bekommen *Lottes* Eltern Wind vom Verkauf und verweigern ihm die Übergabe. Kann sich *Elliot* auf einen Vertrag berufen und das Instrument herausverlangen?

Lotte ist eine mündige Minderjährige (14 bis 17 Jahre alt). **(1 P)** [Sie ist beschränkt geschäftsfähig und kann ua selbstständig über Sachen verfügen, die ihr zur freien Verfügung überlassen worden sind.] Zwar ist *Lotte* Eigentümerin der Querflöte, doch aufgrund der Zweckbindung („*für den Querflötenunterricht*") ist sie darüber nicht frei verfügungsbefugt. **(1 P)**

Auch ein Fall des Taschengeldparagrafen (§ 170 Abs 3 ABGB) liegt nicht vor, weil der Verkauf der Querflöte keine alterstypische, geringfügige Angelegenheit des täglichen Lebens darstellt. **(1 P)** (Alternativlösung: *Lotte* hat ihre Verpflichtung noch nicht erfüllt, weswegen ein rückwirkendes Zustandekommen ausscheidet.)
Der Verkauf der Querflöte ist daher nur wirksam, wenn der gesetzliche Vertreter (Eltern von *Lotte*) diesen genehmigt (§ 865 Abs 4 ABGB); mangels Genehmigung („*verweigern die Übergabe*") liegt also kein gültiger Vertrag vor. **(1 P)**

Aus der Zweckbindung folgt nicht automatisch, dass das Rechtsgeschäft unwirksam ist. Vielmehr darf nicht ausgelassen werden – was aber in solchen Fällen regelmäßig passiert –, auf den Taschengeldparagraf (→ Frage 130) einzugehen. Wäre dieser nämlich erfüllt – alterstypische, geringfügige Angelegenheit des täglichen Lebens und Erfüllung der Pflicht –, läge trotz Zweckbindung ein wirksames Rechtsgeschäft vor.
→ auch die Anmerkung zu Frage 132.

134. (2 Punkte) Was versteht man unter einer Vorsorgevollmacht?

Unter einer Vorsorgevollmacht versteht man eine im Zustand der Geschäftsfähigkeit erteilte Vollmacht, **(1 P)** die aber erst wirksam werden soll, wenn der Vollmachtgeber die zur Besorgung der anvertrauten Angelegenheiten erforderliche Entscheidungsfähigkeit verliert. **(1 P)**

135. (4 Punkte) *Friedrich* ist an Alzheimer erkrankt und nicht mehr entscheidungsfähig. Seine Bekannte *Herta* wurde auch für Kaufverträge jeglicher Art als gerichtliche Erwachsenenvertreterin bestellt. *Friedrich* kauft in einem Juweliergeschäft für sich eine Uhr um € 1.000,– sowie einen Ring um € 100,–, den er *Herta* zum Geburtstag schenken möchte. Den Ring bezahlt er bar, für die Uhr lässt er sich einen Erlagschein mitgeben. Beides kann er sich aufgrund seiner hohen Pension locker leisten. Sind die Kaufverträge wirksam?

Der Kauf des Ringes stellt ein Rechtsgeschäft des täglichen Lebens dar, das die Lebensverhältnisse von *Friedrich* nicht übersteigt. **(1 P)** Weil *Friedrich* seine Pflicht (Kaufpreiszahlung) bereits erfüllt hat („*[d]en Ring bezahlt er bar*"), ist das Rechtsgeschäft mit der Bezahlung nach § 242 Abs 3 ABGB rückwirkend wirksam geworden. **(1 P)** Der Kauf der Uhr fällt jedenfalls deshalb nicht unter § 242 Abs 3 ABGB, weil *Friedrich* die ihn treffende

Pflicht nicht erfüllt hat („*lässt [...] sich einen Erlagschein mitgeben*"). **(1 P)** Der Uhrenkauf ist also schwebend unwirksam, bis er von *Herta* genehmigt wird (§ 865 Abs 3 ABGB). **(1 P)**

Wenn eine volljährige, nicht entscheidungsfähige Person ein Rechtsgeschäft abschließt, so ist zunächst zu prüfen, ob dieses Rechtsgeschäft eine Ausnahme des § 865 Abs 2 ABGB (Annahme eines bloß zum Vorteil gemachten Versprechens) darstellt. Ist dies der Fall, so ist das Rechtsgeschäft wirksam.

Liegt diese Ausnahme nicht vor, ist im nächsten Schritt zu klären, ob es einen Vertreter (Vorsorgebevollmächtigter, [gewählter, gesetzlicher oder gerichtlicher] Erwachsenenvertreter) sowie einen Genehmigungsvorbehalt iSd § 242 Abs 2 ABGB gibt und wo das geschlossene Rechtsgeschäft „hingehört":

1. Die Wirksamkeit eines Rechtsgeschäfts, das vom Genehmigungsvorbehalt iSd § 242 Abs 2 ABGB erfasst ist, hängt immer von der Genehmigung des Vertreters (und ggf zusätzlich jener des Gerichts) ab. Dies gilt selbst bei einem Geschäft des täglichen Lebens, das die Lebensverhältnisse nicht übersteigt, und wenn die Pflichten erfüllt wurden (§ 242 Abs 3 ABGB).

2. Fällt das geschlossene Geschäft nicht unter den Genehmigungsvorbehalt, ist es bei Erfüllung der Pflichten (rückwirkend) wirksam, wenn es sich um ein Rechtsgeschäft des täglichen Lebens handelt, das die Lebensverhältnisse nicht übersteigt (§ 242 Abs 3 ABGB). Dies traf im vorliegenden Fall auf den Kauf des Ringes zu. Zwar fällt dieser an sich in den Wirkungsbereich des Vertreters („auch für Kaufverträge jeglicher Art"), doch alle Voraussetzungen des § 242 Abs 3 ABGB sind erfüllt.

3. Handelt es sich aber nicht um einen Fall des § 242 Abs 3 ABGB und fällt das Rechtsgeschäft in den Wirkungsbereich des Vertreters, so ist dieses nur wirksam, wenn es von ihm genehmigt wird (§ 865 Abs 3 ABGB). Genau dies ist hier hinsichtlich des Kaufes der Uhr der Fall: Die Ausnahme nach § 242 Abs 3 ABGB greift nicht (jedenfalls keine Erfüllung der Pflichten; „lässt [...] sich einen Erlagschein mitgeben") und es fällt in den Wirkungsbereich des Vertreters („auch für Kaufverträge jeglicher Art"), sodass seine Wirksamkeit von der Genehmigung des Vertreters (Herta) abhängt.

4. Zusatzinformation: Wenn es keinen Vertreter gibt (oder das Rechtsgeschäft nicht in seinem Wirkungsbereich liegt) und es sich nicht um einen Fall des § 242 Abs 3 ABGB handelt, ist das Rechtsgeschäft einer volljährigen, nicht entscheidungsfähigen Person „zur Gänze unwirksam" (§ 865 Abs 3 ABGB). Dies bedeutet, dass das Rechtsgeschäft auch nicht durch eine Genehmigung „gerettet" werden kann; es ist quasi von vornherein und für immer unwirksam.

Hängt die Wirksamkeit eines Rechtsgeschäfts einer volljährigen, nicht entscheidungsfähigen Person von der Genehmigung des Vertreters ab, so bedeutet dies, dass der andere Teil an seine Vertragserklärung gebunden ist (schwebend unwirksam), er kann aber für die Erteilung der Genehmigung durch den Vertreter eine angemessene Frist setzen (§ 865 Abs 5 ABGB).

136. (1 Punkt) Wann verliert eine wirksam errichtete Patientenverfügung „automatisch" ihre Verbindlichkeit?

Eine Patientenverfügung verliert nach Ablauf von acht Jahren ab der Errichtung ihre Verbindlichkeit (§ 7 PatVG). **(1 P)**

In der Patientenverfügung kann auch ein kürzerer Zeitraum angegeben werden. Dann verliert sie natürlich mit Ablauf dieser Frist ihre Verbindlichkeit (§ 7 PatVG).

Von der Verbindlichkeit einer Patientenverfügung ist ihre Beachtlichkeit zu unterscheiden. Denn selbst eine Patientenverfügung, die etwa nach § 7 PatVG „abgelaufen" ist oder die formunwirksam errichtet wurde (vgl § 6 PatVG), ist für die Ermittlung des Willens des Patienten beachtlich (§ 8 PatVG).

137. (2 Punkte) *Josef* leidet an einem Hirntumor und ist entscheidungsunfähig. Sein Bruder *Franz* ist für medizinische Heilbehandlungen gesetzlicher Erwachsenenvertreter. Wer entscheidet über eine notwendige Kopf-Operation, wenn es sich dabei nicht um einen Notfall handelt und *Josef* immer wieder aus dem Krankenhaus flüchtet, um einer Operation zu entgehen?

Josef ist nicht entscheidungsfähig, sodass er nicht selbst über die Vornahme der Operation bestimmen kann, sondern nur der gesetzliche Vertreter mit entsprechendem Wirkungsbereich. Hier hat also *Franz* über die Operation zu entscheiden (*„für medizinische Heilbehandlungen gesetzlicher Erwachsenenvertreter"*). **(1 P)** Weil *Josef* zu erkennen gibt, dass er nicht operiert werden möchte (*„[flüchtet] immer wieder aus dem Krankenhaus, um einer Operation zu entgehen"*), würde aber die Zustimmung zur Operation durch *Franz* der Genehmigung des Gerichts bedürfen (§ 254 Abs 1 ABGB). **(1 P)**

138. (2 Punkte) Erklären Sie die Begriffe „Unternehmen" und „Firma"!

Ein Unternehmen ist eine auf Dauer angelegte Organisation selbstständiger wirtschaftlicher Tätigkeit, mag sie auch nicht auf Gewinn gerichtet sein (§ 1 Abs 2 UGB). **(1 P)** Unter einer Firma versteht man den in das Firmenbuch eingetragenen Namen eines Unternehmers, unter dem er seine Geschäfte betreibt und seine Unterschriften abgibt (§ 17 Abs 1 UGB). **(1 P)**

Vor allem der Begriff „Firma“ wird im allgemeinen Sprachgebrauch oftmals anders verwendet. Doch hier geht es um den Rechtsbegriff „Firma“.

Die beiden hier gefragten Begriffe haben zudem mit juristischen Personen unmittelbar nichts zu tun. Richtig ist nur, dass eine juristische Person ein Unternehmen betreiben, also eine Unternehmerin sein kann. Aber dies gilt genauso für eine natürliche Person; auch diese kann ein Unternehmen betreiben und ist dann Unternehmerin. Parallel dazu kann sowohl eine juristische Person als auch eine natürliche Person eine Firma haben, weil dies der im Firmenbuch eingetragene Name der Unternehmerin oder des Unternehmers ist.

139. (2 Punkte) Unterscheiden Sie Errichtung und Entstehung von juristischen Personen des Privatrechts!

Eine juristische Person wird durch ein Rechtsgeschäft der Gründer errichtet. **(1 P)** Unter der Entstehung versteht man hingegen den Erwerb der Rechtsfähigkeit einer juristischen Person, bei der idR ein Mindestmaß an staatlicher Mitwirkung oder Duldung erforderlich ist. **(1 P)**

140. (3 Punkte) Nennen Sie drei Punkte, in denen sich die Gesellschaftsformen der GmbH und der AG unterscheiden!

- Das Stammkapital der GmbH muss mindestens € 35.000,– betragen; sofern die Gründungsprivilegierung gem § 10 b GmbHG in Anspruch genommen wird, zunächst nur € 10.000,–. Das Grundkapital der Aktiengesellschaft muss hingegen mindestens € 70.000,– betragen.
- Aktien können bei börsennotierten Aktiengesellschaften am Kapitalmarkt gehandelt werden. Ein Handel mit den Geschäftsanteilen an der Börse ist bei der Gesellschaft mit beschränkter Haftung nicht möglich.
- Der Aufsichtsrat ist bei der GmbH nur in wenigen Fällen zwingend. Bei der AG ist der Aufsichtsrat ein zwingendes Kontrollorgan, das von der Hauptversammlung gewählt wird.
- Bei der GmbH ist der Geschäftsführer das zentrale Geschäftsführungs- und Vertretungsorgan. Die AG wird vom Vorstand vertreten, der auch ihre Geschäfte führt.

(pro richtiger Antwort 1 P)

141. (1 Punkt) Nennen Sie zwei Immaterialgüterrechte! (Falsche Angaben bringen Punkteabzug.)

- Patentrecht
- Gebrauchsmusterrecht
- (Geschmacks-)Musterrecht
- Markenrecht
- Urheberrecht

(pro richtiger Antwort 1/2 P, pro falscher 1/2 P Abzug)

142. (2 Punkte) Beschreiben Sie den Begriff „postmortales Persönlichkeitsrecht"! Wer kann solche Persönlichkeitsrechte geltend machen? Und wie lange?

Die Persönlichkeitsrechte einer Person wirken nach dem Tod in ihrem Andenken fort. **(1 P)** Verletzungen des Andenkens können enge Familienangehörige (mit dem Verstorbenen im ersten Grad Verwandter, Ehegatte, eingetragener Partner und Lebensgefährte) geltend machen, solange sie selbst leben, **(1/2 P)** bestimmte andere Verwandte nur bis zu 10 Jahre nach Ablauf des Todesjahres (§ 17a Abs 3 ABGB). **(1/2 P)**

Dass im Skriptum hinsichtlich der engen Familienangehörigen von „wie" die Rede ist, ist nicht dahin zu verstehen, dass neben den genannten Personen noch weitere in Betracht kommen.

Im ersten Grad mit dem Verstorbenen verwandt sind seine Töchter und Söhne sowie seine Eltern. Die bestimmten anderen Verwandten sind alle übrigen in auf- oder absteigenden Linie Verwandten (zB Geschwister, Großeltern, Urgroßeltern, Enkel, Urenkel, Tanten und Onkel, Nichten und Neffen).

Nicht jeder Eingriff in das Andenken einer Person stellt eine Verletzung dar. Jedenfalls zulässig sind Eingriffe zu Archivzwecken, zu wissenschaftlichen und zu künstlerischen Zwecken.

143. (1 Punkt) Erklären Sie den Begriff „Einrede"!

Unter einer Einrede versteht man ein Leistungsverweigerungsrecht des Anspruchsgegners, das dem Anspruch seine Durchsetzbarkeit nimmt. **(1/2 P)** Vom Gericht ist die Einrede nur dann zu beachten, wenn der Anspruchsgegner sie aktiv erhebt. **(1/2 P)**

Paradebeispiel ist eine verjährte Forderung: Selbst wenn der Richter weiß, dass die in der Klage geltend gemachte Forderung verjährt ist, muss er dieser stattgeben, wenn der Gegner die Einrede der Verjährung nicht erhebt.

144. (2 Punkte) Was versteht man unter einem Gestaltungsrecht?

Unter einem Gestaltungsrecht versteht man die Rechtsmacht des Berechtigten, durch einseitige Erklärung **(1 P)** ein Rechtsverhältnis zum Entstehen oder Erlöschen zu bringen oder ein bestehendes Rechtsverhältnis zu verändern. **(1 P)**

145. (3 Punkte) *Lotte* erhält vom Buchhändler *Bertram* eine Mahnung über € 100,–. Sie hat sich nämlich bei ihm ein Buch bestellt. Die entsprechende Rechnung hat sie gemeinsam mit der Lieferung bereits vor mehr als fünf Jahren bekommen, doch *Bertram* hat sich bisher nicht mehr gemeldet. *Lotte* ist von der Mahnung eingeschüchtert und überweist den Betrag. Als ihr eine Freundin erzählt, dass *„so alte Forderungen nicht mehr gelten"*, verlangt sie von *Bertram* ihr Geld zurück. Zu Recht?

Geschäftsforderungen eines Unternehmers (*„Buchhändler"*; *„bei ihm ein Buch bestellt"*) verjähren binnen drei Jahren (§ 1486 ABGB), sodass die Kaufpreisforderung hinsichtlich des Buches hier verjährt ist. **(1 P)**
[Zwar bedeutet dies nicht, dass die Kaufpreisforderung gänzlich erlischt.] Doch die gerichtliche Geltendmachung (Erhebung einer Klage) ist nicht mehr möglich (Naturalobligation). **(1 P)**
Wird eine Naturalobligation wirksam erfüllt, darf das Geleistete nach § 1432 ABGB nicht wegen fehlender Rechtsgrundlage wieder zurückgefordert werden. **(1 P)** [*Lotte* kann also das Geld nicht mehr zurückverlangen.]

Weiteres Beispiel für eine Naturalobligation ist eine Schuld, die nur aufgrund der Missachtung der dafür einzuhaltenden Form nicht besteht. Liegt etwa eine formungültige Bürgschaftserklärung vor (zB nur mündliche Erklärung des Bürgen) und zahlt der Bürge, kann er das Geleistete ebenfalls nach § 1432 ABGB nicht mehr zurückverlangen.

146. (2 Punkte) Was versteht man unter Hemmung der Verjährung, was unter Unterbrechung der Verjährung?

Die Hemmung der Verjährung schiebt den Beginn oder den Fortlauf der Verjährungsfrist hinaus. **(1 P)** Die Unterbrechung der Verjährung lässt die Verjährungsfrist nach Wegfall des Unterbrechungsgrundes wieder neu beginnen. **(1 P)**

Zur Veranschaulichung: Beträgt die Verjährungsfrist einer Forderung drei Jahre und sind bereits zwei Jahre vergangen, so gilt folgendes: Wird die Verjährung für einen Monat gehemmt, bedeutet das nichts anderes, als dass die Verjährung für diesen Zeitraum „pausiert". Die Forderung verjährt daher in Summe nach drei Jahren und einem Monat. Kommt es hingegen nach zwei Jahren zu einer Unterbrechung der Verjährung (zB durch ein Anerkenntnis), beginnen die drei Jahre nochmals neu zu laufen, sodass die Forderung in Summe nach fünf Jahren verjährt.

147. (1 Punkt) Woraus setzt sich ein Rechtsgeschäft zusammen?

Ein Rechtsgeschäft besteht aus einer oder mehreren Willenserklärungen. **(1 P)**

148. (1 Punkt) Wann ist eine Willenserklärung zugegangen?

Wenn eine Willenserklärung so in den Machtbereich des Empfängers gelangt ist, dass er sich mit ihr vertraut machen kann und nach der Lebenserfahrung mit deren Kenntnisnahme zu rechnen ist, so gilt diese als zugegangen. **(1 P)** [Der Empfänger muss sie also nicht tatsächlich zur Kenntnis genommen oder sich mit ihr inhaltlich auseinandergesetzt zu haben.]

149. (4 Punkte) Was versteht man unter der Vertrauenstheorie? Welche Theorien kennen Sie in diesem Zusammenhang noch?

Nach der Vertrauenstheorie wird nicht auf den tatsächlichen Willen des Erklärenden abgestellt, **(1 P)** sondern darauf, wie die Erklärung von einem redlichen, verständigen Erklärungsempfänger in der konkreten Position des Anerklärten verstanden werden musste (objektiver Empfängerhorizont). **(1 P)**
Daneben gibt es die Willenstheorie **(1 P)** und die Erklärungstheorie. **(1 P)** [Nach ersterer kommt es allein auf den subjektiven Willen des Erklärenden an, während zweitere ausschließlich auf objektive Gesichtspunkte abstellt.]

Verträge und vertragliche Schuldverhältnisse

150. (3 Punkte) *Anna* ist auf der Suche nach einem neuen Laptop. Im Werbekatalog der *Banana-GmbH* wird sie in der Rubrik „Sonderangebote" fündig und bestellt mittels ausgefüllter Bestellkarte, die dem Katalog beigelegt war, per Post einen Laptop um € 500,–. Die *Banana-GmbH* teilt ihr jedoch mit, dass der Laptop nur mehr zum regulären Preis von € 700,– erhältlich sei. Kann *Anna* den Laptop gegen Zahlung von € 500,– verlangen?

Die Sonderangebote im Katalog sind nicht als Angebot der *Banana-GmbH* zu verstehen, sondern als Einladung zur Stellung eines Angebots (*invitatio ad offerendum*). **(1 P)**
Die Bestellung durch *Anna* ist daher keine Annahme, sondern ein Angebot; dieses ist nämlich hinreichend bestimmt (Ware und Preis sind angegeben) und sie möchte sich rechtlich binden (Bindungswille). **(1 P)**
Mangels Annahme dieses Angebots durch die *Banana-GmbH* (neuerliches Angebot; *„Laptop nur mehr zum regulären Preis von € 700,–"*) kommt kein Vertrag zustande. **(1 P)** [*Anna* kann also den Laptop nicht gegen Zahlung von € 500,– verlangen.]

Schaufenster und Kataloge sind Paradebeispiele für unverbindliche „Angebote", also für Einladungen zur Anbotsstellung. Ohne gegenteilige Angaben (im Sachverhalt) muss nämlich ein redlicher Erklärungsempfänger davon ausgehen, dass kein Bindungswille des Veräußerers vorliegt.

151. (3 Punkte) Wann endet die Bindungswirkung eines Angebots?

Liegt eine Vereinbarung über die Zeit der Bindungswirkung vor, so endet diese mit dem festgelegten Zeitpunkt. **(1 P)** Wurde keine Zeit für die Bindungswirkung vereinbart, so ist ein Angebot unter Anwesenden oder im Zuge von Telefon- oder Chatgesprächen sofort anzunehmen (§ 862 ABGB). **(1 P)** In den übrigen Fällen setzt sich die Zeit der Bindungswirkung aus der Dauer der Beförderung zum Adressaten, einer angemessenen Überlegungsfrist und der voraussichtlichen Zeit der Beförderung der Antwort an den Anbotsteller zusammen. **(1 P)**

152. (2 Punkte) Der in Wien lebende Japaner *Kota* bietet seinem ebenfalls japanischen Freund *Riku* eine hochwertige Armbanduhr zum Verkauf an. Die beiden einigen sich auf den marktgerechten Preis iHv Yen 300.000,– (entspricht ca € 2.500,–). Ein befreundeter Anwalt verfasst den Kaufvertrag,

vertippt sich allerdings bei der Währung, sodass der Kaufpreis € 300.000,– lautet. *Kota* und *Riku* unterschreiben den Vertrag, ohne dass ihnen der Fehler auffällt. Als *Kota* später den höheren Preis im Vertrag bemerkt, freut er sich und verlangt von *Riku* die Zahlung von € 300.000,–. Zu Recht?

Hier greift der Grundsatz *falsa demonstratio non nocet.* **(1 P)** Der Vertragsinhalt richtet sich nach dem gemeinsamen, wahren Parteiwillen und nicht nach dem Wortlaut der Erklärung. **(1 P)** [Der Vertrag kommt somit über einen Kaufpreis iHv Yen 300.000,– zustande und *Kota* kann nicht € 300.000,– fordern.]

Da beide beim Vertragsabschluss tatsächlich das Gleiche wollen, liegt natürlicher Konsens vor. Eine Irrtumsanfechtung ist nicht zu prüfen, da der Vertrag über das übereinstimmend Gewollte zustande kommt, also gerade kein Irrtum vorliegt, was den Inhalt des geschlossenen Vertrags betrifft. Deshalb kann es für Ausführungen zur Irrtumsanfechtung keine Punkte geben.

153. (3 Punkte) Was versteht man unter einem Scheingeschäft und woran sind die Beteiligten gebunden?

Bei einem Scheingeschäft erklären beide Vertragsparteien nach außen etwas, was gar nicht gewollt ist. **(1 P)** [Es soll also nur nach außen hin der Eindruck eines gültigen Rechtsgeschäfts erweckt werden.]
Das Scheingeschäft ist ungültig. **(1/2 P)** Stattdessen gilt das verdeckte – also das in Wirklichkeit gewollte – Geschäft. **(1/2 P)** Ist dieses allerdings gesetzwidrig (§ 879 ABGB) und damit nichtig, gilt auch das verdeckte Geschäft nicht. **(1 P)**

Das Umgehungsgeschäft unterscheidet sich vom Scheingeschäft dadurch, dass es von den Parteien tatsächlich so gewollt ist, wie es abgeschlossen wird.

154. (3 Punkte) *Max* macht sich gerade auf den Weg in die Stadt. *Barbara* bittet ihn daher, falls es sich terminlich vereinbaren lässt, in ihrem Namen beim Weinhändler *Vinzenz* 10 Flaschen Weißwein zu kaufen. Als *Max* bei *Vinzenz* vorbeikommt, hat dieser nur noch 10 Flaschen Rotwein, die *Max* in *Barbaras* Namen um € 100,– kauft. *Barbara* hasst aber Rotwein und nimmt den Wein nicht an. Welches Verhältnis liegt zwischen *Max* und *Barbara* vor? Und wer muss die Rechnung des *Vinzenz* begleichen, die wenige Tage später bei *Barbara* einlangt?

[Innenverhältnis] Zwischen *Max* und *Barbara* liegt eine Ermächtigung vor (*„bittet“*, *„falls es sich terminlich vereinbaren lässt“*). **(1/2 P)** [Außenverhältnis] Es liegt eine Vollmacht vor (*„in ihrem Namen [...] zu kaufen“*; diese wurde intern erteilt, also eine sog Innenvollmacht). **(1/2 P)** Da *Max* in *Barbaras* Namen den Kaufvertrag mit *Vinzenz* abschließt (*„[kauft] in Barbaras Namen“*), kommt kein Vertrag zwischen *Max* und *Vinzenz* zustande. **(1/2 P)** Aber auch zwischen *Barbara* und *Vinzenz* kommt kein Vertrag zustande, weil das Rechtsgeschäft (10 Flaschen Rotwein) nicht von der Vollmacht (10 Flaschen Weißwein) gedeckt ist. **(1/2 P)** Eine nachträgliche Genehmigung (Vorteilszuwendung; § 1016 ABGB) liegt hier ebenfalls nicht vor (*„hasst Rotwein“*, *„nimmt den Wein nicht an“*). **(1/2 P)** Zudem ist auch keine Anscheinsvollmacht gegeben, weil *Barbara* keinen (ihr zurechenbaren) äußeren Anschein gesetzt hat, *Max* dürfe für sie handeln. **(1/2 P)** [Es kommt also kein Kaufvertag zustande, sodass niemand aus einem Kaufvertrag die Bezahlung des Kaufpreises schulden kann.]

Bei Stellvertretungs-Fällen ist immer zwischen dem Innenverhältnis und dem Außenverhältnis zu differenzieren. Nach dem Innenverhältnis (Verhältnis zwischen Vertretenem [Barbara] und Vertreter [Max]) wurde hier sogar explizit gefragt, sodass dieses jedenfalls behandelt werden muss, um alle Punkte zu lukrieren.

Jedenfalls dann, wenn gefragt wird, ob und zwischen wem ein Vertrag zustande kommt, sollte zudem genau erörtert werden, wer in welchem Namen auftritt und (e contrario) zwischen welchen Personen daher von vornherein kein Vertrag zustande kommen kann. Andernfalls können einfache Punkte „liegen bleiben“. Hier tritt Max in Barbaras Namen auf, sodass Vinzenz von vornherein nicht glauben konnte, dass er mit Max einen Vertrag schließt. Wenn überhaupt konnte nur zwischen Vinzenz und Barbara ein Vertrag zustande kommen.

Gerne wird das Vorliegen von Vollmacht mit der Offenlegung gleichgesetzt. Doch beides ist strikt voneinander zu trennen. Denn das Vorliegen von Vollmacht bedeutet nicht automatisch, dass der Stellvertreter auch davon Gebrauch macht und im fremden Namen auftritt. Theoretisch hätte also Max gegenüber Vinzenz sagen können, dass er den Wein im eigenen Namen kauft, obwohl ihm von Barbara eine Vollmacht erteilt wurde. Dann wäre problemlos ein Vertrag zwischen Max und Vinzenz zustande gekommen. (Etwas anderes kann nur dann gelten, wenn der Vertragspartner auf die Offenlegung verzichtet hat, es ihm also egal ist, ob die vor ihm stehende Person für sich oder für einen anderen handelt [sog „Geschäft für den, den es angeht“]. Selbst wenn Max [trotz Vollmacht] nicht im fremden Namen aufgetreten wäre, könnte hier ein „Geschäft für den, den es angeht“ aber bereits deshalb nicht angenommen werden, weil kein Barkauf [des täglichen Lebens] vorliegt.)

Wenn eine Vollmachtsüberschreitung vorliegt, gibt es zwei „Rettungsmöglichkeiten", nach denen der Vertrag dennoch zustande kommen kann, und zwar entweder bei nachträglicher Genehmigung (Vorteilszuwendung) durch den Vertretenen (§ 1016 ABGB) oder bei Vorliegen einer Anscheinsvollmacht. Diese beiden Dinge sollten daher – wenn ein Vertrag mangels (ausreichender) rechtsgeschäftlicher Vollmacht nicht zustande kommt – immer und in dieser Reihenfolge geprüft werden, um alle Punkte erzielen zu können (→ Frage 155 und 156).

Oftmals wird eine intern erteilte Vollmacht (Innenvollmacht) als zurechenbarer, äußerer Anschein eingestuft und eine Anscheinsvollmacht bejaht. Begründet wird dies damit, dass die Vollmacht vom Vertretenen nach außen tritt, nämlich „zum Stellvertreter". Mit dem äußeren Anschein ist aber – bildlich gesprochen – der Bereich außerhalb von Vertreter und Vertretenem gemeint. Barbara hat aber „außerhalb zwischen ihr und Max" keinen Anschein gesetzt, dass er für sie handeln darf, sodass im vorliegenden Fall ein zurechenbarer, äußerer Anschein verneint werden muss (→ Frage 155).

Im vorliegenden Fall ist Max falsus procurator und gegebenenfalls schadenersatzpflichtig. Das hat aber nichts mit dem Bezahlen einer Rechnung aufgrund eines Vertrages zu tun (sondern mit dem Ersatz eines eingetretenen Schadens) und war nicht gefragt. Zur Haftung des falsus procurator → Frage 156.

Wenn wie hier kein Kaufvertrag zustande kommt, bleibt Vinzenz natürlich – mangels Titels – auch Eigentümer des verkauften Weines und kann diesen jedenfalls mit der Eigentumsklage (von Max) herausverlangen. Aber auch das war nicht gefragt.

155. (4 Punkte) *Karoline* ist in *Alberts* Autohaus als Verkäuferin angestellt und darf in seinem Namen Autos bis zu einem Preis von € 50.000,– verkaufen. Für teurere Fahrzeuge braucht sie die Zustimmung von *Albert*. Als *Bernd* in das Autohaus kommt und einen Geländewagen um € 75.000,– kaufen möchte, *Albert* aber gerade nicht da ist, verkauft *Karoline* ihm den Geländewagen in *Alberts* Namen, weil sie glaubt, dass *Albert* schon einverstanden sein wird. Als *Bernd* den Wagen wie vereinbart eine Woche später abholen möchte, will *Albert* davon aber nichts wissen. Ist ein Vertrag zustande gekommen? Wenn ja, zwischen wem?

[Innenverhältnis] [Zwischen *Karoline* und *Albert* liegt ein Arbeitsvertrag vor.]
[Außenverhältnis] *Albert* hat *Karoline* eine rechtsgeschäftliche Vollmacht eingeräumt („*in seinem Namen*" Autoverkäufe bis zu € 50.000,–); diese wurde intern erteilt, sodass eine sog Innenvollmacht vorliegt. **(1/2 P)**

Zwischen *Karoline* und *Bernd* kommt kein Vertrag zustande, weil *Karoline* nicht im eigenen, sondern im Namen des *Albert* handelt (*„verkauft [...] in Alberts Namen“*). **(1 P)** Auch zwischen *Albert* und *Bernd* kommt kein Vertrag zustande, weil *Karoline* die erteilte Vollmacht (höchstens € 50.000,–) überschreitet (Geländewagen um € 75.000,–). **(1/2 P)** Eine nachträgliche Genehmigung oder Vorteilszuwendung (§ 1016 ABGB) liegt hier ebenfalls nicht vor, weil *Albert „davon nichts wissen [will]“*. **(1/2 P)**
[Zu prüfen bleibt daher, ob ein Vertrag zwischen *Albert* und *Bernd* kraft Vorliegens einer Anscheinsvollmacht zustande gekommen ist:] Durch die Anstellung von *Karoline* im Autohaus als Verkäuferin besteht ein äußerer Anschein, der geeignet ist, bei *Bernd* den begründeten Glauben zu erwecken, *Karoline* habe ausreichend Vollmacht. **(1/2 P)** Dieser Anschein wurde von *Albert* durch die Anstellung von *Karoline* auch zurechenbar verursacht. **(1/2 P)** Außerdem ist (mangels gegenteiliger Angaben im Sachverhalt) davon auszugehen, dass *Bernd* gutgläubig (redlich) ist. **(1/2 P)** [Somit ist kraft Vorliegens einer Anscheinsvollmacht ein Vertrag zwischen *Albert* und *Bernd* über den Geländewagen um € 75.000,– zustande gekommen.]

Allgemein zu Stellvertretungsfällen → Frage 154.

Das Skriptum nennt für das Innenverhältnis nur die Ermächtigung und den Auftrag. Hier liegt keines von beidem, sondern ein Arbeitsvertrag vor. Dies spielt hier aber insofern keine Rolle, als nicht nach dem Innenverhältnis gefragt und dieses daher auch nicht bepunktet wird.

Wenn eine Anscheinsvollmacht vorliegt, wird oftmals gleich damit begonnen und nur angeführt, dass aufgrund dieser der Vertrag zustande kommt. Doch dabei fehlt – auch wenn das Ergebnis stimmt – die ganze Begründung, „warum es überhaupt so weit gekommen ist“: Erst wenn eine Vollmachtsüberschreitung vorliegt und es keine nachträgliche Genehmigung (Vorteilszuwendung) durch den Vertretenen gibt (§ 1016 ABGB), kann sich die Frage nach einer Anscheinsvollmacht stellen. Würde sich also die Lösung nur mit der Anscheinsvollmacht auseinandersetzen, würde ein Großteil der Punkte (hier 2,5 von 4) von vornherein nicht erzielt werden können.

Zur Vertiefung: In § 1030 ABGB und in § 56 UGB finden sich Sonderbestimmungen zur Vollmacht von Personen, die in einem Laden angestellt sind. Außerdem regelt § 10 KSchG, inwiefern ein Unternehmer von ihm erteilte Vollmachten im Verkehr mit Verbrauchern beschränken kann. Da diese Bestimmungen im Skriptum nicht erwähnt werden, nimmt die Falllösung auf sie nicht Bezug. Im vorliegenden Fall wäre es aber gleichwertig und richtig gewesen, anstelle der allgemeinen Anscheinsvollmacht die Voraussetzungen des § 56 UGB zu prüfen und das Zustandekommen des Vertrages zu bejahen.

156. (5 Punkte) *Julian* hat beschlossen, sein Jus-Studium aufzugeben. Er bittet daher seine Studienkollegin *Sabine*, seine Einführungsskripten (Wert: € 27,–) um € 30,– in seinem Namen zu verkaufen, wenn sich zufällig eine Gelegenheit dafür bietet. Tatsächlich trifft *Sabine* wenige Tage später auf *Hannah*, die die Skripten gut gebrauchen kann, aber nur € 25,– zahlen will. *Sabine* geht davon aus, dass *Julian* dies egal ist, und verkauft sie in seinem Namen um € 25,–. Zur vereinbarten Übergabe kommt es aber nicht, weil *Julian* die Skripten lieber behält, als sie für so einen Preis herzugeben. *Hannah* ist mehr als verärgert, weil ihr in der Zwischenzeit dieselben Skripten um € 24,– angeboten wurden, was sie aber ausgeschlagen hat. Welches Rechtsverhältnis liegt zwischen *Julian* und *Sabine* vor? Was kann *Hannah* und von wem verlangen?

[Innenverhältnis] Zwischen *Julian* und *Sabine* liegt eine Ermächtigung vor (*„bittet“*, *„wenn sich zufällig eine Gelegenheit dafür bietet“*). **(1/2 P)** [Außenverhältnis] Es liegt eine Vollmacht vor (*„in seinem Namen zu verkaufen“*; diese wurde intern erteilt, also eine sog Innenvollmacht). **(1/2 P)** Da *Sabine* in *Julians* Namen den Kaufvertrag mit *Hannah* abschließt (*„verkauft sie in seinem Namen“*), kommt kein Vertrag zwischen *Sabine* und *Hannah* zustande. **(1/2 P)** Aber auch zwischen *Hannah* und *Julian* kommt kein Vertrag zustande, weil das Rechtsgeschäft (Skripten um € 25,–) nicht von der Vollmacht (Skripten um € 30,–) gedeckt ist. **(1/2 P)** Eine nachträgliche Genehmigung (Vorteilszuwendung) iSd § 1016 ABGB liegt hier ebenfalls nicht vor (*„lieber behält, als sie für so einen Preis herzugeben“*). **(1/2 P)** Weil *Julian* keinen (ihm zurechenbaren) äußeren Anschein gesetzt hat, *Sabine* dürfe für ihn handeln, ist auch eine Anscheinsvollmacht zu verneinen. **(1/2 P)** [Es kommt also kein Kaufvertag zustande, sodass *Hannah* weder von *Sabine* noch von *Julian* die Skripten verlangen kann.]
Weil *Sabine* die Vollmacht überschreitet, ist sie *falsus procurator* und haftet nach § 1019 ABGB für den Vertrauensschaden, **(1/2 P)** bis zum Wert des hypothetischen Erfüllungsinteresses. **(1/2 P)**
Der Vertrauensschaden beträgt hier € 3,–, weil *Hannah* im Vertrauen auf das Bestehen des Vertrages mit *Julian* das Angebot ausgeschlagen hat, um € 24,– Skripten im Wert von € 27,– zu kaufen. **(1/2 P)** Das hypothetische Erfüllungsinteresse macht hier aber € 2,– aus, denn wäre der Vertrag mit *Julian* zustande gekommen, hätte sie um € 25,– Skripten im Wert von € 27,– erworben. **(1/2 P)** [Aufgrund der Deckelung des Vertrauensschadens (€ 3,–) mit dem hypothetischen Erfüllungsinteresse (€ 2,–) kann *Hannah* von *Sabine* als Schadenersatz nur € 2,– fordern.]

Allgemein zu Stellvertretungsfällen → Frage 154.

Oft wird hinsichtlich der Haftung des Scheinvertreters ausgeführt, dass das hypothetische Erfüllungsinteresse ersetzt wird. Doch dies ist zumindest unsauber. Denn es geht hier stets um den Ersatz des Vertrauensschadens, also jenes Schadens, der dadurch entstanden ist, weil man (hier: Hannah) auf das Bestehen des Vertrages vertraut hat, der tatsächlich aber nicht besteht. Allerdings wollte der Gesetzgeber den Vertrauensschaden betraglich beschränken; das hypothetische Erfüllungsinteresse bildet also nur eine Wertgrenze für den Vertrauensschaden. Die Intention des Gesetzgebers zeigt sich gerade im vorliegenden Fall: Wäre alles so gelaufen, wie Hannah das wollte und vereinbart hat, hätte sie nur ein Vermögensplus von € 2,– (€ 25,– für Skripten im Wert von € 27,–). Warum sollte sie nun „auf einmal" € 3,– an Schadenersatz verlangen können, weil das Geschäft nicht zustande gekommen ist?

157. (3 Punkte) Was versteht man im Zusammenhang mit AGB unter Geltungskontrolle, Inhaltskontrolle und Transparenzgebot?

- Geltungskontrolle: Überraschende, nachteilige Klauseln, mit denen Kunden nicht zu rechnen brauchen, werden nach § 864a ABGB nicht Vertragsinhalt, weil anzunehmen ist, dass sie nicht vom Willen des Vertragspartners des AGB-Verwenders umfasst sind. **(1P)**
- Inhaltskontrolle: Gröblich benachteiligende Nebenabreden in AGB sind nach § 879 Abs 3 ABGB nichtig. **(1P)**
- Transparenzgebot: Ist eine Vertragsbestimmung unklar oder unverständlich abgefasst, so ist sie für Verbraucher nach § 6 Abs 3 KSchG unwirksam. **(1P)**

158. (4 Punkte) *Rudolf* hat schon seit Langem ein Auge auf *Helmuts* Oldtimer geworfen, den dieser aber nicht verkaufen will. Nachdem *Rudolfs* Freundin *Franziska*, eine Steuerberaterin, Auffälligkeiten in *Helmuts* Steuererklärung bemerkt und *Rudolf* davon berichtet, bittet *Rudolf* sie, auf *Helmut* Druck auszuüben. *Franziska* rät daher *Helmut*, sich das nächste Angebot von *Rudolf* besser zweimal zu überlegen, weil sie sonst beim Finanzamt Anzeige gegen ihn erstatten werde. *Helmut* ist davon so eingeschüchtert, dass er das kurze Zeit später einlangende Angebot des *Rudolf* sofort annimmt. Kann *Helmut* den Vertrag anfechten?

Durch die Androhung der *Franziska* unterlag *Helmut* einer „gegründeten Furcht" („*eingeschüchtert*"). **(1P)** Zwar ist die Androhung einer Anzeige beim Finanzamt ein erlaubtes Mittel, doch hier ist sie inadäquat; die Drohung war also widerrechtlich. **(1P)** Die Drohung durch *Franziska* war zudem kausal für den Vertragsabschluss durch *Helmut* („*so eingeschüchtert, dass er […] annimmt*"). **(1P)**

Die Drohung erfolgt hier nicht unmittelbar durch den Vertragspartner (*Rudolf*), sondern durch einen Dritten (*Franziska*). Wenn der Vertragspartner von der Drohung wusste, wissen hätte müssen oder daran teilnahm, kann der Vertrag aber dennoch angefochten werden. Dies ist im vorliegenden Fall zu bejahen. **(1 P)** [Hier kann also *Helmut* den Vertrag anfechten (§ 875 ABGB).]

Wenn der Vertragspartner von der Drohung wusste, wissen musste oder daran teilnahm, kann der Vertrag wegen Drohung jedenfalls angefochten werden (§ 875 ABGB). Aber auch wenn dies nicht zutrifft, ist eine Anfechtung dann möglich, wenn der drohende Dritte dem Lager des Vertragspartners zuzuzählen ist, wie Gehilfen und Angestellte. Wenn also der Vertragspartner eine bestimmte Person mit dem Ausverhandeln eines Vertrages betraut und diese droht, so wird dies dem Vertragspartner zugerechnet, auch wenn er von der Drohung nicht wusste, wissen musste oder daran teilnahm.

All dies gilt entsprechend für List und Irrtum.

159. (3 Punkte) *Klaus* will im Juweliergeschäft des *Vinzent*, dem Vater seiner Freundin, eine neue Armbanduhr kaufen. Um sein Geschäft anzukurbeln, erzählt *Vinzent* ihm, dass seine Tochter ihn heiraten wolle und er doch stattdessen einen Verlobungsring kaufen solle, obwohl sie familienintern bereits bekannt gegeben hat, sich von *Klaus* zu trennen. *Klaus* kauft deshalb einen Verlobungsring. Als er zu Hause ankommt, trennt sich seine Freundin von ihm. Kann *Klaus* den Vertrag mit *Vinzent* wegen List anfechten?

Vinzent hat durch aktive Vorspiegelung falscher Tatsachen – er erzählt, dass seine Tochter *Klaus* heiraten wolle – **(1 P)** *Klaus* (kausal) dazu veranlasst, den Kaufvertrag über den Verlobungsring abzuschließen (*„deshalb“*). **(1 P)** Zudem hat *Vinzent* zumindest billigend in Kauf genommen, dass *Klaus* den Ring irrtümlich kauft (*„[u]m sein Geschäft anzukurbeln“*; *„[Trennung] familienintern bereits bekannt gegeben“*). **(1 P)** [Demnach kann *Klaus* den Vertrag mit *Vinzent* wegen List anfechten.]

Dass hier die unzutreffende Vorstellung von der Wirklichkeit (Annahme des Heiratsantrags) außerhalb des Geschäftsinhalts liegt, es sich also um einen Motivirrtum handelt, schadet nicht, weil bei List nicht zwischen Motiv- und Geschäftsirrtümern unterschieden wird. Oder anders formuliert: Auch wenn ein entgeltliches Rechtsgeschäft vorliegt, kann – wie im vorliegenden Fall – bei einem listig herbeigeführten Motivirrtum der Vertrag angefochten werden. Läge ein „normaler“ Irrtum vor, würde daher etwas anderes gelten

(→ Frage 168). Auf den „normalen“ Irrtum ist hier aber bereits deshalb nicht einzugehen, weil die Fragestellung explizit auf List beschränkt ist.

160. (3 Punkte) *Christian* möchte seiner Ehefrau *Katharina* zum Hochzeitstag einen echten Goldring schenken. Er lässt sich daher im Geschäft des Juweliers *Julius* die Vitrine mit den Goldringen zeigen. Nach einiger Überlegung wählt *Christian* ein Modell um € 150,– aus und bezahlt. *Katharinas* Freude über den Ring ist jedoch begrenzt. Da sie sich mit Schmuck gut auskennt, merkt sie sofort, dass es sich lediglich um einen vergoldeten Silberring handelt. *Julius* hatte diesen aus Versehen mit den echten Goldringen ausgestellt. Kann *Christian* den Kaufvertrag wegen seines Irrtums beseitigen?

Christian unterliegt beim Vertragsabschluss einem Geschäftsirrtum ieS, weil er über eine beachtliche Eigenschaft des Kaufgegenstands irrt (vergoldeter Silberring statt Goldring). **(1 P)** Der Irrtum wird von *Julius* veranlasst, indem er *Christian* die Vitrine mit den Goldringen zeigt, unter denen sich der Silberring befindet. **(1 P)** *Christians* Irrtum ist wesentlich, da er den Kaufvertrag nicht abgeschlossen hätte, hätte er von der wahren Eigenschaft des Rings gewusst (möchte einen *„echten Goldring“* kaufen und nicht einen vergoldeten Silberring), sodass er den gesamten Vertrag nach § 871 ABGB anfechten kann. **(1 P)**

Bei jedem Irrtums-Fall ist es ratsam, zunächst den Irrtum genau zu qualifizieren, also ob und warum ein Geschäftsirrtum oder ein Motivirrtum vorliegt. In diesem Zusammenhang reicht es grundsätzlich nicht aus, nur hinzuschreiben, dass ein Geschäfts- oder ein Motivirrtum vorliegt. Vielmehr ist die Fehlvorstellung darzulegen und der Irrtum genau zu qualifizieren (zB Erklärungsirrtum, Eigenschaftsirrtum), um sicher alle Punkte zu erzielen.

Liegt ein Motivirrtum vor, muss man sich in einem nächsten Schritt mit der (Un-)Entgeltlichkeit des Rechtsgeschäfts auseinandersetzen. Denn bei einem entgeltlichen Rechtsgeschäft scheidet die Anfechtung wegen Motivirrtums aus (→ Frage 168).

Gelangt man aber zum Ergebnis, dass ein Geschäftsirrtum iwS (= Erklärungsirrtum und Geschäftsirrtum ieS) gegeben ist, fehlen noch folgende zwei Schritte: Damit ein Vertrag aufgehoben oder angepasst werden kann, muss eine der drei Alternativvoraussetzungen des § 871 ABGB vorliegen (hier: veranlasst). Ist dies der Fall, muss gefragt werden, ob der Irrtum wesentlich oder unwesentlich war. Daraus ergibt sich, ob der Vertrag zur Gänze aufgehoben oder nur angepasst werden kann. Richtig ist, dass der Irrtum auch kausal sein muss. Doch dies geht in dieser (Un-)Wesentlichkeitsprüfung auf. Jeder unwesentliche und wesentliche Irrtum ist gleichzeitig kausal. Oder anders formuliert: Der nicht kausale Irrtum ist weder unwesentlich noch wesentlich.

Da die Fragestellung explizit auf Irrtum beschränkt ist, sind Ausführungen hinsichtlich List nicht gefragt und können daher auch nicht bepunktet werden. Eine List des Julius wäre abzulehnen, weil er „aus Versehen" einen vergoldeten Silberring mit Goldringen ausstellt und als Goldring verkauft.

161. (3 Punkte) *Magnus* möchte sich für die kommende Ballsaison einen neuen Frack zulegen. Er bittet daher seine Sekretärin, ihm die Telefonnummer seines Schneiders *Knoze* herauszusuchen. Diese versteht ihn falsch und nennt jene der Schneiderei *Konze*. *Magnus* gibt unter dieser Nummer seine Maße an und bestellt den Frack, merkt aber nicht, dass eine Verwechslung vorliegt. Dies stellt sich erst heraus, als *Magnus* den Frack zum vereinbarten Termin bei seinem Schneider abholen will, weil der von einer Bestellung nichts weiß. *Magnus* hätte bei der „minderwertigen" Schneiderei *Konze* niemals bestellt und möchte die Bestellung rückgängig machen. Obwohl die Bestellung „verschlampt" und mit der Herstellung des Fracks noch nicht begonnen wurde, will sie davon aber nichts wissen. Kann *Magnus* dennoch den Vertrag wegen Irrtums aufheben?

Magnus unterliegt einem Geschäftsirrtum ieS, weil er über die Identität des Vertragspartners irrt (Verwechslung *Knoze* und *Konze*). **(1 P)** Sein Irrtum wurde hier rechtzeitig aufgeklärt, weil die Schneiderei *Konze* noch keine vermögensrechtlichen Dispositionen getroffen hat (*„Bestellung ‚verschlampt' und mit der Herstellung des Fracks noch nicht begonnen"*). **(1 P)** Weil *Magnus*' Irrtum für den Vertragsabschluss wesentlich war (*„hätte bei der ‚minderwertigen' Schneiderei Konze niemals bestellt"*), kann er den Vertrag nach den §§ 871, 873 ABGB aufheben. **(1 P)**

Allgemein zu Irrtums-Fällen → Anmerkungen zu Frage 160.

Ein Rücktritt nach dem FAGG oder wegen Schuldnerverzugs ist hier bereits deshalb nicht zu prüfen, weil sich die Fragestellung auf eine Aufhebung wegen Irrtums beschränkt. Zum Rücktritt nach dem FAGG → Frage 168; zum Schuldnerverzug → Frage 171, 172 und 173.

162. (2 Punkte) Der Gamer *Lucas* spielt leidenschaftlich gerne Computerspiele und fühlt sich in dieser Fantasiewelt beinahe schon wie zu Hause. Bei einer eSport-Messe trifft er auf den charismatischen *Clemens*. Dieser entdeckt rasch *Lucas*' Faible für das Spiel „Der Magier" und behauptet daraufhin, er könne ihm jene magischen Tränke besorgen, die ihn so unbesiegbar machen

würden wie „Tergal von Vair", den Protagonisten dieses Spiels. Dafür solle ihm *Lucas* € 500,– geben. *Lucas*, der davon überzeugt ist, dass *Clemens* die Wahrheit sagt, überlässt ihm das Geld. Ist der Vertrag hinsichtlich des Vertragsgegenstandes gültig zustande gekommen?

In diesem Fall handelt es sich um ein faktisch absurdes Versprechen, da die Zusage der körperlichen Unbesiegbarkeit (*„magischen Tränke […], die ihn so unbesiegbar machen würden wie […], den Protagonisten dieses Spiels"*) nach heutigem wissenschaftlichen Stand nicht erfüllbar ist. **(1 P)** Verträge kommen dann nicht gültig zustande, wenn die Erfüllung bereits im Zeitpunkt des Vertragsabschlusses *„geradezu unmöglich"* ist (§ 878 ABGB), worunter [rechtlich Unmögliches und] faktisch Absurdes fällt. **(1 P)** [Der Vertrag kommt also von vornherein wegen anfänglicher Unmöglichkeit nicht zustande.]

Aufgrund des Zusatzes „hinsichtlich des Vertragsgegenstandes" muss hier nur auf die Unmöglichkeit des Vertragsinhaltes eingegangen werden. Mängel der freien Willensbildung (zB Irrtum) müssen also nicht erörtert werden. Hier soll ausschließlich geprüft werden, ob über so einen Gegenstand (magische Tränke zur Beschaffung körperlicher Unbesiegbarkeit) ein Vertrag geschlossen werden kann. Wenn außerdem der Vertrag – so wie hier – von vornherein nicht zustande kommt, erübrigt sich eine Irrtumsanfechtung bereits insofern, als technisch gar kein Vertrag vorliegt, der aufgehoben oder angepasst werden könnte (→ auch Frage 165; zu Irrtums-Fällen → Frage 160, 161 und 168).

Die bezahlten € 500,– können jedenfalls mittels Leistungskondiktion zurückverlangt werden, weil sie rechtsgrundlos erfolgten (→ Frage 202). Dies war aber nicht gefragt.

Auch für Ausführungen zu Schadenersatzansprüchen können keine Punkte lukriert werden, weil die Fragestellung nicht darauf gerichtet war.

163. (2 Punkte) Für eine dringende, lebensnotwendige Operation ihres geliebten Hundes benötigt *Rosi* Geld. *Franz* bemerkt dies und bietet *Rosi* an, ihr € 5.000,– für ein Jahr gegen 20 % Zinsen zu leihen. Mangels Alternativen und weil ihr Hund sonst sterben würde, ist *Rosi* gezwungen, das Angebot anzunehmen. Kann *Rosi* dieses Rechtsgeschäft rückgängig machen?

Rosi ist in einer Zwangslage (*„dringende, lebensnotwendige Operation"*; *„[m]angels Alternativen und weil ihr Hund sonst sterben würde"*), was von *Franz* ausgenutzt wird. **(1 P)** [gleichwertige Alternativlösung: *Rosi* befindet sich in einer Gemütsaufregung (*„lebensnotwendige Operation ihres geliebten Hundes"*; *„weil ihr Hund sonst sterben würde"*), was von

Franz ausgenutzt wird.] Das Entgelt – die Zinsen in Höhe von 20 % – stehen in einem auffallenden Missverhältnis zur Leistung des *Franz*. **(1 P)** [Hier liegt also Wucher iSd § 879 Abs 2 Z 4 ABGB vor und *Rosi* kann den Vertrag aufheben.]

Eine List des Franz ist auszuschließen, weil er Rosi nicht durch Vorspiegelung falscher Tatsachen zum Vertrag verleitet. Auch ein „normaler" Irrtum der Rosi liegt nicht vor, weil ihre Vorstellungen (notwendige Operation und Lebensgefahr des Hundes und Inhalt des Kreditvertrages) der Realität entsprechen und es daher keine Abweichung von der Wirklichkeit gibt. Zur List → Frage 159, zum Irrtum → Frage 160, 161 und 168.

Eine Drohung des Franz ist ebenfalls nicht gegeben, weil er Rosi nach dem Sachverhalt nicht durch „gegründete" Furcht zum Vertrag veranlasst. Zwar rechnet Rosi mit einem Übel (Tod des Hundes), sollte sie den Vertrag nicht abschließen, doch dies geht nicht von Franz aus. Würde Franz hingegen Rosi damit drohen, ihren Hund zu töten, sollte sie den Kredit nicht aufnehmen, läge eine Drohung vor. Zur Drohung → Frage 158.

164. (2 Punkte) *Alex* und *Peter* sammeln beide in ihrer Freizeit Autogrammkarten. Als sie sich bei einer Messe treffen, tauscht *Alex* seine „Marilyn Monroe" gegen *Peters* „Sean Connery". Später stellt sich heraus, dass die „Marilyn Monroe" € 250,– wert ist, die „Sean Connery" hingegen nur € 100,–. Kann *Alex* den Vertrag aufheben und seine „Marilyn Monroe" zurückverlangen? (Eine Anfechtung wegen Irrtums ist nicht zu prüfen.)

Da die „Sean Connery" (€ 100,–) weniger als die Hälfte der „Marilyn Monroe" (€ 250,–) wert ist, kann *Alex* wegen *laesio enormis* (Verkürzung über die Hälfte) die Aufhebung des Vertrages verlangen (§ 934 ABGB). **(1 P)** *Peter* kann dies abwehren, indem er auf den gemeinen Wert (€ 250,–) aufzahlt. **(1 P)** [In unserem Fall müsste also *Peter* € 150,– zahlen, um eine Aufhebung zu verhindern.]

Nur weil laesio enormis vorliegt, bedeutet es nicht automatisch, dass der Verkürzte (Alex) den Vertrag beseitigen kann. Denn der andere (Peter) kann dies durch Aufzahlung abwehren. Es genügt daher nicht – und ist streng genommen unrichtig –, nur auszuführen, dass der Verkürzte den Vertrag wegen laesio enormis anfechten kann.

Die Abwehr des Verlangens auf Aufhebung des Vertrages wegen laesio enormis bedarf eines Aufzahlens auf den (vollen) gemeinen Wert und nicht bloß bis zur Hälfte des Wertes der Gegenleistung. Peter muss also die vollen € 150,– (und nicht nur € 25,–) aufzahlen.

165. (3 Punkte) *Anna* kommt mit einem positiven Gefühl aus einer schriftlichen Prüfung. Vor Erleichterung möchte sie ihre Lehrbücher ihrem Kollegen *Karlo* schenken. Dieser freut sich sehr und die beiden vereinbaren eine Übergabe am nächsten Tag. Bevor es dazu kommt, erfährt *Anna* jedoch, dass sie die Prüfung nicht bestanden hat. Sie benötigt die Lehrbücher daher noch für den nächsten Antritt. Kann *Karlo* die Übergabe der Lehrbücher verlangen?

Zur Gültigkeit der Schenkung bedarf es entweder einer wirklichen Übergabe der Lehrbücher **(1 P)** oder eines Notariatsaktes. **(1 P)** Da der Vertrag die erforderlichen Formerfordernisse nicht erfüllt, ist er nichtig und *Karlo* hat keinen Anspruch auf die Übergabe der Lehrbücher. **(1 P)**

Eine Anfechtung der Schenkung wegen Motivirrtums durch Anna ist nicht möglich, da der Vertrag ohnehin nichtig ist. Was nicht vorhanden ist, kann und braucht nicht beseitigt werden. Bevor eine Irrtumsanfechtung (→ Frage 160, 161 und 168) geprüft wird, sollte daher sorgfältig untersucht werden, ob und worüber ein Vertrag überhaupt zustande kommt (→ auch Frage 162). Ausführungen zur Anfechtung von Schenkungsverträgen wegen Vorliegens eines Irrtums führen daher zu keinen Punkten.

166. (2 Punkte) Was versteht man unter der Absorptionstheorie, was unter der Kombinationstheorie?

Bei der Absorptionstheorie werden die Regelungen des dominierend eingestuften Vertragstyps auf den ganzen gemischten Vertrag angewendet. **(1 P)** Bei der Kombinationstheorie werden die jeweils passenden gesetzlichen Regelungen des einen oder anderen Typs angewendet, also miteinander kombiniert und gemeinsam zur Vertragsergänzung herangezogen. **(1 P)**

167. (2 Punkte) Nennen Sie zwei klassische Schutzinstrumente des Verbrauchervertragsrechts! (Falsche Angaben bringen Punkteabzug.)

- Informationsrechte
- Rücktrittsrechte
- Vertragsbedingungen und Vertragsdurchführung

(pro richtiger Antwort 1 P, pro falscher 1 P Abzug)

168. (5 Punkte) *Tobias* möchte in seiner Beziehung mit *Claudia* endlich den nächsten Schritt wagen. Daher bestellt er online über eine entsprechende App der Schmuckhändlerin *Smaragd-GmbH* bei dieser einen Ring um € 1.000,–. Als er *Claudia* eine Woche später einen Heiratsantrag macht, beendet diese überraschend die Beziehung. Kann *Tobias* den Ring wegen Vorliegens eines Irrtums oder aus einem anderen Grund wieder zurückgeben?

Tobias irrt über Umstände außerhalb des Rechtsgeschäfts (Motivirrtum), weil er davon ausgeht, dass *Claudia* dem Heiratsantrag zustimmt. **(1 P)** Hier liegt ein entgeltliches Rechtsgeschäft vor (Kaufvertrag; *„bestellt [...] um € 1.000,–“*), bei dem ein Motivirrtum unbeachtlich ist. **(1 P)** [Eine Anfechtung wegen Irrtums scheidet also aus.]
Tobias kauft den Ring für private Zwecke (Verlobungsring); er ist also Verbraucher. **(1/2 P)** Die *Smaragd-GmbH* ist Unternehmerin (*„Schmuckhändlerin“*), **(1/2 P)** sodass ein Verbrauchergeschäft vorliegt. Hier liegt – genauer – ein sog Fernabsatzvertrag vor, weil der Vertrag ausschließlich im Weg des Fernabsatzes (*„online über eine entsprechende App“*) **(1/2 P)** und im Rahmen eines für den Fernabsatz organisierten Vertriebssystems (*„entsprechende App“*) geschlossen wurde. **(1/2 P)** Daher hat *Tobias* ein (grundloses) 14-tägiges Rücktrittsrecht (§ 11 FAGG), dessen Frist noch offen ist (*„eine Woche später“*). **(1 P)** [*Tobias* kann also (noch) vom Vertrag zurücktreten.]

Im vorliegenden Fall ist nur von „eine Woche später“ die Rede, was sich nach dem Sachverhalt auf die Bestellung bezieht. Seit der Bestellung ist also bis jetzt eine Woche vergangen, sodass die Frist von 14 Tagen noch offen sein muss.

Dies bedeutet aber nicht, dass die Frist des Rücktrittsrechts mit der Bestellung zu laufen beginnt. Der konkrete Fristbeginn ist im Skriptum nicht angegeben und dieser Fall darauf „abgestimmt“. Tatsächlich beginnt die 14-tägige Frist des Rücktrittsrechts nämlich hier nicht mit der Bestellung (Vertragsschluss) zu laufen, sondern mit Erhalt der Ware (§ 11 Abs 2 Z 2 lit a FAGG). Wenn aber seit der Bestellung erst eine Woche vergangen ist, kann zwischen Lieferung und jetzt kein größerer Zeitraum liegen.

169. (4 Punkte) *Konrad* kauft von seiner Bekannten *Valerie* ein gebrauchtes Smartphone (Wert: € 600,–) um € 500,–. Sie vereinbaren, dass *Konrad* das Smartphone in einer Woche bei *Valerie* abholt und bezahlt. Am Tag vor der vereinbarten Übergabe wirft *Valerie* das Smartphone im Zuge eines hitzigen Streits mit ihrem Freund aus dem Fenster, wodurch dieses zerstört wird. Was kann *Konrad* von *Valerie* verlangen?

Das Smartphone stellt eine Stückschuld dar („*gebrauchtes Smartphone*"). **(1 P)**
Dieses ist aber im vorliegenden Fall nach Vertragsschluss, aber vor bedungener Übergabe untergegangen („*zerstört*"; nachträgliche Unmöglichkeit). **(1/2 P)** Dies ist von der Schuldnerin *Valerie* zu vertreten („*wirft das Smartphone aus dem Fenster*"). **(1/2 P)** [Es liegt hier also eine nachträgliche vom Schuldner zu vertretende Unmöglichkeit vor.]
In einem solchen Fall hat der Gläubiger *Konrad* ein Wahlrecht: Er kann entweder den Austauschanspruch geltend machen, also am Vertrag festhalten, seine eigene Leistung erbringen (Zahlung des Kaufpreises iHv € 500,–) und als Erfüllungsinteresse den vollen Wert der vereitelten Schuldnerleistung (€ 600,–) verlangen, **(1 P)** oder sich mit dem Differenzanspruch begnügen, also vom Vertrag zurücktreten, somit seine eigene Leistung nicht erbringen und den Differenzschaden (€ 100,–) fordern. **(1 P)** [Da die Gegenleistung in unserem Fall in Geld besteht, macht es im Ergebnis für *Konrad* keinen Unterschied, für welche der beiden Varianten er sich entscheidet.]

Bei Fällen der nachträglichen Unmöglichkeit ist zu differenzieren, ob die Sache zwischen Vertragsschluss und bedungener Übergabe oder ob sie während des Annahmeverzugs (also nach Vertragsschluss und nach bedungener Übergabe) untergeht. Zur Unmöglichkeit im Annahmeverzug → Frage 176.

Hier liegt kein Annahmeverzug und damit der „normale" Fall der nachträglichen Unmöglichkeit vor, weil die Sache zwischen Vertragsschluss und bedungener Übergabe untergeht. Damit man aber überhaupt von einer Unmöglichkeit sprechen kann, muss man in einem ersten Schritt die vereinbarte Schuld als Stück- oder Gattungsschuld qualifizieren. Geprüft werden muss, ob die Leistung von den Parteien nach generellen oder individuellen Merkmalen definiert wurde (hier liegt ganz klar eine Stückschuld vor [„gebrauchtes Smartphone"]). Geht eine Stückschuld unter, so liegt Unmöglichkeit vor. Wurde eine Gattungsschuld vereinbart, gilt der Grundsatz „genus non perit" (die Gattungsschuld geht nicht unter). Bei einer Gattungsschuld liegt daher nur dann Unmöglichkeit vor, wenn kein Stück der vereinbarten Gattung mehr vorhanden ist.

In einem zweiten Schritt sollte die Ursache der Unmöglichkeit genau geprüft und begründet werden, also ob es sich um eine zufällige oder eine vom Schuldner zu vertretende nachträgliche Unmöglichkeit handelt. Hier ist sie vom Schuldner zu vertreten, sodass dem Gläubiger ein Wahlrecht zukommt, ob er am Vertrag festhält oder davon zurücktritt. Zur zufälligen nachträglichen Unmöglichkeit (zwischen Vertragsschluss und bedungener Übergabe) → Frage 170; → auch Frage 176.

Der Rücktritt des Gläubigers im Fall der vom Schuldner zu vertretenden nachträglichen Unmöglichkeit verlangt im Unterschied zum Schuldnerverzug nicht, dass der Gläubiger dem Schuldner eine zweite Chance (Nachfrist) einräumt. Bei Unmöglichkeit der Leistung wäre dies nämlich sinnlos. Zum Rücktritt beim Schuldnerverzug → *Frage 171, 173 und 174.*

Wenn es sich im vorliegenden Fall nicht um einen Kauf-, sondern um einen Tauschvertrag handeln würde, also Konrad anstatt des Geldes einen Laptop im Wert von € 500,– leisten müsste, würde es einen Unterschied machen, wie Konrad sich entscheidet: Würde er den Austauschanspruch wählen, müsste er den Laptop an Valerie herausgeben und bekäme als Erfüllungsinteresse € 600,–. Bei einem Rücktritt vom Vertrag hingegen dürfte Konrad seinen Laptop behalten und bekäme noch € 100,– von Valerie.

Zur Abgrenzung: Ist die Leistung schon bei Vertragsschluss unmöglich, sind die Regeln der anfänglichen Unmöglichkeit anzuwenden. Bei Untergang der Sache nach Erfüllung liegt überhaupt keine Leistungsstörung mehr vor. Wäre also das Smartphone bereits an Konrad übergeben worden und ihm aus dem Fenster gefallen, gäbe es kein Wahlrecht und Konrad könnte von Valerie nichts fordern.

170. (4 Punkte) *Albert* kauft beim Fahrzeughändler *Sebastian* einen Vorführwagen um € 15.000,–. Sie vereinbaren, dass *Albert* das Fahrzeug am nächsten Tag abholt und dann bar bezahlt. Über Nacht schlägt aber ein Blitz auf *Sebastians* Firmengelände ein und verursacht einen Brand, wodurch auch der von *Albert* gekaufte Vorführwagen zerstört wird. *Sebastians* Versicherung erstattet ihm € 14.000,– für den zerstörten Wagen. Was kann *Albert* verlangen?

Das gekaufte Fahrzeug stellt eine Stückschuld dar („*Vorführwagen*"). **(1 P)** Der Vorführwagen geht im vorliegenden Fall nach Vertragsschluss, aber vor bedungener Übergabe unter („*zerstört*"; nachträgliche Unmöglichkeit). **(1/2 P)** Die Ursache für den Untergang liegt in einem zufälligen Ereignis (Blitzeinschlag). **(1/2 P)** [Es liegt also eine zufällige nachträgliche Unmöglichkeit vor.]
Zwar bestimmt § 1447 ABGB, dass der Vertrag in einem solchen Fall „*zerfällt*". **(1 P)** Doch das gilt nicht uneingeschränkt: Tritt an die Stelle der untergegangenen Sache eine andere (stellvertretendes *commodum*), kann der Gläubiger (*Albert*) am Vertrag festhalten, seine eigene Leistung erbringen und statt der untergegangenen Sache das stellvertretende *commodum* verlangen. **(1 P)** [*Albert* kann also die Versicherungssumme fordern, wenn er den Kaufpreis bezahlt. Dies wird *Albert* hier wohl nicht machen, weil er dann € 15.000,– zahlen müsste, aber nur € 14.000,– erhielte.]

Zur nachträglichen Unmöglichkeit allgemein → Anmerkungen zu Frage 169; zum zufälligen Untergang während Annahmeverzugs → Frage 176.

171. (4 Punkte) Studentin *Karolina* verkauft und übergibt dem Studienkollegen *Lukas* ihren gebrauchten Laptop. Vereinbart wird, dass *Lukas* den Kaufpreis in Höhe von € 500,– binnen drei Tagen auf das Konto von *Karolina* überweist. Doch am nächsten Tag gerät *Lukas* unverschuldet in einen Autounfall und liegt eine Woche bewusstlos im Krankenhaus. Was kann *Karolina* verlangen oder machen?

Naturgemäß kann der Kaufpreis auch noch nach dem vereinbarten Termin geleistet werden. Weil *Lukas* an der Verzögerung kein Verschulden trifft (*„gerät [...] unverschuldet in einen Autounfall“*), liegt hier also objektiver Schuldnerverzug des *Lukas* vor. **(1 P)**
[*Karolina* hat daher zwei Möglichkeiten.] Zum einen kann sie weiterhin auf Erfüllung bestehen, also die Zahlung des Kaufpreises verlangen. **(1 P)** Zum anderen kann *Karolina* unter bestimmten Voraussetzungen den Rücktritt erklären. Fällt der Vertrag infolge Rücktritts weg, hat *Karolina* einen bereicherungsrechtlichen Anspruch (Leistungskondiktion) auf Herausgabe des Laptops (sowie Anspruch auf ein Benützungsentgelt für dessen Gebrauch). **(1 P)**
Bei Geldschulden hat der Schuldner (*Lukas*) seinem Gläubiger (*Karolina*) aber selbst bei objektivem Verzug für die Zeit seiner Säumnis Verzugszinsen – hier von 4 % pro Jahr – zu zahlen. **(1 P)**

Vom Schuldnerverzug spricht man dann, wenn die Leistung des Schuldners noch möglich ist – das ist der Unterschied zur nachträglichen Unmöglichkeit (→ Frage 169, 170 und 176) –, aber nicht zur gehörigen Zeit, am gehörigen Ort oder auf die bedungene Weise erfüllt wird (vgl § 918 ABGB; § 7c KSchG hat die Überschrift „Verzug“ und spricht von der Nicht-Erbringung der Leistung trotz Fälligkeit). Im vorliegenden Fall zahlt Lukas nicht binnen der vereinbarten Zeit, sodass er sich hinsichtlich des Geldes im Schuldnerverzug befindet.

Beim Schuldnerverzug wird begrifflich zwischen objektivem und subjektivem Schuldverzug differenziert. Damit wird beschrieben, ob der Schuldner am Verzug ein Verschulden trifft, sodass der Gläubiger – neben den objektiven Verzugsfolgen – auch Schadenersatz verlangen kann (→ Frage 172, 173, 174 und 175).

Die Rechtsfolgen des objektiven Schuldnerverzugs sind an sich in § 918 ABGB geregelt. Darin findet sich das Wahlrecht des Gläubigers zwischen der Rücktrittserklärung samt Setzung einer angemessenen Nachfrist einerseits und dem Festhalten am Vertrag andererseits. Auch nach § 7c und § 7d KSchG kommt dem Gläubiger ein ähnliches Wahlrecht zu. Zu den sehr technischen Unterschieden → Anmerkungen zu Frage 173.

Hinsichtlich der Anwendbarkeit dieser drei Bestimmungen gilt Folgendes: 1. Handelt es sich um ein Verbrauchergeschäft über einen digitalen Inhalt und ist der Unternehmer mit seiner Bereitstellung im Schuldnerverzug, gilt § 7d KSchG. 2. Liegt ein Verbrauchergeschäft über die Lieferung einer Sache vor, die kein digitaler Inhalt ist, und befindet sich der Unternehmer damit im Schuldnerverzug, greift § 7c KSchG. 3. Bei jedem anderen Schuldnerverzug findet § 918 ABGB Anwendung. Wichtig ist also, die Anwendbarkeit von § 7c und § 7d KSchG nicht mit dem Vorliegen eines Verbrauchergeschäfts gleichzusetzen, weil beide Bestimmungen voraussetzen, dass der Unternehmer im Schuldnerverzug ist. Oder anders gewendet: § 918 ABGB gilt auch bei einem Verbrauchergeschäft, nämlich dann, wenn sich der Verbraucher im Schuldnerverzug befindet (→ Frage 174).

Im vorliegenden Fall liegt kein Verbrauchergeschäft vor, weil sich zwei Verbraucher gegenüberstehen („Studentin"; „Studienkollege"). Insofern wäre hier die richtige Norm § 918 ABGB (Leistungskondiktion daher nach § 921/§ 1435).

Verzugszinsen bei Geldschulden gebühren auch beim objektiven Schuldnerverzug (§ 1333 ABGB) und betragen grundsätzlich 4 % pro Jahr (§ 1000 ABGB). Liegt ein zweiseitig unternehmensbezogenes Geschäft vor und ist der Unternehmer für die Verzögerung verantwortlich, so können derzeit sogar Verzugszinsen von 8,58 % pro Jahr verlangt werden. Dies ergibt sich aus § 456 UGB, nach dem der gesetzliche Zinssatz in einem solchen Fall 9,2 Prozentpunkte über dem Basiszinssatz (aktuell -0,62 % pro Jahr) beträgt.

172. (3 Punkte) Die Hobbyreiterin *Larissa* schließt mit dem Pferdehändler *Anton* einen Kaufvertrag über seinen in St. Pölten untergebrachten Friesenhengst zum Preis von € 8.000,– ab. Die beiden vereinbaren eine Abholung am 19. 9. *Larissa* mietet einen Transporter um € 400,– und erscheint fristgerecht bei *Antons* Pferdestall. Dieser hat den Übergabetermin jedoch vergessen und so muss *Larissa* unverrichteter Dinge wieder nach Hause fahren. Da sie den Hengst aber nach wie vor haben will, verständigen sie sich auf eine Abholung am nächsten Tag. Dieses Mal muss *Larissa* € 300,– an Transportkosten zahlen, doch die Übergabe klappt. Was kann *Larissa* von *Anton* verlangen?

Anton „vergisst" auf die vereinbarte Übergabe (am 19. 9.); ihn trifft also ein Verschulden (leichte Fahrlässigkeit) am Scheitern der Abholung. **(1/2 P)** Eine Lieferung des Friesenhengstes ist auch danach noch möglich, *Anton* befindet sich daher im (subjektiven) Schuldnerverzug. **(1/2 P)** [*Larissa* kann weiterhin auf Erfüllung bestehen oder unter bestimmten Voraussetzungen den Rücktritt vom Vertrag erklären.] Da *Larissa* auf Erfüllung besteht (*„nach wie vor haben will, verständigen sie sich auf eine*

Abholung am nächsten Tag"), **(1/2 P)** hat *Anton* den Verspätungsschaden zu ersetzen. **(1 P)**
Der Verspätungsschaden liegt hier in den Transportkosten von € 300,– für die zweite Abholung. **(1/2 P)** [*Larissa* kann also von *Anton* € 300,– verlangen.]

Zur Anwendbarkeit von § 918 ABGB, § 7c und § 7d KSchG → Anmerkungen zu Frage 171.

Hier wäre die richtige Norm hinsichtlich der Rechtsfolgen des objektiven Schuldnerverzugs § 7c KSchG, weil ein Verbrauchergeschäft („Hobbyreiterin"; „Pferdehändler") über die Lieferung eines Friesenhengstes vorliegt und der Unternehmer Anton damit in Verzug ist.

Weil Anton seinen Verzug verschuldet, treffen ihn auch Schadenersatzpflichten (sog subjektiver Schuldnerverzug; → Anmerkungen zu Frage 171). Bei einem Fall wie dem vorliegenden werden häufig die Kosten für die erste Abholung (hier: € 400,–) oder die Summe der Kosten beider Transporte (hier: € 700,–) als Verspätungsschaden qualifiziert. Doch die Kosten des ersten Transports können nicht durch den subjektiven Schuldnerverzug kausal herbeigeführt worden sein: Hätte nämlich Anton nicht die Übergabe vergessen und wäre er daher nicht in Verzug geraten, hätte eine Abholung am 19. 9. stattgefunden, für die Larissa € 400,– zahlen hätte müssen. Insofern versteht sich von selbst, dass nur die € 300,– für den zweiten Transport durch den Verzug verursacht wurden und daher ersatzfähig sind.

173. (4 Punkte) *Kevin* ist gerade am Einrichten seiner Wohnung. Er kauft daher bei *Viktorias* Garagenverkauf am 1. 6. einen gebrauchten Fernseher (Wert: € 500,–) um € 400,– und sie vereinbaren, dass *Viktoria* diesen am 4. 6. vorbeibringt und *Kevin* dann bar bezahlt. An diesem Tag verfrachtet daher *Viktoria* den Fernseher in ihr Auto, ist danach aber unachtsam und läuft in ein Auto, sodass sie mit der Rettung ins Krankenhaus gebracht werden muss. Als *Viktoria* am nächsten Tag aus dem Krankenhaus entlassen wird und ihre Emails abruft, sieht sie, dass *Kevin* sie aufgefordert hat, sich „*dringendst zu melden und den Fernseher bis zum 9. 6. zu liefern, andernfalls habe er kein Interesse mehr am Fernseher.*" *Viktoria* vergisst aber völlig darauf, sodass der Fernseher auch bis dahin nicht geliefert wird. Was kann *Kevin* verlangen?

Viktoria trifft an der Nicht-Lieferung am 4. 6. ein Verschulden („*unachtsam*"). **(1/2 P)** Eine Lieferung des Fernsehers ist auch danach möglich; es liegt also (subjektiver) Schuldnerverzug vor. **(1/2 P)**

[*Kevin* kann weiterhin auf Erfüllung bestehen oder unter bestimmten Voraussetzungen den Rücktritt vom Vertrag erklären.] Hier erklärt er den Rücktritt unter Setzung einer angemessenen Nachfrist („*bis zum 9. 6.*"). **(1 P)** Da *Viktoria* die Nachfrist nicht einhält und von *Kevin* ein Rücktritt erklärt wurde, wird der Vertrag aufgelöst. **(1 P)**
Da ein subjektiver Schuldnerverzug vorliegt, kann *Kevin* jedenfalls das Erfüllungsinteresse verlangen, also jenen Nachteil, der dadurch entstanden ist, dass der Vertrag überhaupt nicht erfüllt wurde. Das Erfüllungsinteresse beträgt € 100,– (Wert des Fernsehers von € 500,– / Kaufpreis von € 400,–). **(1 P)**

Zur Anwendbarkeit von § 918 ABGB, § 7c und § 7d KSchG → Anmerkungen zu Frage 171.

Hier wäre die richtige Norm hinsichtlich der Rechtsfolgen des objektiven Schuldnerverzugs § 918 ABGB, weil sich zwei Verbraucher gegenüberstehen („Einrichten seiner Wohnung"; „Garagenverkauf").

Nach § 7d KSchG (Verbrauchergeschäft; digitaler Inhalt; Unternehmer damit in Verzug; → Anmerkungen zu Frage 171) hat der Unternehmer den digitalen Inhalt nach Aufforderung durch den Verbraucher „unverzüglich" bereitzustellen. Sowohl nach § 7c KSchG als auch nach (dem hier einschlägigen) § 918 ABGB muss die Nachfrist hingegen angemessen sein. Die hier gesetzte Nachfrist war aus folgenden Gründen angemessen: Für die erste Lieferung war ein Zeitraum von drei Tagen vorgesehen (1. 6. Vertrag / 4. 6. vereinbarte Lieferung). Die Nachfrist soll nicht den Zweck haben, dass der Schuldner nochmals genauso viel Zeit bekommt, wie er ursprünglich hatte. Eine angemessene Nachfrist liegt damit jedenfalls dann vor, wenn diese genauso oder sogar länger ist, wie die ursprüngliche Frist. Dies ist hier der Fall („bis zum 9. 6.").

Für die Rücktrittserklärung kommt es nicht darauf an, dass das Wort „Rücktritt" verwendet wird; nur der Wille, den Vertrag aufzulösen, muss klar hervorgehen. In der Wendung „andernfalls habe er kein Interesse mehr am Fernseher" liegt also eine Rücktrittserklärung.

Zur Vertiefung: Rücktritt iSv Auflösung des Vertrages und Erklärung des Rücktritts sind nicht dasselbe. Zwar erfordert jeder Rücktritt iSv Auflösung des Vertrages eine Rücktrittserklärung, doch damit ist nicht gesagt, dass beides gleichzeitig geschehen kann und muss. Und damit sind wir bei einem – zugegebenermaßen – sehr technischen Unterschied zwischen § 918 ABGB und § 7c KSchG: 1. Nach § 918 ABGB muss der Gläubiger, um den Vertrag aufzulösen, den Rücktritt samt Setzung einer Nachfrist erklären. Er muss also „sofort" zwei Dinge machen, nämlich zum einen den Rücktritt erklären und zum anderen eine Nachfrist setzen. Wird innerhalb dieser Nachfrist geliefert, hat es damit sein Bewenden; der erklärte Rücktritt zeitigt also keine

Wirkung. Liefert der Schuldner aber wie im vorliegenden Fall innerhalb der Nachfrist wieder nicht, wird der Vertrag aufgrund des zuvor erklärten Rücktritts wirksam, ohne dass der Gläubiger noch zusätzlich etwas machen muss. Der Vertrag wird daher im vorliegenden Fall mit 9.6. aufgelöst, und nicht im Zeitpunkt der Rücktrittserklärung (Email, das Viktoria am 5.9. liest und das ihr davor zugegangen sein muss). 2. Ist § 7c KSchG anwendbar, muss der Gläubiger – vereinfacht gesagt – im Zeitpunkt des Verzugs nur die Lieferung innerhalb einer angemessenen Nachfrist verlangen. Wird innerhalb dieser Frist geliefert, hat es damit wiederum sein Bewenden. Wird aber vom Schuldner nicht innerhalb der Nachfrist geliefert, kann der Gläubiger – also erst jetzt – wählen, ob er zurücktritt. Das bedeutet, dass er auch erst in diesem Zeitpunkt den Rücktritt erklären kann, der dann aber gleichzeitig den Rücktritt iSv Auflösung des Vertrags bewirkt. Kurzum: § 918 ABGB und § 7c KSchG haben gemeinsam, dass ein Rücktritt erklärt werden muss und ein Rücktritt iSv Auflösung des Vertrages erst nach Verstreichen der Nachfrist erfolgt. Der Unterschied besteht aber darin, dass nach § 918 ABGB der Gläubiger sofort mit der Nachfristsetzung den Rücktritt erklären muss, während es nach § 7c KSchG genügt, wenn dieser nach Ablauf der Nachfrist erklärt wird. Damit geht einher, dass Erklärung des Rücktritts und Rücktritt iSv Auflösung des Vertrages nach § 918 ABGB zwingend zeitlich versetzt sind, bei § 7c KSchG hingegen nicht.

€ 500,– könnte Kevin von Viktoria nur dann verlangen (Leistungskondiktion nach § 921/§ 1435), wenn er den Kaufpreis bezahlt hat. Dies ist aber nach dem Sachverhalt nicht geschehen.

Bei subjektivem Schuldnerverzug und Auflösung des Vertrags infolge Rücktritts kann der Gläubiger neben dem Erfüllungsinteresse auch den Verspätungsschaden verlangen. Im Sachverhalt kommt allerdings ein Verspätungsschaden (zB Leihe eines Fernsehers für die Überbrückungszeit um € 10,–) nicht vor, sodass ein Ersatz nicht geprüft werden muss.

174. (6 Punkte) *Alwin* kauft sich für sein Studium beim Elektrohändler *Christoph* einen Laptop (Wert: € 1.000,–) um € 1.200,–. Da *Alwin* diese Summe nicht auf einmal aufbringen kann, vereinbaren die beiden, dass *Alwin* den Kaufpreis in 12 monatlichen Raten zu je € 100,– bezahlt und das Eigentum am Laptop erst mit vollständiger Zahlung auf *Alwin* übergeht. Als *Alwin* bereits die ersten zwei Monatsraten nicht fristgerecht gezahlt hat, weil er darauf vergessen hat, fordert *Christoph* ihn auf, den Rückstand binnen acht Wochen auszugleichen, „*denn andernfalls sei das Geschäft beendet*“. Auch in den nächsten acht Wochen geht keine einzige Zahlung von *Alwin* ein. Was und aus welchem Grund kann *Christoph* verlangen?

Alwin trifft an der Nicht-Zahlung der Raten ein Verschulden (*„vergessen"*). **(1/2 P)** Weil Geld naturgemäß auch nach den vereinbarten Terminen noch geleistet werden kann, befindet sich *Alwin* im (subjektiven) Schuldnerverzug. **(1/2 P)**
[*Christoph* kann weiterhin auf Erfüllung bestehen oder unter bestimmten Voraussetzungen den Rücktritt vom Vertrag erklären.] Hier setzt *Christoph* eine angemessene Nachfrist (*„acht Wochen"* für zwei Monatsraten) und erklärt den Rücktritt (*„denn andernfalls sei das Geschäft beendet"*). **(1 P)** Da *Alwin* diese Frist nicht einhält und von *Christoph* ein Rücktritt erklärt wurde, wird der Vertrag aufgelöst. **(1 P)**
[Schadenersatz] Hier liegt ein subjektiver Schuldnerverzug vor, sodass *Christoph* zusätzlich zum Verspätungsschaden (Verzugszinsen) das Erfüllungsinteresse verlangen kann, also jenen Nachteil, der dadurch entsteht, dass der Vertrag überhaupt nicht erfüllt wurde. Das Erfüllungsinteresse beträgt hier € 200,– (Wert des Laptops von € 1.000,– / Kaufpreis von € 1.200,–). **(1 P)**
[Bereicherungsrechtliche Rückabwicklung] Nach dem Rücktritt hat *Christoph* einen (schuldrechtlichen) bereicherungsrechtlichen Anspruch (Leistungskondiktion) auf Herausgabe des Laptops (sowie Anspruch auf ein Benützungsentgelt für dessen Gebrauch). **(1 P)**
[Eigentumsklage] Hier wurde ein Eigentumsvorbehalt vereinbart, weil das Eigentum am Laptop erst mit vollständiger Zahlung des Kaufpreises auf den Käufer (*Alwin*) übergehen soll. Mangels vollständiger Kaufpreiszahlung ist daher immer noch *Christoph* Eigentümer des Laptops und kann diesen mit der Eigentumsklage (§ 366 ABGB; *rei vindicatio*) herausverlangen. **(1 P)**

Zur Anwendbarkeit von § 918 ABGB, § 7c und § 7d KSchG → Anmerkungen zu Frage 171; allgemein zum Rücktritt bei Schuldnerverzug → Anmerkungen zu Frage 173.

Hier wäre die richtige Norm hinsichtlich der Rechtsfolgen des objektiven Schuldnerverzugs § 918 ABGB (Leistungskondiktion daher nach § 921/§ 1435). Zwar liegt ein Verbrauchergeschäft vor („für sein Studium"; „Elektrohändler"), doch nicht der Unternehmer Christoph ist mit seiner Leistung in Verzug, sondern der Verbraucher Alwin.

Im vorigen Fall betraf der Verzug die gekaufte Sache (Fernseher), der Kaufpreis wurde aber noch nicht gezahlt, sodass die Rückzahlung des Kaufpreises nicht erörtert werden musste. Die Besonderheit des Falles hier – gegenüber dem vorigen – besteht also darin, dass der Verzug die Kaufpreiszahlung betrifft und der Verkäufer (Christoph) bereits geleistet hat, sodass auch die Rückgabe des Laptops zu erörtern ist. Und damit ist man bei einer weiteren Eigenheit dieses Falles. Weil ein Eigentumsvorbehalt vereinbart wurde, ist der Käufer

(Alwin) noch nicht Eigentümer des Laptops geworden. Daher kann der Verkäufer (Christoph) die Rückgabe des Laptops nicht nur bereicherungsrechtlich, sondern auch mittels rei vindicatio verlangen.

175. (4 Punkte) Kunstliebhaber *Leopold* kauft für seine Ferienwohnung vom bekannten und hauptberuflichen Künstler *Egon* ein Selbstportrait zum Preis von € 20.000,– (Wert € 22.000,–). *Leopold* soll das Bild in einer Woche im Atelier des *Egon* abholen und den Kaufpreis bezahlen. Als *Leopold* zum vereinbarten Termin mit dem Geldbetrag im Atelier erscheint, ist *Egon* nicht auffindbar, weil er lieber mit einigen Künstlerkollegen im Kaffeehaus sitzt. Was kann *Leopold* machen?

Egon trifft an der Verzögerung ein Verschulden („*weil er lieber mit einigen Künstlerkollegen im Kaffeehaus sitzt*“). **(1/2 P)** Die Leistung des Portraits ist immer noch möglich, *Egon* befindet sich daher im subjektiven Schuldnerverzug. **(1/2 P)** [*Leopold* hat daher zwei Möglichkeiten.] Zum einen kann er weiterhin auf Erfüllung bestehen, also *Egon* zur Leistung des Selbstportraits auffordern. **(1 P)** Zum anderen kann *Leopold* unter bestimmten Voraussetzungen den Rücktritt erklären. Fällt der Vertrag infolge Rücktritts weg, könnte er das Erfüllungsinteresse verlangen (€ 2.000,–). **(1 P)** Hält *Leopold* am Vertrag fest, kann er das Geld auch schuldbefreiend gerichtlich hinterlegen, weil sich *Egon* (hinsichtlich des Geldes) in Annahmeverzug befindet. **(1 P)**

Zur Anwendbarkeit von § 918 ABGB, § 7c und § 7d KSchG → Anmerkungen zu Frage 171; allgemein zum Rücktritt bei Schuldnerverzug → Anmerkungen zu Frage 173.

Hier wäre die richtige Norm hinsichtlich der Rechtsfolgen des objektiven Schuldnerverzugs § 7c KSchG, weil ein Verbrauchergeschäft („für seine Ferienwohnung“; „hauptberuflicher Künstler“) über ein Selbstportrait vorliegt und der Unternehmer Egon mit seiner Leistung in Verzug ist.

Eine Besonderheit des vorliegenden Falles liegt darin, dass Leopold den Kaufpreis noch nicht gezahlt hat und daher – neben dem Schuldnerverzug hinsichtlich des Portraits – auch ein Annahmeverzug des Egon in Bezug auf den Kaufpreis vorliegt. Sehr häufig wird bei derartigen Fällen auf den Annahmeverzug nicht eingegangen. Man sollte daher immer auf alle Leistungen blicken und sich überlegen, ob geleistet wurde und/oder warum (noch) nicht.

Liegt ein Annahmeverzug vor, trägt der Gläubiger die „widrigen Folgen“ (§ 1419 ABGB). Eine davon ist, dass der Schuldner (hier: Leopold) seine Schuld (hier: Kaufpreis) gerichtlichen hinterlegen kann (§ 1425 ABGB). Außerdem kann der Schuldner Ersatz seiner Aufwendungen auf die Sache verlangen (zB: Futterkosten für ein gekauftes, aber nicht angenommenes Tier). Im Annahmeverzug ändert sich aber auch die Haftung und Gefahrtragung bei Beschädigung oder Zerstörung der Sache; → Frage 176.

Sofern keine Abnahmepflicht vereinbart wird, ist der Gläubiger nach österreichischem Recht nicht verpflichtet, die Sache anzunehmen. Der Käufer (Gläubiger der Kaufsache und Schuldner des Kaufpreises) muss also die gekaufte Sache nicht entgegennehmen. Der Verkäufer (Gläubiger des Kaufpreises und Schuldner der Kaufsache) wird dadurch nicht beeinträchtigt, weil er ja ohnehin die Zahlung des Kaufpreises verlangen kann. Um sich seiner eigenen Schuld zu befreien, kann der Verkäufer die geschuldete Kaufsache gerichtlich hinterlegen (§ 1425 ABGB). Dies gilt natürlich auch für den spiegelbildlichen Fall (wie hier): Nimmt der Verkäufer (Gläubiger des Kaufpreises und Schuldner der Kaufsache; hier: Egon) die Kaufpreiszahlung nicht an, kann der Käufer (hier: Leopold) vom Verkäufer trotzdem die Leistung der Kaufsache verlangen und den Kaufpreis gerichtlich hinterlegen.

Aus welchem Grund sich der Gläubiger im Verzug befindet – vorsätzlich, grob oder leicht fahrlässig oder aufgrund höherer Gewalt –, spielt für die „widrigen Folgen" des Annahmeverzugs keine Rolle.

176. (4 Punkte) *Thomas* kauft von *Max* dessen gebrauchten Laptop, wobei sie vereinbaren, dass *Thomas* den Laptop in einer Woche abholt. *Thomas* erscheint aber nicht am vereinbarten Termin, weil er darauf vergessen hat. Am Tag darauf brennt *Max'* Wohnung mitsamt dem Laptop infolge eines Blitzeinschlages ab. Dennoch verlangt *Max* von *Thomas* die Zahlung des Kaufpreises. Zu Recht?

Da *Thomas* die Leistung nicht zum vereinbarten Zeitpunkt angenommen hat, befindet er sich im Gläubigerverzug (Annahmeverzug). **(1 P)** [Im Gläubigerverzug trägt der Gläubiger nach § 1419 ABGB die *„widrigen Folgen"*.] Eine davon ist, dass der Gläubiger (*Thomas*) die Gefahr trägt: Er hat den Kaufpreis zu bezahlen, auch wenn die Sache durch Zufall untergegangen ist. **(1 P)** [Zu klären ist also, ob der Laptop zufällig untergegangen ist.] Bei dem Laptop handelt es sich um eine Stückschuld (*„gebrauchte[r] Laptop"*). **(1 P)** Dieser ist im vorliegenden Fall infolge eines zufälligen Ereignisses (Blitzeinschlag) untergegangen (*„brennt [...] mitsamt dem Laptop [...] ab"*). **(1 P)** [*Max* kann somit von *Thomas* die Bezahlung des Kaufpreises verlangen, auch wenn dieser dafür keine Gegenleistung erhält.]

Zu den „normalen" Fällen nachträglicher Unmöglichkeit → Frage 169 und 170; allgemein zum Annahmeverzug → Anmerkungen zu Frage 175.

Wäre im vorliegenden Fall der Laptop durch leichte Fahrlässigkeit des Max untergangen, würde das Ergebnis identisch ausfallen, weil der Schuldner im Gläubigerverzug nur für grobe Fahrlässigkeit und Vorsatz haftet.

Geht die Sache im Annahmeverzug unter, kann es auch bei einer Gattungsschuld sein, dass der Gläubiger zahlen muss, aber keine Leistung erhält. Der Grundsatz „genus non perit" (→ Anmerkungen zu Frage 169) gilt nämlich bei Annahmeverzug dann nicht, wenn die Gattungsschuld auf ein bestimmtes Stück konkretisiert wurde: Wenn also ein neuer gelber iPod mit 20 GB Speicher geschuldet ist (Gattungsschuld), der Schuldner bereits ein bestimmtes Stück ausgewählt und für den Gläubiger zur Abholung bereit gelegt hat und dieser ausgewählte und zur Abholung bereit gelegte iPod im Annahmeverzug zufällig (oder aufgrund leichter Fahrlässigkeit) zerstört wird, dann muss der Gläubiger zahlen, ohne dass er einen (anderen) iPod verlangen kann. Achtung: Die Konkretisierung (Konzentration) bedeutet nicht, dass eine Stückschuld vorliegt, sondern es handelt sich nach wie vor um eine Gattungsschuld. Das Vorliegen einer Stück- oder Gattungsschuld richtet sich nämlich immer nur nach der Vereinbarung. Aufgrund der Konkretisierung wird aber – vereinfacht gesagt – (für die Gefahrtragung) so getan, als läge eine Stückschuld vor, auch wenn dies tatsächlich nicht der Fall ist.

177. (3 Punkte) Bei welchen Verträgen gilt die Aktualisierungspflicht iSd § 7 VGG?

Die Aktualisierungspflicht iSd § 7 VGG greift bei einem Verbrauchergeschäft über den Kauf von Waren mit digitalen Elementen **(1 P)** und über die Bereitstellung digitaler Leistungen gegen Zahlung oder gegen Hingabe personenbezogener Daten, es sei denn, der Unternehmer verarbeitet diese ausschließlich zur Bereitstellung der digitalen Leistungen oder zur Erfüllung von rechtlichen Anforderungen (§ 7 iVm § 1 Abs 1 VGG). **(1 P)** Sie gilt aber auch bei einem Vertrag desselben Inhalts zwischen zwei Unternehmern (§ 1 Abs 3 VGG). **(1 P)**

Die Anwendbarkeit des VGG setzt jedenfalls ein Verbrauchergeschäft voraus und greift beim Kauf von beweglichen körperlichen Sachen (Waren) – also nur bei bestimmten entgeltlichen Rechtsgeschäften – und bei einem Vertrag über die Bereitstellung digitaler Leistungen gegen Zahlung oder gegen Hingabe von personenbezogenen Daten iSd § 1 Abs 1 VGG.

Mit der Wendung „gegen Zahlung" ist jegliches Entgelt gemeint, und nicht nur die Zahlung von Geld (das Skriptum ist insofern unrichtig). Liegt also ein Vertrag vor, in dem der Verbraucher eine Sache oder Dienstleistung gegen eine digitale Leistung des Unternehmers tauscht, ist hinsichtlich der

Gewährleistung in Bezug auf die digitale Leistung sehr wohl das VGG und damit auch die Aktualisierungspflicht iSd § 7 VGG anwendbar.

Die Aktualisierungspflicht wiederum greift nur bei Waren mit digitalen Elementen und digitalen Leistungen. In § 1 Abs 3 VGG findet sich zudem die Ausdehnung der Aktualisierungspflicht auf Verträge zwischen zwei Unternehmern.

178. (4 Punkte) Student *Fritz* kauft von seiner Studienkollegin *Sophie* ihren fünf Monate alten Laptop um € 800,– und bezahlt bar. Zwei Monate später muss *Fritz* aber feststellen, dass der Akku aufgrund eines Produktionsfehlers nur mehr zwei Stunden hält. Zwar hätte *Fritz* den Laptop auch so gekauft, weil der Akku im Handel erworben und von jedermann einfach ausgetauscht werden kann, aber um einen anderen Preis. Immerhin ist der Laptop dadurch nicht mehr € 1.000,– wert, sondern nur mehr € 970,–. Was kann *Fritz* aus dem Titel der Gewährleistung verlangen, wenn *Sophie* jegliche Ansprüche des *Fritz* ablehnt?

Dass ein Akku bei einem (sieben Monate alten) Laptop länger als zwei Stunden hält, ist eine gewöhnlich vorausgesetzte Eigenschaft. Der Laptop ist daher mangelhaft (§ 922 Abs 1 ABGB). **(1/2 P)** Dieser Mangel war im Zeitpunkt der Übergabe vorhanden („*Produktionsfehler*"; latente Anlegung genügt) und ist innerhalb der Gewährleistungsfrist (zwei Jahre ab Übergabe; § 933 ABGB) hervorgekommen. **(1/2 P)**
[Auf erster Ebene steht *Fritz* ein Wahlrecht zwischen Austausch und Verbesserung zu.] Ein Austausch ist nicht möglich (Stückschuld), **(1/2 P)** eine Verbesserung des Laptops hingegen schon, weil der mangelhafte Laptop reparierbar ist („*Akku [kann] im Handel erworben und von jedermann einfach ausgetauscht werden*"). **(1/2 P)**
Da *Sophie* jegliche Ansprüche des *Fritz* zurückweist, „kommt" *Fritz* auf die zweite Ebene der Gewährleistungsbehelfe (§ 932 ABGB). **(1/2 P)**
Hier liegt ein geringfügiger Mangel vor, weil die Auflösung des Vertrages angesichts des Mangels unverhältnismäßig wäre („*hätte den Laptop auch so gekauft, aber um einen anderen Preis*", *Akku [kann] im Handel erworben und von jedermann einfach ausgetauscht werden*"; Wertverlust von 3 %). **(1/2 P)** *Fritz* kann aber Preisminderung geltend machen. Die Preisminderung berechnet sich nach der relativen Berechnungsmethode (W : w = P : p / 1.000 : 970 = 800 : p/p = 776), beträgt hier also € 24,–. **(1 P)** [Zusammenfassend kann also *Fritz* von *Sophie* die Verbesserung des Laptops oder Preisminderung und Rückzahlung von € 24,– verlangen.]

Im vorliegenden Fall stehen sich zwei Verbraucher gegenüber („Student"; „Studienkollegin"), sodass sich die Gewährleistung nach den §§ 922ff ABGB richtet. Diese Regelungen gelten bei jedem entgeltlichen Rechtsgeschäft (vgl § 922 Abs 1 ABGB). Die Anwendbarkeit der §§ 922ff ABGB (oder des VGG) wird aber nicht immer (wie hier) gesondert bepunktet, vor allem, wenn sie sich aus der Mangeldefinition ergibt. Zur Anwendbarkeit des VGG → Frage 177.

Oftmals wird bei Gewährleistungsfällen mit den Behelfen begonnen, ohne zu begründen, warum der Übergeber überhaupt gewährleistungspflichtig ist. Es muss also immer auch ausgeführt werden, dass ein Mangel vorgelegen ist und worin dieser liegt: Nach § 922 Abs 1 ABGB liegt ein Mangel dann vor, wenn die Sache vom Vereinbarten abweicht oder sie nicht die gewöhnlich vorausgesetzten Eigenschaft aufweist. Nach § 4 VGG haftet der Unternehmer dafür, dass die Ware oder die digitale Leistung „dem Vertrag entspricht, also keinen Mangel aufweist. Er haftet somit dafür, dass die von ihm erbrachte Leistung die vertraglich vereinbarten Eigenschaften (§ 5) sowie die objektiv erforderlichen Eigenschaften (§ 6) hat, dass gegebenenfalls die Aktualisierungspflicht nach § 7 erfüllt wird und dass im Fall des § 8 die Montage, Installation oder Integration sachgemäß durchgeführt wird." Zur Aktualisierungspflicht nach § 7 VGG → auch Frage 177.

Der Mangel muss zudem im Zeitpunkt der Übergabe (Bereitstellung) vorhanden sein und innerhalb der Gewährleistungsfrist hervorkommen. Das Recht auf Gewährleistung darf freilich auch noch nicht verjährt sein. Gewährleistungsfrist und Verjährungsfrist der Gewährleistungsrechte sind daher nicht dasselbe. Die Gewährleistungsfrist beträgt nach § 933 Abs 1 ABGB im vorliegenden Fall zwei Jahre ab Übergabe des Laptops. Die Gewährleistung verjährt nach § 933 Abs 3 ABGB hingegen drei Monate nach Ablauf der Gewährleistungsfrist, dh 27 Monate nach Übergabe. Immer dann, wenn der Mangel innerhalb der Gewährleistungsfrist auftritt und nach dem SV noch keine weitere Zeit vergangen ist, kann daher noch keine Verjährung eingetreten sein. Die (zumindest sehr ähnlichen) Gewährleistungs- und Verjährungsfristen des VGG finden sich in den §§ 10 und 18 (Gewährleistungsfrist) und § 28 (Verjährungsfrist).

Richtig ist, dass nach § 924 ABGB bei Auftreten eines Mangels binnen 6 Monaten nach der Übergabe vermutet wird, dass der Mangel bereits im Zeitpunkt der Übergabe vorhanden war (§ 11 und § 19 VGG kennen ähnliche Vermutungsregeln). Doch diese Regelung greift eigentlich nur dann, wenn zwar feststeht, dass ein Mangel vorhanden ist, aber nicht festgestellt werden kann, ob dieser bereits im Zeitpunkt der Übergabe vorgelegen ist. Im vorliegenden Fall handelt es sich aber um einen Produktionsfehler, sodass schon nach dem Sachverhalt feststeht, dass der Mangel im Zeitpunkt der Übergabe von Sophie an Fritz vorhanden war (latente Anlegung genügt). Würde man daher hier das Vorliegen des Mangels im Zeitpunkt der Übergabe mit der

Vermutungsregel des § 924 ABGB begründen, wäre dies streng genommen unrichtig.

Dass man auf die zweite Ebene der Gewährleistung kommt, bedeutet nicht automatisch, dass man nur die Behelfe dieser Ebene geltend machen kann oder muss. Im vorliegenden Fall kann sich Fritz aussuchen, ob er Verbesserung oder Preisminderung (und Rückzahlung des zu viel bezahlten Kaufpreises) geltend macht. Rein theoretisch kann es daher sogar Fälle geben, in denen der Übernehmer zwischen Verbesserung, Austausch, Preisminderung und Vertragsauflösung wählen kann. Man denke nur an den Kauf eines neuen Smartphones, das einen nicht geringfügigen, aber verbesserungsfähigen Mangel hat, wenn der Verkäufer jegliche Gewährleistung ablehnt.

Preisminderung und Auflösung sind Gestaltungsrechte, die den Vertrag (bei einseitiger Ausübung durch den Übernehmer) „gestalten": Bei der Preisminderung wird der Vertrag vereinfacht gesagt insofern abgeändert, als der Übergeber die mangelhafte Sache schuldet, der Übernehmer dafür aber weniger zu zahlen hat (entsprechend der relativen Berechnungsmethode). Übt der Übernehmer hingegen die Auflösung aus, wird der gesamte Vertrag beseitigt. Das (zu viel) Bezahlte kann jeweils bereicherungsrechtlich zurückverlangt werden (§ 1435 ABGB; §§ 15, 24 VGG).

Die Mangelhaftigkeit der gekauften Sache führt freilich auch zum Vorliegen eines Irrtums beim Käufer, wenn er davon ausgegangen ist, eine mangelfreie Sache zu kaufen. Eine Anpassung oder Aufhebung wegen Irrtums ist hier aber bereits deshalb nicht zu prüfen, weil die Fragestellung auf Gewährleistung beschränkt ist.

Aufgrund dieser Fragestellung muss auch Schadenersatz statt Gewährleistung und eine Haftung nach dem PHG nicht geprüft werden. Außerdem kommt eine Haftung nach dem PHG hier von vornherein nicht Betracht, weil keine Schäden „außerhalb" des Produkts (Laptop) vorliegen, wie etwa eine Körperverletzung des Fritz oder die Beschädigung einer vom Laptop verschiedenen Sache des Fritz. Hinzu kommt, dass Sophie auch nicht die Herstellerin des Laptops ist („Studienkollegin") und daher gar nicht nach dem PHG haften könnte. Zur Haftung nach dem PHG → Frage 199, 200 und 201.

179. (3 Punkte) Der Hobbymusiker *Karl* kauft vom Instrumentenhändler *Viktor* ein 18 Monate altes, gebrauchtes Saxophon um € 500,–. Sieben Monate nach Abholung beginnt der Lack des Saxophons aufgrund einer irreparablen Fehlbeschichtung bei der Herstellung zu splittern, sodass das Saxophon anstatt von noch zehn Jahren nur mehr ein Jahr verwendet werden kann. Was kann *Karl* aus dem Titel der Gewährleistung verlangen?

Das Saxophon ist mangelhaft, weil es eine objektiv erforderliche Eigenschaft darstellt, dass der Lack selbst bei einem etwas mehr als zwei Jahre alten Saxophon nicht absplittert (§ 6 VGG). **(1/2 P)** Dieser Mangel lag auch bereits bei der Übergabe (von *Viktor* an *Karl*) vor (*„Fehlbeschichtung bei der Herstellung“*; latente Anlegung genügt) und ist innerhalb der Gewährleistungsfrist (zwei Jahre ab Übergabe; § 10 VGG) hervorgekommen. **(1/2 P)** [Grundsätzlich kann der Übernehmer (*Karl*) auf erster Ebene zwischen Austausch und Verbesserung der mangelhaften Sache wählen.] Da es sich beim Saxophon um eine Stückschuld handelt (*„gebrauchtes Saxophon“*) ist ein Austausch nicht möglich. **(1/2 P)** Auch eine Verbesserung scheidet nach dem Sachverhalt aus (*„irreparabel“*). **(1/2 P)**
[Aufgrund der Unmöglichkeit beider primären Behelfe kann *Karl* die sekundären Gewährleistungsbehelfe geltend machen (§ 12 VGG).] Ihm steht daher jedenfalls die Preisminderung offen. **(1/2 P)** Da der Mangel nicht geringfügig ist, weil die Auflösung des Vertrags angesichts des Mangels nicht „unverhältnismäßig“ wäre (*„[kann] anstatt von noch zehn Jahren nur mehr ein Jahr verwendet werden“*), kann er sich auch für eine Auflösung des Vertrags entscheiden. **(1/2 P)**. [*Karl* kann also zwischen Preisminderung (Höhe hier unklar, weil Wert der mangelhaften und mangelfreien Sache nicht bekannt sind) und Vertragsauflösung wählen.]

→ *Anmerkungen zu Frage 178.*

Im vorliegenden Fall handelt es sich um ein Verbrauchergeschäft („Hobbymusiker“; „Instrumentenhändler“) über den Kauf einer Ware. Denn das Saxophon stellt eine körperliche bewegliche Sache dar und der Verbraucher Karl hat dafür einen Geldbetrag zu zahlen. Damit ist hinsichtlich der Gewährleistung das VGG anwendbar.

Gewährleistungsrechtlich einzustehen hat immer nur der Vertragspartner. Die Gewährleistungsfrist für Sachmängel beginnt ab Übergabe durch den Vertragspartner zu laufen. Hier sind also erst sieben Monate vergangen, sodass die Gewährleistungsfrist noch offen ist. Die sieben und 18 Monate sind daher nicht zusammenzuzählen.

Oftmals wird ausgeführt, dass bei einem nicht geringfügigen Mangel der Übernehmer nur die Auflösung des Vertrags wählen kann. Doch dies ist unrichtig. Vielmehr ist es so, dass wahlweise zur Preisminderung die Vertragsauflösung hinzu kommt, wenn der Mangel nicht geringfügig ist. Oder anders formuliert: Wenn der Übernehmer auf die zweite Ebene gelangt, hat er jedenfalls das Recht auf Preisminderung. Ist der Mangel nicht geringfügig, kann er zwischen Preisminderung und Vertragsauflösung wählen.

180. (2 Punkte) Was versteht man im Gewährleistungsrecht unter der Mängelrüge?

Beim beiderseitig unternehmensbezogenen Geschäft **(1/2 P)** hat der Käufer den Mangel der Ware innerhalb angemessener Frist anzuzeigen. **(1/2 P)** Andernfalls kann er keine Gewährleistung mehr geltend machen oder sich auf Schadenersatz statt Gewährleistung oder Irrtum berufen. **(1 P)**

181. (5 Punkte) *Konrad* benötigt für sein Studium einen Laptop. Er kauft sich daher im Elektrogeschäft des *Viktor* einen neuen Laptop des Typs X-3000 und nimmt ihn gleich mit. Wenige Tage später hat der Laptop einen Kurzschluss, wodurch nicht nur dieser in Flammen aufgeht und zerstört wird, sondern auch der Schreibtisch, auf dem sich dieser befand, wird beschädigt (Kosten eines Tischlers für die Reparatur von € 300,–). Der Grund dafür liegt darin, dass *Viktor* den Laptop – als er diesen vom Hersteller geliefert bekommen hat – aus Unachtsamkeit fallen ließ, wodurch die Platine beschädigt wurde, was letztlich den Kurzschluss und den Brand verursachte. Was kann *Konrad* aus dem Titel der Gewährleistung und/oder des Schadenersatzes von *Viktor* verlangen?

[Laptop – Gewährleistung] Der Laptop ist mangelhaft, weil es eine objektiv erforderliche Eigenschaft ist, dass dieser keinen Kurzschluss hat und in Flammen aufgeht (§ 6 VGG). **(1/2 P)** Der Mangel war im Zeitpunkt der Übergabe (von *Viktor* an *Konrad*) vorhanden (*„als [Verkäufer Viktor] diesen vom Hersteller geliefert bekommen hat [...] fallen ließ“*; latente Anlegung genügt) und ist innerhalb der Gewährleistungsfrist (zwei Jahre ab Übergabe; § 10 VGG) hervorgekommen. **(1/2 P)**
[Primär kann *Konrad* zwischen Verbesserung und Austausch wählen.] Eine Verbesserung ist nicht möglich, weil der Laptop *„zerstört wird“*. **(1/2 P)** Weil der Laptop aber eine Gattungsschuld darstellt (*„neuer Laptop des Typs X-3000“*), kann *Konrad* Austausch verlangen (§ 12 VGG). **(1/2 P)**
[Laptop – Schadenersatz statt Gewährleistung] *Viktor* handelte hier rechtswidrig, weil er gegen den Vertrag verstößt (Schlechtlieferung). **(1/2 P)** Sein Verhalten war kausal für den Schadenseintritt iSd der *conditio sine qua non*-Formel. Denkt man sich nämlich sein Verhalten weg, wäre der Schaden nicht eingetreten. **(1/2 P)** Verschulden des *Viktor* ist ebenfalls zu bejahen (leichte Fahrlässigkeit; *„aus Unachtsamkeit“*). **(1/2 P)** Aus diesen Gründen kann *Konrad* für den Mangelschaden nach § 933a ABGB auch aus dem Titel des Schadenersatzes statt Gewährleistung den Austausch des Laptops verlangen. **(1/2 P)**
[Schreibtisch – Schadenersatz] Dass der Schreibtisch beschädigt wird (Reparaturkosten von € 300,–), stellt einen Mangelfolgeschaden dar. **(1/2 P)** [Rechtswidrigkeit, Kausalität und Verschulden liegen (wie bereits aus-

geführt) vor.] Für den beschädigten Schreibtisch kann Naturalrestitution verlangt werden, soweit dies tunlich ist. **(1/2 P)** [*Konrad* kann also die Reparaturkosten des Tischlers von € 300,– verlangen.]

Zur Gewährleistung → Anmerkungen zu Frage 178 und 179.

Im vorliegenden Fall handelt es sich um ein Verbrauchergeschäft („für sein Studium“; „Studienkollege“) über den Kauf einer Ware. Denn der Laptop stellt eine bewegliche körperliche Sache dar und der Verbraucher Konrad hat dafür einen Geldbetrag zu zahlen. Damit ist hinsichtlich der Gewährleistung das VGG anwendbar.

Gewährleistungsrechtlich einzustehen hat der Übergeber (Viktor) nur für das vertraglich Geschuldete. Es gibt daher keine Gewährleistung für den Schreibtisch, weil dieser nicht Gegenstand des Vertrages zwischen Konrad und Viktor ist.

Nach dem Sachverhalt ergeben sich keine Anzeichen dafür, dass Konrad auf die zweite Ebene der Gewährleistung gelangen würde. Daher kann er aus dem Titel der Gewährleistung weder Vertragsauflösung noch Preisminderung geltend machen.

Damit das Schadenersatzrecht das Gewährleistungsrecht nicht konterkariert, wurde durch § 933a ABGB ein gewisser Gleichlauf hergestellt. Auch aus dem Titel des Schadenersatzes kann für den Mangelschaden (hier: Laptop) primär nur Verbesserung und Austausch begehrt werden. Bei Schadenersatz statt Gewährleistung – und das ist ein wesentlicher Unterschied zur Gewährleistung – kann aber bei Vorliegen der Gründe des § 932 ABGB Geldersatz verlangt werden; es gibt also auf zweiter Ebene keine Gestaltungsrechte (§ 933a ABGB). Doch auch dies kommt hier nicht in Betracht, weil eben keiner der Gründe des § 932 ABGB / § 12 VGG gegeben ist. Konrad kann also aus zwei verschiedenen Titeln den Austausch des Laptops verlangen. Er bekommt freilich nur einen neuen Laptop, kann sich aber aussuchen, worauf er seinen Anspruch stützt (Anspruchskonkurrenz).

Der Ersatz des Mangelfolgeschadens richtet sich nach allgemeinem Schadenersatzrecht. Das bedeutet, dass es dafür keinen Vorrang von Verbesserung und Austausch gibt. Wie für jeden Schadenersatzanspruch ist Naturalrestitution zu leisten, soweit dies tunlich ist. Kann der Schädiger den vorigen Zustand nicht selbst wieder herbeiführen, hat er die Kosten eines Dritten zu bezahlen, der den vorigen Zustand wiederherstellt. Daher ist strikt zwischen Mangelschaden und Mangelfolgeschaden zu differenzieren und sollte bei der Falllösung jeder Schaden gesondert geprüft werden.

Eine Haftung des Viktor nach dem PHG scheidet bereits deshalb aus, weil Viktor nicht der Hersteller des Laptops ist („Elektrogeschäft“; „vom Hersteller geliefert“). Zur Haftung nach dem PHG → Frage 199, 200 und 201.

Gesetzliche Schuldverhältnisse

182. (2 Punkte) Nennen Sie die zwei primären Zwecke des Schadenersatzrechts und erläutern Sie diese!

- Ausgleichsfunktion: Der Geschädigte soll einen Ausgleich für seinen erlittenen Nachteil erhalten. **(1 P)**
- Präventionsgedanke: Dass Schädiger ersatzpflichtig sind, soll einen Anreiz schaffen, sich sorgfältig zu verhalten und dadurch den Eintritt von Schäden zu verhindern. **(1 P)**

183. (1 Punkt) Was ist ein immaterieller (ideeller) Schaden?

Immaterielle Schäden zeigen sich nicht in einer Minderung des Vermögens und sind insofern nicht in Geld messbar. Dabei geht es also um „Gefühlsschäden“ (Schmerzen, psychische Frustration, Kränkungen). **(1 P)**

184. (2 Punkte) Was versteht man unter dem gegliederten Schadensbegriff des ABGB?

Nach dem gegliederten Schadensbegriff ist der positive Schaden bei jedem Verschuldensgrad, also auch bei leichter Fahrlässigkeit zu ersetzen, **(1 P)** der entgangene Gewinn jedoch nur bei Vorsatz oder grober Fahrlässigkeit. **(1 P)**

185. (2 Punkte) Nennen Sie zwei der wesentlichen Unterschiede zwischen Vertrags- und Deliktshaftung! (Falsche Angaben bringen Punkteabzug.)

- Gehilfenhaftung
- Ersatzfähigkeit von reinen Vermögensschäden
- Beweislastverteilung

(pro richtiger Antwort 1 P, pro falscher 1 P Abzug)

186. (2 Punkte) Was haben die Haftung aus *culpa in contrahendo* und die Haftung aufgrund eines Vertrages mit Schutzwirkung zugunsten Dritter gemeinsam?

Sowohl bei der Haftung aus *culpa in contrahendo* als auch bei der Haftung aufgrund eines Vertrages mit Schutzwirkung zugunsten Dritter handelt es sich um eine Mischung aus Delikts- und Vertragshaftung. **(1 P)** Zwischen Schädiger und Geschädigtem besteht (noch) kein Vertrag, dennoch wird in beiden Fällen für Gehilfen nach § 1313a ABGB (Erfüllungsgehilfe) gehaftet. **(1 P)**

Bei der Haftung aus culpa in contrahendo zeigt sich die Mischung aus deliktischer und vertraglicher Haftung auch daran, dass reine Vermögensschäden ersetzt werden und hinsichtlich des Verschuldens die Beweislastumkehr nach § 1298 ABGB greift. Diese beiden Vorteile sind beim Vertrag mit Schutzwirkung zugunsten Dritter äußerst strittig.

Zur Gehilfenhaftung → Frage 192, 193 und 194; zur Gehilfenhaftung bei culpa in contrahendo → Frage 195.

187. (3 Punkte) Erklären Sie die Herkunft, Rechtsnatur und Rechtswirkung des Vertrages mit Schutzwirkung zugunsten Dritter und welche Personen von seinem Schutzbereich erfasst sind!

Die Haftung nach den Grundsätzen über den Vertrag mit Schutzwirkung zugunsten Dritter wurde von Rechtsprechung und Lehre entwickelt. **(1 P)** Demnach soll verletzten Personen, die nicht selbst Vertragspartner des Schädigers sind, aber der Vertragserfüllung nahestehen, durch sie besonders gefährdet sind und der Interessensphäre eines Vertragspartners angehören, **(1 P)** zumindest die Vorteile der Gehilfenhaftung nach § 1313a ABGB zukommen. **(1 P)**

*Oft wird von Student*innen zwar abstrakt darauf eingegangen, dass der verletzten Person im Schutzbereich die Vorteile der Vertragshaftung zukommen. Doch dies ist insofern ungenau und unrichtig, als nur die Gehilfenhaftung nach § 1313a ABGB auch für den Vertrag mit Schutzwirkung zugunsten Dritter gilt, während der Ersatz reiner Vermögensschäden und die Beweislastumkehr nach § 1298 ABGB strittig sind (→ Frage 186).*

Der Vertrag mit Schutzwirkung zugunsten Dritter sollte nicht mit dem vorvertraglichen Schuldverhältnis (culpa in contrahendo) verwechselt werden, da die verletzte Person im Schutzbereich keinen Vertrag mit dem Schädiger anbahnen will, sondern es beim Vertrag mit Schutzwirkung zugunsten Dritter um die Schädigung bei Erfüllung eines bereits abgeschlossenen Vertrages geht (→ auch Frage 186 und 195).

188. (3 Punkte) Der 13-jährige *Herbert* ist nach der Schule auf dem Weg nach Hause, als er aus Langeweile beschließt, mit seiner Steinschleuder auf vorbeifahrende Autos zu schießen. Dabei trifft er das Fahrzeug von *Julia*, wodurch die Windschutzscheibe ihres Autos zu Bruch geht. *Julia* verlangt daraufhin von *Herberts* Eltern *Martha* und *Valentin* Ersatz der Reparaturkosten in Höhe von € 500,–. Diese weigern sich aber, weil *Herbert* bisher immer artig und brav war. Von wem kann *Julia* Ersatz verlangen?

Herbert ist 13 Jahre alt und damit noch nicht deliktsfähig (erst wenn 14 Jahre alt). Mangels Deliktsfähigkeit kann er gegenüber *Julia* (noch) nicht schadenersatzpflichtig sein. **(1 P)**
Auch *Herberts* Eltern *Valentin* und *Martha* haften nicht als Aufsichtspersonen, weil sie ihre Aufsichtspflicht im vorliegenden Fall nicht schuldhaft verletzt haben: Von einem 13-Jährigen kann erwartet werden, dass er nach der Schule auf dem Weg nach Hause nicht mit einer Steinschleuder Autos beschießt, insbesondere *„weil Herbert bisher immer artig und brav war“*. **(1 P)**
Da die Haftung der Aufsichtspersonen mangels Verschuldens ausfällt, kommt eine subsidiäre Billigkeitshaftung des *Herbert* in Betracht (§ 1310 ABGB). **(1 P)**

Da Herbert mangels Deliktsfähigkeit nicht unmittelbar schadenersatzpflichtig ist und auch das Bestehen einer Billigkeitshaftung iSd § 1310 ABGB nicht abschließend beurteilt werden kann, werden die allgemeinen Voraussetzungen einer Schadenersatzhaftung (Schaden, Kausalität, Rechtswidrigkeit und Verschulden) hier nicht bepunktet.

189. (2 Punkte) Nennen Sie zwei Möglichkeiten, wann ein Verhalten als rechtswidrig zu qualifizieren ist! (Falsche Angaben bringen Punkteabzug.)

Ein Verhalten ist rechtswidrig, wenn es
- gegen gesetzliche Verhaltensanordnungen (Schutzgesetze),
- gegen die guten Sitten oder
- gegen rechtsgeschäftliche Pflichten verstößt oder
- einen Eingriff in ein absolut geschütztes Rechtsgut darstellt und die Interessenabwägung nicht gegen die Rechtswidrigkeit des Eingriffs spricht.

(pro richtiger Antwort 1 P, pro falscher 1 P Abzug)

Die Rechtswidrigkeit ist eine der Voraussetzungen für die Verschuldenshaftung. Weitere Voraussetzungen sind Schaden, Kausalität und Verschulden (→ Frage 191).

Zu den absolut geschützten Rechtsgütern zählen insbesondere Leben, körperliche Unversehrtheit, Freiheit und Eigentum. Wird in diese Rechtsgüter eingegriffen, sind die Interessen des Geschädigten mit jenen des Schädigers abzuwägen. Überwiegen die Interessen des Geschädigten, ist das Verhalten des Schädigers rechtswidrig.

190. (3 Punkte) Nennen sie die Verschuldensarten des ABGB und beschreiben sie diese!

- Leichte Fahrlässigkeit: **(1/2 P)** Der Schädiger begeht einen Fehler, der gelegentlich auch einem sorgfältigen Menschen passiert. **(1/2 P)**
- Grobe Fahrlässigkeit: **(1/2 P)** Liegt bei einem Fehler vor, der einem ordentlichen Menschen in dieser Situation nie unterläuft. **(1/2 P)**
- Vorsatz: **(1/2 P)** Der Schädiger handelt bewusst rechtswidrig und billigt den Erfolg zumindest. **(1/2 P)**

191. (4 Punkte) Der Baumeister *Bob* ist gerade damit beschäftigt, ein altes Lagerhaus mit einer Abrissbirne dem Erdboden gleich zu machen. Dabei beschädigt er jedoch versehentlich eine Straßenlaterne. Das löst im fünf Kilometer entfernten Kraftwerk der *Strom-GmbH* einen Kurzschluss und letztlich einen Brand aus (Reparaturkosten von € 1.000.000,–), da die Sicherung nicht mehr auf dem neuesten Stand der Technik ist. Liegen alle Voraussetzungen für einen verschuldensabhängigen Schadenersatzanspruch der *Strom-GmbH* vor?

Der Schaden liegt in der Beschädigung des Kraftwerks („*Reparaturkosten von € 1.000.000,–*“). **(1/2 P)**
Bob handelt auch kausal iSd der *conditio sine qua non*-Formel: Hätte er die Straßenlaterne nicht beschädigt, dann wäre der Brand und damit der Schaden nicht entstanden. **(1/2 P)** Der Schaden entsteht hier aber eigentlich nur durch eine außergewöhnliche Verkettung von Umständen („*beschädigt [...] Straßenlaterne*“, „*im fünf Kilometer entfernten Kraftwerk [...] Kurzschluss und [...] Brand [...], da die Sicherung nicht mehr auf dem neuesten Stand der Technik ist*“), weswegen es an der Adäquanz zwischen *Bobs* Fehlverhalten und dem Schaden mangelt. **(1 P)** (Gleichwertige Alternativlösung: Problemerkennung und begründete Bejahung der Adäquanz)
Rechtswidrigkeit liegt vor, weil *Bob* in ein absolut geschütztes Rechtsgut, nämlich in das Eigentum (Kraftwerk) der *Strom-GmbH* eingreift. **(1 P)** Er handelt auch subjektiv vorwerfbar, da er leicht fahrlässig handelt („*versehentlich*“). **(1 P)** [Bejaht man die Adäquanz, liegen alle Voraussetzungen

für einen Schadenersatzanspruch vor, verneint man diese, mangelt es nur an der Kausalität.]

Selbst wenn man hier die Adäquanz verneint, genügt es nicht, sich nur mit der Kausalität/Adäquanz auseinanderzusetzen, um alle Punkte zu lukrieren. Die Frage ist explizit darauf gerichtet, ob alle Tatbestandsvoraussetzungen vorliegen, weshalb auf alle einzugehen und zu begründen ist, warum diese (nicht) gegeben sind.

Was die Adäquanz betrifft, so gibt es hier kein richtig oder falsch. Der „Adäquanz-Punkt" ist unabhängig vom Ergebnis. Vielmehr geht es darum, das Problem zu erkennen und sich begründet für eine Lösung zu entscheiden. Genau dafür gibt es Punkte. (Im Fall, der als Vorbild diente, hat der OGH die Adäquanz verneint.)

Um nicht Punkte zu verlieren, sollte das Verschulden immer genau geprüft und der Verschuldensgrad bestimmt werden (→ Frage 190). Gleiches gilt für die Rechtswidrigkeit. Es sollte nicht fehlen, worin diese konkret liegt (→ Frage 189; hier: Eingriff in ein absolut geschütztes Rechtsgut [Eigentum]).

Wenn man die Adäquanz und damit einen Schadenersatzanspruch der Strom-GmbH gegenüber Bob bejaht, wäre freilich zu prüfen, ob die Strom-GmbH nicht ein Mitverschulden trifft, was die Höhe des Schadenersatzanspruches im Ergebnis mindert (§ 1304 ABGB; → Frage 197).

192. (4 Punkte) *Karoline* kauft beim Möbelhändler *Max* eine neue Couch und sie vereinbaren, dass *Max* diese mit seinem LKW zu *Karolines* Haus liefert. *Max* schickt daraufhin seinen Mitarbeiter *Ulrich* mit der Couch zu *Karoline*. Dieser ist beim Einparken unachtsam und beschädigt mit dem LKW *Karolines* Auto (Reparaturkosten von € 2.000,–). Da *Karoline* von *Ulrichs* finanziellen Schwierigkeiten weiß, verlangt sie den Ersatz der Reparaturkosten von *Max*. Zu Recht?

Da zwischen *Karoline* und *Max* ein vertragliches Schuldverhältnis besteht und *Ulrich* zur Erfüllung dieses Schuldverhältnisses eingesetzt wird, ist dieser als Erfüllungsgehilfe iSd § 1313a ABGB zu qualifizieren. **(1 P)** [Das Verhalten des *Ulrich* ist daher so zu bewerten, als hätte es *Max* selbst gesetzt.] Der Schaden liegt in der Beschädigung des Autos (*„Reparaturkosten von € 2.000,–"*). **(1/2 P)** *Ulrich* hat den Schaden auch kausal iSd der *conditio sine qua non*-Regel verursacht: Denkt man sich das schädigende Verhalten weg, wäre der Schaden nicht entstanden. **(1/2 P)** Sein Verhalten war auch rechtswidrig, da er gegen vertragliche Schutz- und Sorgfaltspflichten verstößt. **(1 P)** *Ulrich* handelt zudem subjektiv vorwerfbar, denn er handelte leicht fahrlässig („*unachtsam*"). **(1 P)** [Im Ergebnis kann *Karoline* daher € 2.000,– von *Max* verlangen.]

Allgemein zu Schadenersatzansprüchen → Anmerkungen zu Frage 191; zur Gehilfenhaftung → Frage 193, 194 und 195.

Hier liegt ein Vertrag vor, zu dessen Erfüllung Ulrich eingesetzt wird. Doch damit ist er noch nicht automatisch Erfüllungsgehilfe iSd § 1313a ABGB. Erfüllungsgehilfe ist er nur dann, wenn auch der Vertragspartner geschädigt wird. Hätte also Ulrich das Auto der Nachbarin von Karoline beschädigt, wäre er gegenüber der Nachbarin nur Besorgungsgehilfe (§ 1315 ABGB), obwohl er freilich nach wie vor zur Erfüllung eines Vertrages – aber eben nicht gegenüber der Nachbarin – eingesetzt ist.

Im konkreten Fall könnte Karoline grundsätzlich auch gegen Ulrich vorgehen (deliktischer Schadenersatzanspruch), doch dies war nicht gefragt und kann daher auch nicht bepunktet werden.

193. (4 Punkte) *Gustav* wird beauftragt, das Dach eines Kunden mit neuen Ziegeln zu decken. Da er aber momentan sehr viele Aufträge hat und sich das Geschäft nicht entgehen lassen will, schickt er seinen Sohn *Bernd*, von dem er weiß, dass er ein massives Alkoholproblem hat. Als sich *Bernd* in der Mittagspause auf dem Dach sein fünftes Bier öffnen will, verliert er alkoholbedingt das Gleichgewicht und stürzt auf die Passantin *Paula*, die dadurch schwer verletzt wird. Von wem kann *Paula* Schadenersatz verlangen?

[*Paula* hat gegen *Bernd* (nur) einen deliktischen Schadenersatzanspruch, weil die beiden in keinem vertraglichen Schuldverhältnis zueinander stehen.] Der Schaden liegt in der Körperverletzung der *Paula* (Heilungskosten, Verdienstentgang, Schmerzengeld). **(1/2 P)** *Bernds* Verhalten war für den Eintritt dieses Schadens auch kausal, weil der Schaden entfiele, wenn man sich das schädigende Ereignis wegdenkt (*conditio sine qua non*). **(1/2 P)** *Bernds* Verhalten ist auch rechtswidrig, weil er in ein absolut geschütztes Rechtsgut, nämlich in die körperliche Unversehrtheit der *Paula* eingreift. **(1 P)** Dieses rechtswidrige Verhalten ist überdies subjektiv vorwerfbar (Verschulden), denn *Bernd* handelt grob fahrlässig, weil er eine Sorglosigkeit an den Tag legt, die einem ordentlichen Menschen in dieser Situation keinesfalls unterläuft. **(1 P)**
[*Paula* hat zudem einen Schadenersatzanspruch gegen *Gustav*:] Zwar liegt zwischen *Paula* und *Gustav* kein Vertrag vor, sodass *Bernd* gegenüber *Paula* nicht als Erfüllungsgehilfe iSd § 1313a ABGB, sondern als Besorgungsgehilfe iSd § 1315 ABGB tätig wird. **(1/2 P)** Da aber *Gustav* über

Bernds Alkoholproblem Bescheid weiß, bedient er sich wissentlich einer gefährlichen Person zur Besorgung seiner sonstigen Angelegenheiten und haftet nach § 1315 ABGB wie für eigenes Verhalten. **(1/2 P)**

Allgemein zu Schadenersatzansprüchen → Anmerkungen zu Frage 191; zur Gehilfenhaftung → Frage 192, 194 und 195.

Auch für den Schadenersatzanspruch der Paula gegen Gustav müssen natürlich Schaden, Kausalität und Rechtswidrigkeit vorliegen. Dies wird aber nicht doppelt bepunktet, weshalb die Voraussetzungen hier nicht zweimal angeführt sind.

194. (2 Punkte) *Georg* ist bei der *Transport-GmbH* schon seit mehr als zehn Jahren als Fahrradbote angestellt. In der Pause einer Transportfahrt trifft *Georg* zufällig auf einen alten Schulfreund. Obwohl *Georg* bisher während der Arbeit noch nie Alkohol getrunken hat, lässt er sich ausnahmsweise zu einem Glas Bier überreden. Aufgrund des Alkoholkonsums übersieht *Georg* bei der Weiterfahrt nach der Pause den Fußgänger *Rudolf*. Dieser wird durch den Zusammenstoß mit dem Fahrrad schwer verletzt. Kann *Rudolf* von der *Transport-GmbH* Ersatz verlangen?

Zwischen *Rudolf* und der *Transport-GmbH* liegt kein Vertrag vor; gegenüber *Rudolf* wird also *Georg* nicht als Erfüllungsgehilfe iSd § 1313a ABGB tätig, sondern als Besorgungsgehilfe iSd § 1315 ABGB. **(1 P)**
Da *Georg* weder untüchtig noch wissentlich gefährlich ist (langjähriger Mitarbeiter; „*bisher während der Arbeit noch nie Alkohol getrunken*"), haftet die *Transport-GmbH* nach § 1315 ABGB nicht für sein Verhalten. **(1 P)**

Allgemein zu Schadenersatzansprüchen → Anmerkungen zu Frage 191; zur Gehilfenhaftung → Frage 192, 193 und 195.

Freilich wird Georg (als unmittelbarer Schädiger) gegenüber Rudolf schadenersatzpflichtig, doch das ist nicht gefragt. Darauf muss also hier nicht eingegangen werden.

Weil eine Zurechnung gegenüber der Transport-GmbH scheitert, können – bei einer Fragestellung wie hier – für die Erörterung der notwendigen Voraussetzungen (Schaden, Rechtswidrigkeit, Kausalität und Verschulden) keine Punkte vergeben werden.

Zwar kommt es im vorliegenden Fall zu einem Verkehrsunfall. Doch das EKHG ist hier bereits deshalb nicht zu prüfen, weil kein Kraftfahrzeug involviert ist; zum EKHG → Frage 198.

195. (5 Punkte) *Leopold* geht in das Elektrogeschäft der *Nina*, um sich einen neuen Laptop zu kaufen. Kurz nach dem Eingang rutscht er auf einer nassen Fliese aus und bricht sich beide Arme. *Ninas* Angestellter *Andreas*, der seine Aufgaben bisher immer sehr sorgfältig erledigte, hat nämlich kurz davor den Boden gewischt, war aber nicht ganz bei der Sache und hat daher vergessen, ein Warnschild aufzustellen. Kann *Leopold* von *Nina* Schadenersatz verlangen?

Weil *Leopold* das Elektrogeschäft der *Nina* zum Abschluss eines Vertrages aufgesucht hat („*Laptop zu kaufen*"), ist ein vorvertragliches Schuldverhältnis (*culpa in contrahendo*) gegeben. **(1 P)** Obwohl noch kein vertragliches Schuldverhältnis vorliegt, ist der Angestellte *Andreas* nach § 1313a ABGB zuzurechnen, weil er zur Erfüllung der vorvertraglichen Pflichten eingesetzt wird. **(1 P)** [Das Verhalten des *Andreas* ist daher so zu bewerten, als hätte *Nina* es selbst gesetzt.]
Der Schaden liegt in der Körperverletzung des *Leopold* (Heilungskosten, Verdienstentgang, Schmerzengeld). **(1/2 P)** *Andreas* hat den Schaden auch kausal iSd der *conditio sine qua non*-Regel verursacht: Denkt man sich das schädigende Verhalten weg, wäre der Schaden nicht eingetreten. **(1/2 P)** Sein Verhalten war auch rechtswidrig, weil gegen vorvertragliche Schutz- und Sorgfaltspflichten verstoßen wird (kein Warnschild). **(1 P)** *Andreas* handelt zudem subjektiv vorwerfbar, weil sein Verhalten als leicht fahrlässig zu beurteilen ist („*war aber nicht ganz bei der Sache und hat daher vergessen*"). **(1 P)** [Im Ergebnis kann also *Leopold* von *Nina* Schadenersatz wegen *culpa in contrahendo* verlangen.]

Allgemein zu Schadenersatzansprüchen → Anmerkungen zu Frage 191; zur Gehilfenhaftung → Frage 192, 193 und 194.

Dieser Fall zeigt, dass die Haftung aus culpa in contrahendo eine Mischung aus Vertrags- und Deliktshaftung ist (→ Frage 186). Denn obwohl (noch) kein Vertrag besteht, wird der Gehilfe, der zur Erfüllung der vorvertraglichen Pflichten eingesetzt ist, nicht nach § 1315 ABGB, sondern nach § 1313a ABGB zugerechnet. Es kommt hier also – trotz Fehlens eines Vertrages – nicht darauf an, ob sich Nina einer untüchtigen oder wissentlich gefährlichen Person bedient hat (§ 1315 ABGB). Wäre dies der Fall, müsste man nämlich einen Schadenersatzanspruch hier verneinen, weil Andreas „seine Aufgaben bisher immer sehr sorgfältig erledigte".

Hier könnte Leopold grundsätzlich auch direkt gegen Andreas vorgehen, doch dies war nicht gefragt und wird daher auch nicht bepunktet.

196. (1 Punkt) Wann verjähren bei der Verschuldenshaftung Ansprüche auf Schadenersatz?

Schadenersatzansprüche verjähren grundsätzlich innerhalb von drei Jahren ab Kenntnis von Schaden und Schädiger. **(1/2 P)** Zudem gilt eine absolute 30-jährige Frist, die mit Schadenseintritt zu laufen beginnt (§ 1489 ABGB). **(1/2 P)**

Hinsichtlich der Verjährung von Schadenersatzansprüchen ist also zwischen zwei Fristen zu differenzieren. Keine der beiden darf abgelaufen sein, damit der Anspruch nicht verjährt ist: Erlangt also der Geschädigte erst 31 Jahre nach dem Schadenseintritt Kenntnis von Schaden und Schädiger, so ist der Anspruch ebenso verjährt, als wenn er bereits mehr als drei Jahre Kenntnis von Schaden und Schädiger hat, auch wenn noch keine 30 Jahre seit Schadenseintritt vergangen sind.

Durch § 1489 ABGB erklärt sich auch ein wesentlicher Unterschied zwischen Gewährleistung und Schadenersatz statt Gewährleistung. Liegt etwa ein Sachmangel an einer Liegenschaft vor (weil diese zB kontaminiert ist), so beträgt die Verjährungsfrist für die Gewährleistung zwar auch drei Jahre, doch diese beginnt mit Übergabe zu laufen (§ 933 ABGB). Wenn daher der Gläubiger erst vier Jahre nach Übergabe der Sache (Liegenschaft) von ihrer Vertragswidrigkeit (Kontamination) Kenntnis erlangt, ist eine Gewährleistung verjährt, nicht aber Schadenersatz statt Gewährleistung. Zu Gewährleistung und Schadenersatz statt Gewährleistung → Frage 181.

Zur Verjährung (von PHG-Schadenersatzansprüchen) → auch Frage 201.

197. (2 Punkte) Wer trägt den Schaden, wenn auch der Geschädigte selbst vorwerfbar gehandelt hat?

Wenn sowohl Schädiger als auch Geschädigter vorwerfbar gehandelt haben (Mitverschulden des Geschädigten), kommt es nach § 1304 ABGB unter Abwägung ihrer Verschuldensvorwürfe zur verhältnismäßigen Kürzung des Schadenersatzanspruchs. **(1 P)** Wenn sich das Verhältnis nicht bestimmen lässt, tragen sie den Schaden zu gleichen Teilen. **(1 P)**

198. (4 Punkte) *Stephan* hat sich ein neues Auto gekauft. Als er damit in der Wiener Innenstadt unterwegs ist, kommt vor ihm plötzlich die Radfahrerin *Isabella* zu Sturz. *Stephan*, der mit ordnungsgemäßer Geschwindigkeit unterwegs ist und ausreichend Abstand hält, reagiert angemessen schnell und leitet sofort eine Vollbremsung ein. Aufgrund der eisigen Fahrbahn gerät er

ins Schleudern und kann trotz Ausweichversuche nicht mehr verhindern, dass *Isabella* erfasst und verletzt wird. Kann *Isabella* von *Stephan* Schadenersatz verlangen?

[Haftung nach ABGB] Mangels Verschuldens des *Stephan* (*„mit ordnungsgemäßer Geschwindigkeit unterwegs"; „ausreichend Abstand"; „reagiert angemessen schnell"; „leitet sofort eine Vollbremsung ein"; „kann trotz Ausweichversuche nicht mehr verhindern"*) scheidet eine Verschuldenshaftung nach ABGB aus. **(1P)**
[Haftung nach EKHG] Es liegt ein Unfall beim Betrieb eines Kraftfahrzeuges vor. **(1P)** *Stephan* ist Halter des Fahrzeuges (*„hat sich ein neues Auto gekauft"*). **(1P)** Hier liegt kein unabwendbares Ereignis und damit auch kein Haftungsausschluss iSd § 9 EKHG vor, weil sich die außergewöhnliche Betriebsgefahr verwirklicht hat (*„[a]ufgrund der eisigen Fahrbahn gerät er ins Schleudern"*). **(1P)** [*Stephan* haftet daher als Halter des Fahrzeugs nach dem EKHG für den Personenschaden von *Isabella*, und zwar unabhängig davon, ob ihn ein Verschulden trifft.]

Aufgrund der Fragestellung ist in diesem Fall – Unfall mit einem Kraftfahrzeug – nicht nur die „normale" Verschuldenshaftung nach ABGB zu prüfen, sondern auch eine Gefährdungshaftung nach EKHG. Diese „doppelte" Prüfung gilt unabhängig davon, ob eine Verschuldenshaftung nach ABGB und/oder eine Haftung nach EKHG (nicht) besteht. Selbst wenn also eine Verschuldenshaftung zu bejahen ist, wäre zusätzlich auch eine Haftung nach EKHG zu prüfen und vice versa.

Verschuldenshaftung nach ABGB und Haftung nach EKHG stehen zueinander in Anspruchskonkurrenz, dh der Geschädigte kann wählen, worauf er sich stützt.

Wenn man eine Haftung nach EKHG prüft, sollte man sich stets mit dem Haftungsausschluss nach § 9 EKHG auseinandersetzen. Dies gilt insbesondere – wie hier – dann, wenn man annehmen könnte, dass Halter und Lenker jede nach den Umständen gebotene Sorgfalt eingehalten haben.

Zur Abgrenzung und als Zusatzinformation: Das EKHG statuiert grundsätzlich eine Haftung des Halters oder Betriebsunternehmers (§ 5 EKHG). Wenn aber jemand das Fahrzeug oder die Eisenbahn ohne Willen des Halters oder Betriebsunternehmers benützte („Schwarzfahrer"), so haftet dieser verschuldensunabhängig nach EKHG (§ 6 Abs 1 Satz 1 EKHG), es kann aber die Haftung des Halters oder Betriebsunternehmer hinzutreten, also sowohl Schwarzfahrer als auch Halter oder Betriebsunternehmer haften (§ 6 Abs 1 Satz 2 EKHG). Um dies am Beispiel hier zu veranschaulichen: 1. Wenn Stephan sein Auto seiner Freundin Franziska leiht und diese als Lenkerin den Unfall mit Isabella hat, dann wäre zwar eine Verschuldenshaftung nach

ABGB gegenüber Franziska (und natürlich auch gegenüber Stephan) mangels Verschuldens zu verneinen. Eine Haftung des Stephan nach EKHG würde aber nach wie vor bestehen, weil er Halter des Fahrzeugs ist und Franziska das Auto nicht gegen seinen Willen benützte. 2. Hätte sich aber Franziska das Fahrzeug gegen Stephans' Willen „ausgeborgt" und den Unfall mit Isabella gehabt, dann würde Franziska mangels Verschuldens wiederum nicht nach ABGB haften. Allerdings haftet jedenfalls sie in diesem Fall verschuldensunabhängig nach EKHG, weil sie Schwarzfahrerin ist (§ 6 Abs 1 Satz 1 EKHG). Hätte Stephan die Schwarzfahrt der Franziska durch Verschulden ermöglicht (zB Schlüssel im Zündschloss stecken gelassen, weil er darauf vergessen hat), dann würde er neben Franziska nach EKHG haften (§ 6 Abs 1 Satz 2 EKHG).

199. (4 Punkte) Welche Schäden werden nach dem PHG ersetzt?

Nach dem PHG werden jedenfalls Personenschäden ersetzt (§ 1 PHG). **(1 P)** Sachschäden sind hingegen nur dann zu ersetzen, wenn es sich um einen Schaden an einer vom Produkt verschiedenen körperlichen Sache handelt (§ 1 PHG), **(1 P)** die beschädigte Sache nicht überwiegend in einem Unternehmen verwendet wurde (§ 2 Z 1 PHG) **(1 P)** und nur über den € 500,– übersteigenden Teil (§ 2 Z 2 PHG). **(1 P)**

200. (5 Punkte) *Lisa* hat keine Lust mehr, ständig Mineralwasserflaschen zu schleppen. Als ein Freund dies mitbekommt, schenkt er ihr seinen Sodasteam der Herstellerin *CO_2-AG*, den er im Handel erworben hat, aber nicht mehr benötigt. Aufgrund eines defekt hergestellten Ventils explodiert der Sodasteam gleich bei der ersten Verwendung durch *Lisa*. Dadurch wird nicht nur der Sodasteam völlig zerstört, sondern auch sechs von *Lisas* wertvollen und nur bei ganz besonderen Familienfeiern verwendeten Lobmayr-Gläsern (Wert jeweils: € 100,–). Muss die *CO_2-AG Lisa* den Sodasteam und die Gläser ersetzen?

[*Lisa* und die *CO_2-AG* stehen in keinem Vertragsverhältnis, sodass nur deliktische Schadenersatzansprüche in Betracht kommen.] Mangels (zurechenbaren) Verschuldens scheidet eine Verschuldenshaftung nach ABGB aber aus. **(1 P)**
[Schadenersatz nach PHG] Der Sodasteam ist eine bewegliche körperliche Sache und damit ein Produkt (§ 4 PHG). **(1 P)** Dieser ist fehlerhaft iSd § 5 PHG – *in concreto* liegt ein Produktionsfehler vor („*defekt hergestellte[s] Ventil*") –, weil er nicht die Sicherheit bietet, die man erwarten darf („*explodiert*"). **(1 P)**

Der Sodasteam selbst ist nach dem PHG vom Hersteller nicht zu ersetzen, weil es sich dabei nicht um eine vom Produkt verschiedene körperliche Sache handelt (§ 1 PHG). **(1 P)** Die zerstörten Lobmayr-Gläser wurden nicht überwiegend in einem Unternehmen verwendet (*„nur bei ganz besonderen Familienfeiern“*), allerdings besteht bei Sachschäden ein Selbstbehalt von € 500,– (§ 2 PHG). **(1 P)** [*Lisa* hat daher gegenüber der Herstellerin *CO_2-AG* nur einen Anspruch auf € 100,–.]

Eine Verschuldenshaftung der CO_2-AG muss nach dem Sachverhalt bereits deshalb abgelehnt werden, weil nicht angegeben ist, ob überhaupt irgendjemanden an der defekten Herstellung ein Verschulden trifft. Man darf hier nichts „dazu erfinden“. Würde einen „einfachen“ Mitarbeiter ein Verschulden treffen, dann dürfte er nur dann der CO_2-AG zugerechnet werden, wenn sich diese einer untüchtigen oder wissentlich gefährlichen Person bedient hat (§ 1315 ABGB; zur Gehilfenhaftung → Frage 192, 193, 194 und 195). Läge hingegen ein Verschulden durch ein Organ (Vorstand der CO_2-AG) oder einen Machthaber (Repräsentantenhaftung) vor, wäre eine Verschuldenshaftung der CO_2-AG zu bejahen.

Der Selbstbehalt von € 500,– gilt nicht pro beschädigter oder zerstörter Sache, sondern für die Summe aller Schäden an vom Produkt verschiedenen körperlichen Sachen. Daher ist hier von einem Sachschaden von € 600,– auszugehen. Andernfalls hätte Lisa hier (sechs Gläser mit jeweils € 100,–) oder eine Person, bei der etwa tausend Einzelsachen mit jeweils einem Wert von € 499,– (Gesamtschaden von € 499.000,–) überhaupt keinen Anspruch nach PHG.

201. (2 Punkte) *Hans’* Röhrenfernseher der Herstellerin *RF-GmbH*, den er 2004 neu in einem Elektrogeschäft erworben hat, explodiert aufgrund eines Produktionsfehlers und verletzt ihn schwer. Kann *Hans* von der *RF-GmbH* nach dem PHG Schadenersatz verlangen?

Ein Schadenersatzanspruch nach dem PHG ist erloschen, weil seit Inverkehrbringen des Fernsehers (spätestens 2004; *„2004 neu in einem Elektrogeschäft erworben“*) **(1 P)** mehr als 10 Jahre vergangen sind (§ 13 PHG). **(1 P)**

Die zeitliche Schranke des § 13 PHG und Verjährung sind strikt auseinander zu halten. Die Verjährung von PHG-Schadenersatzansprüchen richtet sich nach § 1489 ABGB (vgl § 14 PHG), sodass diese grundsätzlich binnen drei Jahren ab Kenntnis von Schaden und Schädiger verjähren, wobei es zusätzlich eine absolute Frist von 30 Jahren ab Schadenseintritt gibt (→ Frage 196). Daher kann es sein, dass ein Anspruch bereits vor Ablauf der Frist des § 13

PHG verjährt und daher nicht mehr eingeklagt werden kann (Naturalobligation; → Frage 145). Wurde der Fernseher also 2012 erworben und explodiert er 2013, so ist der PHG-Schadenersatzanspruch jedenfalls drei Jahre später (2016) verjährt, wenn und weil Kenntnis von Schaden und Schädiger zumindest seit der Explosion vorliegen.

202. (3 Punkte) *Josef* zahlt Unterhalt an *Caro*, in dem Glauben, ihr Vater zu sein. Als er erfährt, dass *Caro* nicht sein, sondern *Simons* Kind ist, möchte er den bezahlten Unterhalt zurück. Gegen wen kann *Josef* vorgehen?

Josefs Unterhaltszahlungen an *Caro* stellen bewusste Zuwendungen zur Erreichung eines bestimmten Zwecks – also Leistungen – dar. **(1/2 P)** Da die Unterhaltspflicht nicht besteht, fehlt es allerdings an einem Rechtsgrund, **(1/2 P)** sodass *Josef* die Unterhaltsleistungen von der Empfängerin *Caro* mittels Leistungskondiktion zurückfordern kann. **(1/2 P)** Die Unterhaltszahlung bewirkt allerdings auch eine Vermögensverschiebung zugunsten *Simons*, die nicht durch eine Leistung an ihn bewirkt wurde. **(1/2 P)** *Simon* ist als Vater zum Unterhalt verpflichtet, sodass er rechtsgrundlos einen Vorteil aus fremden Vermögen gezogen hat. **(1/2 P)** *Josef* steht daher gegen *Simon* Wertersatz in der Form eines Verwendungsanspruches zu (§ 1042 ABGB). **(1/2 P)**

Hat jemand irrtümlich eine Schuld geleistet, kann das Bezahlte vom Empfänger mittels der Leistungskondiktion nach § 1431 ABGB (condictio indebiti) zurückverlangt werden.

*Zu beachten ist, dass schutzbedürftige Leistungsempfänger (zB minderjährige Kinder) von einer Rückzahlung befreit sein können, etwa wenn das Geleistete ohne Nutzen für den Empfänger verbraucht wurde (vgl § 1437 Satz 2 ABGB). Dieses Thema wird aber im Sachverhalt bewusst nicht angeschnitten, weil sich dazu im Skriptum nichts findet. Ausgehend von den Ausführungen im Skriptum kann von Student*innen nur verlangt werden, zu erkennen, dass eine Leistung an Caro erfolgt ist, während zugunsten Simons eine Vermögensverschiebung ohne Leistung stattfand, sodass grundsätzlich zum einen eine Leistungskondiktion und zum anderen ein Verwendungsanspruch zusteht.*

203. (2 Punkte) *Alex* beheizt seine Jagdhütte mit selbstgeschlägertem Holz aus seinem Jagdrevier. Nachdem ein heftiges Unwetter die Grenzmarkierung zum benachbarten Jagdrevier der *Nina* verschoben hat, fällt *Alex* – weil dies

selbst für ihn nicht erkennbar war – auch fünf von *Ninas* Buchen (Wert: jeweils € 100,–) und verheizt diese. Was kann *Nina* verlangen?

Alex zieht rechtsgrundlos einen Vorteil aus fremdem Vermögen (Holz der *Nina*), sodass der Verkürzten ein Verwendungsanspruch zusteht (§ 1041 ABGB). **(1P)** *Alex* hat daher *Nina* für das verbrannte Holz Wertersatz (€ 500,–) zu leisten. **(1P)**

Ursprünglich war Nina Eigentümerin der fünf gefällten Buchen. Die Bäume sind allerdings untergegangen („verheizt") und können daher in natura weder bereicherungsrechtlich nach § 1041 ABGB noch mit der rei vindicatio (Eigentumsklage; § 366 ABGB) herausverlangt werden. Daher gibt es hinsichtlich der Buchen hier nur Wertersatz nach § 1041 ABGB.

An sich sind bei der Verwendung fremden Vermögens auch Schadenersatzansprüche denkbar. Dass Nina einen Schaden erlitten hat, ist klar, weil fünf ihrer Buchen gefällt wurden und sich insofern auch ihr Vermögen verringerte. Ein Schadenersatzspruch gegen Alex scheitert aber am Verschulden („weil dies selbst für ihn nicht erkennbar war").

204. (2 Punkte) Zwischen welchen Arten der Geschäftsführung ohne Auftrag kann man unterscheiden? (Falsche Angaben bringen Punkteabzug.)

– Geschäftsführung im Notfall (§ 1036 ABGB)
– nützliche Geschäftsführung (§ 1037 ABGB)
– unnütze Geschäftsführung (§ 1038 ABGB)
– unerlaubte Geschäftsführung (§ 1040 ABGB)
(pro richtiger Antwort 1/2 P, pro falscher 1/2 P Abzug)

205. (5 Punkte) Während *Gerfried* auf Urlaub ist, schlägt ein Blitz in die alte Eiche auf seinem Grundstück ein, sodass diese droht, auf sein Haus zu stürzen, wenn nicht umgehend etwas unternommen wird. Als Nachbarin *Elisabeth* dies bemerkt, versucht sie vergebens, *Gerfried* telefonisch zu erreichen. Daher lässt sie sofort danach den Baum von einem Spezialisten fällen. Kann *Elisabeth* von *Gerfried* den Ersatz der von ihr für das Fällen des Baumes bezahlten € 500,– verlangen?

Elisabeth nimmt eigenmächtig eine Besorgung der Angelegenheiten von *Gerfried* vor (Geschäftsführung ohne Auftrag). **(1P)** Sie hat die Absicht, für *Gerfried* tätig zu werden (Fremdgeschäftsführungswille). **(1P)** Hier liegt eine Geschäftsführung im Notfall vor, weil ein unmittelbar drohender

Schaden abgewendet werden soll („*droht auf sein Haus zu stürzen, wenn nicht umgehend etwas unternommen wird*") **(1 P)** und die Zustimmung nicht rechtzeitig eingeholt werden konnte („*versucht sie vergebens, Gerfried telefonisch zu erreichen*"). **(1 P)** *Elisabeth* durfte ihr Eingreifen für erforderlich halten und kann daher von *Gerfried* Ersatz ihrer Aufwendungen (€ 500,–) verlangen. **(1 P)**

Da hier eine Geschäftsführung im Notfall vorliegt, könnte Elisabeth sogar dann Ersatz für ihre Aufwendungen verlangen, wenn die Bemühungen fruchtlos bleiben würden. Wäre etwa der Baum auf das Haus gestürzt, kurz nachdem der Spezialist eingetroffen ist, und hätte Elisabeth seine Anfahrt bezahlen müssen, so könnte sie dennoch dafür von Gerfried Ersatz verlangen.

Sachenrecht

206. (2 Punkte) Wann liegt ein unselbständiger Bestandteil einer Sache, wann eine eigene Nebensache vor?

Ein Bestandteil einer einheitlichen Sache ist unselbständig, wenn die Verbindung mit der Hauptsache so eng ist, dass eine Trennung von Bestandteil und Hauptsache unmöglich oder unwirtschaftlich wäre. **(1 P)** Eine Nebensache liegt vor, wenn diese faktisch und auf wirtschaftliche Weise von der Hauptsache getrennt werden kann, die Nebensache der Hauptsache aber dauerhaft funktional zugeordnet ist (§ 294 ABGB). **(1 P)**

207. (2 Punkte) Nennen Sie zwei Prinzipien der Sachenrechte! (Falsche Angaben bringen Punkteabzug.)

- Publizität
- Typenzwang
- Spezialität

(pro richtiger Antwort 1 P, pro falscher 1 P Abzug)

208. (2 Punkte) Welche Voraussetzungen müssen erfüllt sein, um Sachbesitz an einer Sache zu haben?

- (mittelbare oder unmittelbare) Innehabung der Sache **(1 P)**
- Wille, diese Sache für sich zu haben (*animus rem sibi habendi*) **(1 P)**

209. (2 Punkte) Wann spricht man von redlichem, wann von rechtmäßigem Besitz?

Wer annehmen darf, dass die besessene Sache sein Eigentum ist, ist ihr redlicher Besitzer. **(1 P)** Rechtmäßiger Besitz bedeutet hingegen, dass der Besitzer einen zum Besitz berechtigenden Titel hat. **(1 P)**

Nach § 326 ABGB ist der Besitzer dann redlich, wenn er „aus wahrscheinlichen Gründen die Sache, die er besitzt, für die seinige hält". Damit ist – wie in der Lösung – nichts anderes gemeint, als dass er annehmen darf, die besessene Sache ist sein Eigentum.

Sowohl die Rechtmäßigkeit als auch die Redlichkeit des Besitzes wird vermutet (§§ 323, 328 ABGB).

210. (3 Punkte) *Lara* leiht und übergibt *Kristian* ihren weißen Golf GTI, damit er beim anstehenden GTI-Treffen mit einem „ordentlichen" Auto auffahren kann. Gleich nach Übergabe montiert *Kristian* eine Neon-Unterbodenbeleuchtung. Als *Lara* dieses „Upgrade" sieht, findet sie es aber so hässlich, dass sie die Beleuchtung heimlich in der Nacht wieder entfernt. Wird *Kristians* Besitzstörungsklage gegen *Lara* Erfolg haben? Ändert sich an den Erfolgschancen dieser Klage etwas, wenn *Kristian* die Entfernung zwar bemerkt, aber erst sechs Wochen später gegen *Lara* vorgeht?

[Beim Besitzstörungsverfahren (§ 339 ABGB, §§ 454 ff ZPO) hat der Besitzer nur seinen bisherigen Besitz und die Störung nachzuweisen (possessorisches Verfahren).] *Kristian* ist nicht Sachbesitzer des Golf GTI, aber Rechtsbesitzer, da er mit einer gewissen Dauerhaftigkeit ein Recht als das seinige ausübt (*„leiht"*, *„beim anstehenden GTI-Treffen"*). **(1 P)** Zudem liegt eine eigenmächtige Störung von *Kristians* Innehabung vor (*„heimlich[es]"* Entfernen der Unterbodenbeleuchtung). **(1 P)** [Die Besitzstörungsklage wird daher Erfolg haben.]
Variante: Da hier mehr als 30 Tage vergangen sind (*„sechs Wochen später"*), kann eine Besitzstörungsklage nicht mehr geltend gemacht werden. **(1 P)**

211. (2 Punkte) Erklären Sie die Begriffe „Miteigentum" und „Wohnungseigentum"!

Beim Miteigentum haben mehrere Personen eine Sache gemeinsam, wobei jedem Miteigentümer ein ideeller Anteil (eine ideelle Quote) an der im Miteigentum stehenden Sache zusteht. **(1 P)**
Das Wohnungseigentum ist eine besondere Form von Miteigentum bei Liegenschaften, wobei jedem Miteigentümer ein dingliches Recht eingeräumt wird, eine selbstständige Wohnung oder sonstige Räumlichkeit oder einen Kfz-Stellplatz ausschließlich zu nutzen und alleine darüber zu verfügen (§ 2 WEG). **(1 P)**

212. (3 Punkte) Die Student*innen *Anna*, *Benjamin* und *Fanny* möchten im vierten Wiener Gemeindebezirk eine WG gründen. Weil Miete für sie nicht in Frage kommt, wollen sie eine Wohnung kaufen und gemeinsam daran Wohnungseigentum begründen. Werden sie bei diesem Vorhaben Erfolg haben?

Der mit dem Wohnungseigentum verbundene Mindestanteil **(1 P)** ist mit Ausnahme einer Eigentümerpartnerschaft unteilbar (§ 12 Abs 1 WEG). **(1 P)**

Eine Eigentümerpartnerschaft kann nur durch zwei natürliche Personen begründet werden. **(1 P)** [Zu dritt können also *Anna*, *Benjamin* und *Fanny* kein Wohnungseigentum begründen.]

Allgemein zum Wohnungseigentum und zur Abgrenzung vom Miteigentum → *Frage 211.*

213. (2 Punkte) Nennen Sie vier Klagen zum Schutz des Eigentums! (Falsche Angaben bringen Punkteabzug.)

- Eigentumsklage (§ 366 ABGB; *rei vindicatio*)
- Klage aus dem rechtlich vermuteten Eigentum (§ 372 ABGB; *actio publiciana*)
- Eigentumsfreiheitsklage (§ 354 ABGB; *actio negatoria*)
- Eigentumsfeststellungsklage (§ 228 ZPO)
- Exszindierungsklage (§ 37 EO)
- Aussonderungsklage (§ 44 IO)
- Löschungsklage (§ 61 GBG)

(pro richtiger Antwort 1/2 P, pro falscher 1/2 P Abzug)

214. (4 Punkte) *Herbert* wohnt seit Jahren in einer ruhigen Siedlung am Stadtrand. Als *Laura* und *Sarah* in der Nachbarwohnung eine WG gründen, hat die Ruhe jedoch ein Ende. Selbst in den Stunden nach Mitternacht findet *Herbert* aufgrund der lauten Musik keinen Schlaf mehr. Als er sich bei *Laura* und *Sarah* beschwert, teilen diese ihm mit, dass sie tagsüber Lehrveranstaltungen besuchen und daher leider nur nachts ihrem Schlagzeug-Training nachgehen können. Muss *Herbert* die Ruhestörung dulden? Wie wäre der Fall zu beurteilen, wenn der Lärm von einer behördlich genehmigten Diskothek ausginge?

Der nächtliche Lärm durch das Schlagzeug-Training stellt eine unkörperliche Beeinträchtigung (Immission) dar. **(1 P)** Nächtliches Schlagzeug-Training in einer ruhigen Wohnsiedlung überschreitet das nach den örtlichen Verhältnissen gewöhnliche Maß. **(1 P)** Da *Herbert* nachts nicht schlafen kann, wird die ortsübliche Benutzung des Grundstücks wesentlich beeinträchtigt. **(1 P)** [*Herbert* muss den Lärm von *Laura* und *Sarah* daher nach § 364 Abs 2 ABGB nicht dulden und hat Anspruch auf Unterlassung.]
Variante: Liegt eine behördlich genehmigte Anlage vor, hat *Herbert* nach § 364a ABGB nur einen verschuldensunabhängigen Ausgleichsanspruch

(Eingriffshaftung). **(1 P)** [*Herbert* kann also die Immissionen nicht untersagen, sondern nur Geld verlangen.]

215. (2 Punkte) Unter welchen Voraussetzungen kann ein Grundstückseigentümer gegen einen von Bäumen am Nachbargrundstück bewirkten Entzug von Licht vorgehen?

Der von Bäumen oder anderen Pflanzen bewirkte Entzug von Licht (negative Immissionen) kann nach § 364 Abs 3 ABGB abgewehrt werden, dh wenn dieser Entzug das ortsübliche Maß überschreitet **(1 P)** und die ortsübliche Benutzung des Grundstückes unzumutbar beeinträchtigt. **(1 P)**

216. (2 Punkte) Was versteht man unter dem Prinzip der kausalen Tradition?

Dieses Prinzip besagt, dass zur rechtsgeschäftlichen Übertragung insbesondere des Eigentums einerseits ein wirksames Verpflichtungsgeschäft als Titel (Kausalgeschäft, *causa*) **(1 P)** und andererseits eine Übergabe (Modus) notwendig sind. **(1 P)**

217. (3 Punkte) Nennen Sie die Möglichkeiten der Übergabe durch Erklärung und beschreiben Sie diese!

- Übergabe „kurzer Hand" (Besitzauflassung, *traditio brevi manu*): **(1/2 P)** Die Sache befindet sich bereits beim Erwerber, der sie bisher nur innehatte. **(1/2 P)**
- Besitzkonstitut (Besitzauftragung, *constitutum possessorium*): **(1/2 P)** Die Sache bleibt beim Veräußerer, der sie nunmehr für den Erwerber innehat. **(1/2 P)**
- Besitzanweisung: **(1/2 P)** Ein Dritter hat die Sache, dem mitgeteilt wird, dass er diese nunmehr für den Erwerber innehat. **(1/2 P)**

218. (4 Punkte) *Tina* kauft sich beim Elektronikhändler *Max* für ihre selbstständige Tätigkeit als Grafikerin ein neues Tablet. Weil *Max* das gewünschte Tablet erst beim Großhändler bestellen muss, vereinbaren sie, dass er das Tablet an *Tina* schickt, sobald er dieses erhalten hat. Nachdem *Max* das Tablet bekommen und bei der Post aufgegeben hat, wird dieses beim Transport beschädigt. Gehörte das Tablet in diesem Zeitpunkt bereits *Tina*? Variante: *Tina* kauft das Tablet für ihr Studium.

[Für den Eigentumserwerb sind Titel und Modus erforderlich.] Aufgrund des Kaufvertrages liegt ein gültiger Titel vor. **(1/2 P)** Weil eine Versendung an *Tinas* Adresse vereinbart ist **(1/2 P)** und die Versendung mit der Post der Verkehrsübung entspricht, **(1/2 P)** geht das Eigentum nach § 429 ABGB bereits mit Übergabe an den Transporteur über. **(1/2 P)** [Im Zeitpunkt der Beschädigung gehörte das Tablet bereits *Tina*.]
Variante: *Tina* ist Verbraucherin („*für ihr Studium*"), **(1/2 P)** *Max* dagegen Unternehmer („*Elektronikhändler*"). **(1/2 P)** Nach § 7b KSchG geht die Gefahr und damit idR auch das Eigentum erst mit der Ablieferung der Sache an den Verbraucher über. **(1 P)** [Im Zeitpunkt der Beschädigung des Tablets ist daher *Tina* noch nicht Eigentümerin des Tablets.]

Nach § 429 ABGB kommt es für den Eigentumswechsel im Zeitpunkt der Übergabe an den Transporteur darauf an, dass ein Versand vereinbart wurde („mit Willen des Übernehmers an einen anderen Ort als den Erfüllungsort übersendet wird") und die Versendungsart entweder der Verkehrsübung entspricht oder diese vereinbart wurde. Man muss also bei der Fallprüfung zwei Dinge auseinanderhalten: Einerseits, ob an sich ein Versand vereinbart wurde, und andererseits, ob auch vereinbart wurde, durch wen (und wie) dieser zu erfolgen hat (Versendungsart).

Dass im vorliegenden Fall der Versand des Tablets vereinbart wurde, ergibt sich klar aus dem Sachverhalt und ist insofern unproblematisch. Über die Versendungsart findet sich hingegen nichts. Insofern wurde also darüber keine Vereinbarung getroffen. Eine Versendung mit der Post entspricht allerdings der Verkehrsübung, sodass das Eigentum nach § 429 ABGB in dem Zeitpunkt auf Tina übergeht, in dem das Tablet an die Post übergeben wird. Es schadet also nicht, dass zwischen Tina und Max nur die Versendung an sich, nicht aber die Versendung mit der Post vereinbart wurde. Hätte Max aber hier „irgendeinen" Freund damit beauftragt, das Tablet an Tina zu liefern, so würde Tina erst bei Ablieferung an sie Eigentümerin werden, nicht aber bei Übergabe des Tablets an den Transporteur (Freund). Denn die Lieferung des Tablets durch einen Freund ist weder verkehrsüblich noch wurde sie vereinbart.

Wie auch die Variante hier zeigt, sollte man für den Eigentumserwerb bei Versendung nicht übersehen, dass es hier zwei ganz verschiedene Regimes gibt, je nachdem, ob ein Verbrauchergeschäft vorliegt.

219. (3 Punkte) Wann liegt eine Verfügungsberechtigung des Veräußerers vor?

Die Verfügungsberechtigung ist dann gegeben, wenn
- der Veräußerer selbst Eigentümer der Sache ist, **(1 P)**
- er kraft Gesetzes zur Veräußerung befugt ist **(1 P)** oder
- ihm diese vom Berechtigten eingeräumt wurde (rechtsgeschäftliche Ermächtigung). **(1 P)**

220. (4 Punkte) *Erwin* schuldet *Paula* Geld und hat ihr daher zur Sicherheit sein Fahrrad verpfändet und übergeben. Als *Fanny* bei *Paula* auf Besuch ist und das Fahrrad sieht, möchte sie es unbedingt haben. *Paula*, die sich als Eigentümerin ausgibt, verkauft *Fanny* das Fahrrad um angemessene € 100,– und übergibt es ihr. Wem gehört das Fahrrad?

Fanny erwirbt das Fahrrad von jemandem, der nicht darüber verfügungsberechtigt ist; ein derivativer Erwerb des Eigentums scheidet damit aus. **(1 P)** Zu prüfen ist daher ein gutgläubiger Erwerb vom Nichtberechtigten (§§ 367f ABGB):
- Für den Eigentumserwerb der *Fanny* liegen Titel (*„verkauft“*; Kaufvertrag) und Modus (*„übergibt“*) vor. **(1 P)**
- Das Fahrrad ist eine bewegliche Sache. **(1/2 P)**
- Hier liegt ein entgeltliches Rechtsgeschäft vor (*„verkauft“*). **(1/2 P)**
- *Fanny* ist redlich (angemessener Preis; *Paula* gibt sich als Eigentümerin aus; keine gegenteiligen Angaben im Sachverhalt). **(1/2 P)**
- *Paula* ist als Pfandgläubigerin Vertrauensmann des Eigentümers *Erwin*. **(1/2 P)**

[Damit liegen alle Voraussetzungen vor und *Fanny* erwirbt originär Eigentum am Fahrrad.]

Der gutgläubige Erwerb nach den §§ 367f ABGB ist – wie dieser Fall zeigt – an eine Vielzahl an Voraussetzungen gebunden. Sehr häufig wird (aufgrund der Gliederung im Skriptum) übersehen, dass dafür Titel und Modus erforderlich sind. Außerdem gelten die §§ 367f ABGB nur für bewegliche Sachen. Diese Voraussetzungen sind daher ebenfalls zu prüfen.

Nur weil ein entgeltliches Rechtsgeschäft vorliegt, bedeutet dies nicht automatisch, dass man auch einen Titel zum Erwerb des Eigentums hat. So ist ein Mietvertrag entgeltlich, doch dieser berechtigt nicht zum Erwerb des Eigentums, sondern nur zur Nutzung. Bei einem Mietvertrag (zwischen Paula und Fanny) würde es also am Titel zum Eigentumserwerb mangeln.

Wenn sich aus dem Sachverhalt keine gegenteiligen Anhaltspunkte ergeben, ist stets von Redlichkeit auszugehen. Zudem wird das Vorliegen von Redlichkeit nach § 328 ABGB vermutet.

Eine Ersitzung des Eigentums erfordert einen gewissen Zeitablauf und (logischer Weise) dass der Erwerber nicht schon vorher Eigentümer geworden ist. Auf eine Ersitzung ist daher immer erst dann einzugehen, wenn ein derivativer und ein „sofortiger" gutgläubiger Eigentumserwerb nach den §§ 367f ABGB scheitern; → Frage 221 und 222).

221. (4 Punkte) Die Hobbybuchsammlerin *Nora* verkauft und übergibt ihrem nichts ahnenden Freund *Stefan* eine Erstausgabe des ABGB aus dem Jahr 1811, die sie tags zuvor dem Antiquitätenhändler *Andreas* gestohlen hat. Als *Andreas* fünf Jahre später bei einem gemeinsamen Abendessen im Haus des *Stefan* das schon verloren geglaubte Buch sieht, verlangt er die Herausgabe. Zu Recht?

Ein derivativer Erwerb des Eigentums am Buch durch *Stefan* scheitert, weil *Nora* darüber nicht verfügungsberechtigt ist („*gestohlen*"). **(1 P)**
Ein „sofortiger" gutgläubiger Erwerb vom Nichtberechtigten (§§ 367f ABGB) scheidet bereits deshalb aus, weil *Stefan* das Buch weder von einem Unternehmer im gewöhnlichen Betrieb seines Unternehmens („*Hobbybuchsammlerin*") noch von jemandem, dem die Sache vom Eigentümer anvertraut wurde (Vertrauensmann), noch in einer öffentlichen Versteigerung erworben hat. **(1 P)**
Eine eigentliche Ersitzung scheidet aus, weil *Stefan* die Erstausgabe von einem unredlichen und unechten Besitzer (*Nora*) erworben hat **(1/2 P)** und daher dafür sechs Jahre hätten vergehen müssen („*fünf Jahre später*"). **(1/2 P)** Auch eine uneigentliche Ersitzung kommt nicht in Betracht, weil diese zumindest einen Zeitablauf von 30 Jahren erfordert. **(1 P)** [*Andreas* ist damit noch immer Eigentümer des Buches und kann dieses mit der Eigentumsklage (*rei vindicatio;* § 366 ABGB) herausverlangen.]

Der gutgläubige Erwerb des Eigentums nach den §§ 367f ABGB erfordert das kumulative Vorliegen einer Vielzahl von Voraussetzungen (Titel und Modus, bewegliche Sache, entgeltliches Rechtsgeschäft, Redlichkeit, eine der drei Alternativvoraussetzungen; → Frage 220). Fehlt nur eine davon, scheidet ein Erwerb des Eigentums nach den §§ 367f ABGB aus. Da hier ein „sofortiger" gutgläubiger Erwerb nach den §§ 367f ABGB mangels Vorliegens einer Alternativvoraussetzung nicht in Betracht kommt, können auch die sonstigen Voraussetzungen (Titel und Modus, bewegliche Sache, entgeltliches Rechtsgeschäft, Redlichkeit) nicht bepunktet werden.

Entsprechendes gilt für die Ersitzung: Mangels Zeitablaufs scheidet sowohl eine eigentliche als auch eine uneigentliche Ersitzung aus. Daher kann es für Ausführungen betreffend die Redlichkeit und Echtheit (sowie die Rechtmäßigkeit) des Besitzes des Ersitzenden (Stefan) keine Punkte geben (→ Frage 222).

222. (5 Punkte) *Naomi* betreibt seit einiger Zeit ein Restaurant und hat auch die nötige Gewerbeberechtigung. Als der Betrieb schlecht läuft, verkauft sie *Carlos* eine antike Ladenkasse aus ihrem Restaurant um angemessene € 3.000,–. Sieben Jahre später sieht *Ines* die Kasse in *Carlos* Bar und ruft: *„Das ist mein Eigentum! Die Kasse wurde mir aus dem Geschäft gestohlen!“* Tatsächlich hatte *Naomi* den Gegenstand von *Ines* gestohlen, *Carlos* wusste davon aber nichts. Wann hat *Ines* ihr Eigentum verloren oder gehört die Kasse immer noch ihr?

Der derivative Eigentumserwerb des *Carlos* scheitert an der Verfügungsberechtigung der *Naomi*, da sie die Kasse gestohlen hat. **(1 P)**
[Ein gutgläubiger Eigentumserwerb nach den §§ 367f ABGB scheitert:] Die Kasse wurde weder vom Vertrauensmann des Eigentümers noch in einer öffentlichen Versteigerung erworben. Zwar erwirbt *Carlos* die Sache von einer Unternehmerin, doch bei der Ladenkasse handelt es sich um ein Inventarstück, sodass der Kauf für eine Restaurantbetreiberin (*Naomi*) ein betriebsuntypisches Geschäft darstellt. **(1 P)**
[Eigentliche Ersitzung]

- *Carlos* ist rechtmäßiger Besitzer, weil er einen Titel zum Besitz vorweisen kann (Kaufvertrag; *„verkauft“*). **(1/2 P)**
- Er ist auch redlich (*„wusste davon aber nichts“*, *„um angemessene € 3.000,–“*). **(1/2 P)**
- Sein Besitz ist auch echt, weil er die Ladenkasse weder heimlich noch durch Gewalt entzogen hat. **(1 P)**
- *Carlos* hat die Ladenkasse (bewegliche Sache) von einem unredlichen und unechten Besitzer erworben. **(1/2 P)** Die Ersitzungsfrist beträgt hier also zwar sechs Jahre, ist aber nach dem Sachverhalt bereits abgelaufen (*„[s]ieben Jahre später“*). **(1/2 P)** [Damit liegen alle Voraussetzungen für eine eigentliche Ersitzung vor und *Carlos* ist vor einem Jahr Eigentümer geworden.]

→ Anmerkungen zu Frage 221.

Da hier eine eigentliche Ersitzung „durchgeht“, sind Ausführungen zur uneigentlichen Ersitzung nicht notwendig und können daher auch nicht bepunktet werden. Eine uneigentliche Ersitzung scheitert hier von vornherein, weil erst sieben Jahre vergangen sind, diese aber mindestens einen Zeitablauf von 30 Jahren erfordert.

223. (3 Punkte) *Gustav* stiehlt *Melanie* einen € 50-Schein. Er verstaut diesen in seiner Geldbörse, in der sich keine anderen Geldscheine befinden. Gleich darauf kauft sich *Gustav* in der Boutique des *Fritz* einen Pullover und bezahlt bar mit diesem Schein. *Fritz* gibt den Schein in seine leere Kasse. Wem gehört der Geldschein?

[Eine Vermengung des gestohlenen Geldscheins mit anderen Scheinen, sodass dieser nicht mehr unterscheidbar ist, hat nicht stattgefunden.] *Fritz* erhält das Geld von jemanden, der nicht darüber verfügungsberechtigt ist („*stiehlt*"), sodass ein derivativer Eigentumserwerb scheitert. **(1 P)** Zu prüfen ist daher ein gutgläubiger Erwerb des Eigentums:
Titel („*kauft*"; Kaufvertrag) und Modus („*bezahlt bar*", „*gibt den Schein in seine leere Kasse*") liegen vor. **(1 P)** *Fritz* ist Eigentümer des Geldes geworden, weil für den gutgläubigen Erwerb des Eigentums an Geld [und Inhaberpapieren] nur Voraussetzung ist, dass ein entgeltliches Rechtsgeschäft vorliegt („*kauft*"; Kaufvertrag) **(1/2 P)** und der Erwerber redlich ist, was mangels gegenteiliger Angaben im Sachverhalt anzunehmen ist. **(1/2 P)**

Die Redlichkeit wird zudem nach § 328 ABGB vermutet (→ Anmerkungen zu Frage 220).

224. (4 Punkte) Tischler *Timo* muss dringend einen Kasten herstellen. Weil er kein Holz mehr hat, nimmt er sich absichtlich Holzplatten (Wert: € 300,–), die *Florian* gehören, und tischlert daraus den Kasten. Als *Florian* dies bemerkt, verlangt er von *Timo* die Herausgabe des Kastens. Dieser weigert sich aber, immerhin hat er dafür Arbeitszeit im Wert von € 600,– investiert. Zu Recht?

Hier liegt eine irreversible (unauflösbare) Verarbeitung vor, weil ein Kasten nicht mehr in die Holzplatten zurückverwandelt werden kann. **(1 P)** Zwischen *Florian* und *Timo* liegt keine Vereinbarung vor, sodass daher nach § 415 ABGB ideelles Miteigentum entsteht, dessen Verhältnis sich nach den jeweiligen Beiträgen (Material [€ 300,–] und Arbeitsleistung [€ 600,–]) richtet; im vorliegenden Fall gehört der Kasten also zu 1/3 *Florian* und zu 2/3 *Timo*. **(1 P)**
Weil aber *Florian* ein geringeres Verschulden trifft als *Timo* („*nimmt absichtlich Holzplatten, die Florian gehören*"), kann er nach § 415 ABGB wie folgt wählen: Entweder er entscheidet sich für das Alleineigentum, dann muss er *Timo* € 600,– Wertersatz leisten, **(1 P)** oder er überlässt das Eigentum *Timo*, dann kann er seinerseits € 300,– an Wertersatz verlangen. **(1 P)**
[Wenn sich also *Florian* für das Alleineigentum entscheidet, kann er gegen Leistung von Wertersatz (€ 600,–) die Herausgabe des Kastens verlangen.]

Liegt eine Vereinbarung vor, so hängen die Eigentumsverhältnisse im Fall der Verbindung und Verarbeitung davon ab und die §§ 415, 416 werden verdrängt. Mangels Vereinbarung kommt es bei der unauflösbaren Verbindung oder Verarbeitung unabhängig vom Verschulden zum Entstehen von ideellem Miteigentum. Erst auf anderer Ebene spielt das Verschulden eine Rolle, nämlich für die Frage, wem das Wahlrecht hinsichtlich des Alleineigentums zukommt. Da hier Timo absichtlich handelt und Florians Verschulden nach dem Sachverhalt geringer ist, darf letzterer wählen. Bei gleichteiligem Verschulden dürfte der wählen, dessen Beitrag mehr wert war. Hätten also Timo und Florian im vorliegenden Fall gleich unachtsam gehandelt, dürfte Timo entscheiden und müsste den Kasten nicht herausgeben, wenn er sich – gegen Leistung von Wertersatz an Florian – für das Alleineigentum daran entscheidet.

225. (2 Punkte) Welche beschränkten dinglichen Rechte kennen Sie? (Falsche Angaben bedeuten Punkteabzug.)

– Pfandrecht
– Dienstbarkeiten (Servituten)
– Reallasten
– Baurecht
(pro richtiger Antwort 1/2 P, pro falscher 1/2 P Abzug)

226. (3 Punkte) *Max* hat *Hans* € 10.000,– geliehen. Da *Max* eine Sicherheit verlangt, verpfändet und übergibt ihm *Hans* sein Auto. Was passiert mit dem Pfandrecht, wenn (a) *Max* das Auto dem *Hans* zurückgibt und wenn (b) *Max* die Forderung schenkungsweise erlässt? Welche Prinzipien werden in diesen Situationen schlagend?

Wenn *Max* das Auto dem *Hans* zurückgibt, erlischt das Pfandrecht des *Max*, **(1/2 P)** denn es läge ein Verstoß gegen das Publizitätsprinzip (Faustpfandprinzip) vor. **(1 P)**
Wenn *Max* dem *Hans* die Forderung schenkungsweise erlässt, geht das Pfandrecht automatisch unter, **(1/2 P)** und zwar infolge des Akzessorietätsprinzips. **(1 P)**

227. (2 Punkte) Nennen Sie die Voraussetzungen für die rechtswirksame Begründung einer Hypothek! (Falsche Angaben bringen Punkteabzug.)

- Titel
- Eintragung ins Grundbuch (Modus und Publizität)
- Bestand der gesicherten Forderung (Akzessorietät)
- Verfügungsberechtigung des Bestellers

(pro richtiger Antwort 1/2 P, pro falscher 1/2 P Abzug)

228. (3 Punkte) Was haben Fruchtgenuss und Gebrauchsrecht gemeinsam, worin unterscheiden sie sich?

Fruchtgenuss (Nießbrauch) und Gebrauchsrecht haben gemeinsam, dass es sich dabei jeweils um (beschränkte) dingliche Rechte handelt, eine fremde Sache zu benützen. **(1 P)** Beim Fruchtgenuss darf diese Nutzung zwar nur unter Schonung der Substanz erfolgen, ist aber unbeschränkt (§ 509 ABGB), **(1 P)** während beim Gebrauchsrecht die Nutzung nur insoweit gestattet ist, als dies zur Befriedigung der eigenen Bedürfnisse des Berechtigten notwendig ist (§ 504 ABGB). **(1 P)** [Fruchtgenuss und Gebrauchsrecht unterscheiden sich also nur im Umfang.]

Wurde an einem Pferd ein Fruchtgenussrecht vereinbart, darf der Berechtigte dieses nicht schlachten und das Fleisch verwerten (Schonung der Substanz). Er darf das Pferd aber uneingeschränkt selbst verwenden und/oder kann dieses an Dritte vermieten oder verleihen. Bei einem Gebrauchsrecht dürfte der Berechtigte das Pferd hingegen nur im Rahmen der eigenen Bedürfnisse verwenden.

Unter Nutzung ist beim Fruchtgenuss und beim Gebrauchsrecht aber auch das Ziehen der Früchte zu verstehen, nicht nur das Verwenden der Sache als solches. Wurde also etwa an einer Kuh ein Fruchtgenussrecht vereinbart, so darf der Berechtigte diese wiederum nicht schlachten und das Fleisch verwerten (Schonung der Substanz). Ihm steht aber die gesamte von ihr produzierte Milch zu und er kann diese entweder selbst trinken, aber auch verkaufen oder verschenken (Nutzung unbeschränkt). Liegt hingegen ein Gebrauchsrecht vor, steht dem Berechtigten Milch nur im Ausmaß der eigenen Bedürfnisse zu.

Freilich hängt der Umfang der Nutzung von der individuellen Vereinbarung ab, sodass beim Gebrauchsrecht auch eine über die persönlichen Bedürfnisse hinausgehende Nutzung vereinbart werden und insofern eine Annäherung zum Fruchtgenuss erfolgen kann.

229. (4 Punkte) *Franz* benützt auf dem Weg zu seinem Landgut seit 35 Jahren einen Feldweg, der sich auf dem Grundstück des *Robert* befindet. Dieser Weg wurde schon von *Franz'* Vater und dessen Vater benützt und *Franz* konnte bisher keinen Zweifel daran haben, diesen nicht benützen zu dürfen. *Robert* fühlt sich aber nunmehr dadurch belästigt und errichtet einen Schranken, um *Franz* an der Durchfahrt zu hindern. Dieser wehrt sich dagegen nicht und benützt stattdessen die längere Route über die Landstraße. Als diese vier Jahre später von einer Geröllawine zerstört wird und für längere Zeit gesperrt werden muss, möchte *Franz* wieder den Feldweg benützen. Kann *Franz* die Entfernung des Schrankens verlangen?

Franz hat hier eine Dienstbarkeit (Wegeservitut) **(1 P)** ersessen: Er war redlicher Besitzer (hinsichtlich des Rechts) („*wurde schon von Franz' Vater und dessen Vater benutzt und Franz konnte bisher keinen Zweifel daran haben, diesen nicht benützen zu dürfen*"). **(1/2 P)** Sein Besitz war auch echt, weil er sich diesen weder heimlich noch durch Gewalt verschafft hat (keine gegenteiligen Angaben im Sachverhalt). **(1/2 P)** Zudem ist die Ersitzungszeit von 30 Jahren jedenfalls abgelaufen, weil bereits *Franz* den Weg „*35 Jahre*" benützt hat. **(1 P)**
Franz wird hier aber (danach) an der Ausübung dieser Dienstbarkeit gehindert („*[Robert] errichtet einen Schranken*") und setzt sich dagegen länger als drei Jahre nicht zur Wehr („*benützt [...] die Landstraße*"; „*vier Jahre später*"), sodass die Wegedienstbarkeit mittlerweile erloschen ist (sog Freiheitsersitzung; vgl § 1488 ABGB). **(1 P)** [*Franz* kann also die Entfernung des Schrankens nicht (mehr) verlangen.]

Familienrecht

230. (2 Punkte) Ab wann ist man ehefähig?

Ehefähig ist, wer volljährig und entscheidungsfähig ist. **(1 P)** Bei Vorliegen gewisser Umstände kann das Gericht jedoch auch eine Person, die bereits das 16. Lebensjahr vollendet hat, für ehefähig erklären (§ 1 EheG). **(1 P)**

231. (4 Punkte) Nennen Sie vier Formvorschriften, die bei der Eheschließung einzuhalten sind! (Falsche Nennungen bedeuten Punkteabzug.)

- Der Ehevertrag ist vor einem Standesbeamten zu schließen.
- Der Ehewille muss persönlich bei gleichzeitiger Anwesenheit (ohne Bedingung oder Befristung) erklärt werden.
- Die Ehe ist ins Ehebuch oder Zentrale Personenstandsregister einzutragen.
- Die Ehegatten haben zu unterschreiben.
- Grundsätzlich müssen Zeugen anwesend sein, auf die aber durch die Verlobten verzichtet werden kann.

(pro richtiger Antwort 1 P, pro falscher Antwort 1 P Abzug)

232. (2 Punkte) *Tobias* und *Felix* heiraten. *Tobias* verdient monatlich € 4.500,– netto, während *Felix* nur geringfügig arbeitet, um den Haushalt erledigen zu können. *Felix* erhält monatlich € 500,– netto. Da er mehr verdient, bezahlt *Tobias* die monatliche Miete der Ehewohnung in Höhe von € 600,–. Wie hoch ist *Felix'* Unterhaltsanspruch gegen *Tobias*?

Der Unterhaltsanspruch eines verdienenden Ehegatten wird mit 40 % vom gemeinsamen Einkommen abzüglich des eigenen Verdienstes berechnet; im vorliegenden Fall bedeutet dies für *Felix*: (€ 4.500 + € 500) x 0,4 – € 500 = € 1.500. **(1 P)** Der Wert des geleisteten Naturalunterhalts (Hälfte der Miete für die Ehewohnung) ist davon aber abzuziehen, sodass *Felix'* Unterhaltsanspruch € 1.200,– beträgt (€ 1.500 – € 300 = € 1.200). **(1 P)**

233. (3 Punkte) Was versteht man unter dem Begriff „Schlüsselgewalt"? Was sind die Wirkungen?

Unter „Schlüsselgewalt" versteht man, dass der haushaltsführende und zugleich einkommenslose Ehepartner für alltägliche Haushaltsgeschäfte eine gesetzliche Vertretungsmacht im Verhältnis zum anderen hat (§ 96 ABGB). **(1 P)** Sind die genannten Umstände dem Vertragspartner erkennbar, so gilt dies als Offenlegung iSd allgemeinen Stellvertretungsrechts, weshalb alleine der andere Ehepartner verpflichtet wird. **(1 P)** Andernfalls kann er sich an beide Ehepartner halten. **(1 P)**

234. (3 Punkte) Kreuzen Sie all jene Familiennamen an, die Herr *Mayr-Horn* und Frau *Mayrhofer-Schmitt* als gemeinsamen Familiennamen bestimmen können! (Falsche Antworten bringen Punkteabzug.)

□ *Mayr-Mayrhofer-Schmitt*	□ *Mayr-Mayrhofer*
□ *Horn*	□ *Mayr-Horn-Mayrhofer*
□ *Schmitt-Horn*	□ *Schmitt-Mayrhofer-Mayr*
□ *Mayr-Horn-Mayrhofer-Schmitt*	□ *Mayrhofer-Mayr-Schmitt*
□ *Schmitt*	□ *Mayr-Horn*
□ *Horn-Mayrhofer-Schmitt*	□ *Horn-Schmitt*

Anzukreuzen sind *Mayr-Mayrhofer*, *Horn*, *Schmitt-Horn*, *Schmitt*, *Mayr-Horn* und *Horn-Schmitt.* **(pro richtiger Antwort 1/2 P, pro falscher 1/2 P Abzug)**

235. (1 Punkt) Was besagt das Prinzip der Gütertrennung?

Jeder Ehepartner bleibt Eigentümer des von ihm in die Ehe Eingebrachten und des während der Ehe Erworbenen. **(1 P)**

236. (3 Punkte) Gilt der gesetzliche Güterstand der Gütertrennung auch nach der Scheidung uneingeschränkt?

Trotz des gesetzlichen Güterstandes der Gütertrennung sind nach Eheauflösung das *„eheliche Gebrauchsvermögen"* **(1 P)** und die *„ehelichen Ersparnisse"* **(1 P)** auf Antrag nach Billigkeit zu teilen (§§ 81 ff EheG). **(1 P)**

Das Ehegüterrecht regelt die vermögensrechtlichen Beziehungen zwischen den Ehegatten. Grundsätzlich gilt dabei im österreichischen Recht das Prinzip der Gütertrennung (§§ 1233, 1237 ABGB). Dieser gesetzliche Güterstand kann jedoch durch eine vertragliche Regelung (sog Ehepakte) geändert und zB eine Gütergemeinschaft vereinbart werden.

Die nacheheliche Vermögensaufteilung wird hingegen vom Prinzip der ehelichen Güterteilhabe beherrscht. Der Aufteilung unterliegen das eheliche Gebrauchsvermögen und die ehelichen Ersparnisse, wobei die Aufteilung nach Billigkeit vorzunehmen ist (§ 83 EheG). Bei einer einvernehmlichen Scheidung gelangen die §§ 81ff EheG nicht zur Anwendung, da dafür als Voraussetzung eine Einigung über die wesentlichen Scheidungsfolgen gegeben sein muss; das beinhaltet auch eine Vereinbarung über die gegenseitigen vermögensrechtlichen Ansprüche.

Bei einer Auflösung der Ehe durch Tod eines Ehepartners sind die erbrechtlichen Vorschriften anzuwenden. Damit kommt es zu keiner Auseinandersetzung nach den §§ 81ff EheG.

237. (2 Punkte) Nennen Sie die Voraussetzungen der einvernehmlichen Scheidung! (Falsche Angaben bringen Punkteabzug.)

- Aufhebung der ehelichen Lebensgemeinschaft seit mindestens einem halben Jahr
- Zugeständnis der unheilbaren Zerrüttung durch die Ehegatten
- Einigung über die wesentlichen Scheidungsfolgen („Scheidungsvergleich")
- gemeinsamer Scheidungsantrag

(pro richtiger Antwort 1/2 P, pro falscher 1/2 P Abzug)

238. (3 Punkte) *Markus* hat einen Seitensprung mit einer Arbeitskollegin. Als seine Ehefrau *Franziska* davon erfährt, ist sie darüber so schockiert, dass sie sofort auszieht, weil sie sich ein Zusammenleben nicht mehr vorstellen kann. Wird *Franziska* mit ihrer Scheidungsklage Erfolg haben?

Hier liegt eine schwere Eheverfehlung (Untreue, Seitensprung) seitens *Markus* vor. **(1 P)** Die Ehe ist unheilbar zerrüttet (*„darüber so schockiert, dass sie sofort auszieht, weil sie sich ein Zusammenleben nicht mehr vorstellen kann"*), was durch die schwere Eheverfehlung verursacht wurde (Kausalität). **(1 P)** *Markus* trifft an der schweren Eheverfehlung ein Verschulden. **(1 P)** [Die Klage auf Scheidung wegen Verschuldens (§ 49 EheG) wird daher Erfolg haben.]

Es ist hier nicht zielführend, anzuführen, dass eine einvernehmliche Scheidung möglich sein kann und welche Voraussetzungen dafür notwendig sind. Eine einvernehmliche Scheidung setzt nämlich voraus, dass beide das wollen

(→ Frage 237). Hier ist aber gefragt, ob sich Franziska gegen den Willen des Markus von ihm scheiden lassen kann, immerhin ist in der Frage von einer Scheidungsklage der Franziska die Rede.

239. (4 Punkte) *Timo* und *Viktoria* sind seit mehreren Jahren verheiratet. Obwohl *Timo* erfährt, dass *Viktoria* einen *One-Night-Stand* mit einem Bekannten hatte, bleibt er mit ihr zusammen und lebt nach wie vor mit seiner Ehefrau in der gemeinsamen Wohnung. Fünf Jahre später verliebt sich *Timo* in *Anna*, beginnt mit ihr eine Beziehung und sie ziehen in eine gemeinsame Wohnung. *Viktoria* kann sich daher ein Zusammenleben mit *Timo* nicht mehr vorstellen. Hat eine Klage auf Scheidung wegen Verschuldens durch *Timo* und/oder *Viktoria* Erfolg?

Eine Klage des *Timo* auf Scheidung wegen Verschuldens nach § 49 EheG kommt hier nicht in Betracht, weil sich aus dem Verhalten von *Timo* ergibt, dass er *Viktoria* verziehen hat *(„bleibt […] mit ihr zusammen und lebt nach wie vor mit seiner Ehefrau in der gemeinsamen Wohnung", „[f]ünf Jahre später")*. **(1 P)** (gleichwertige Alternativlösung: Es ist zu keiner unheilbaren Zerrüttung der Ehe gekommen, sodass eine Scheidung wegen Verschuldens ausscheidet.)
Timo hat durch das Eingehen einer Beziehung mit *Anna* und das Ausziehen aus der gemeinsamen Wohnung eine schwere Eheverfehlung begangen (Ehebruch, Aufhebung der Hausgemeinschaft). **(1 P)** Die Eheverfehlung hat auch zur unheilbaren Zerrüttung der Ehe geführt (*„kann sich daher ein Zusammenleben mit Timo nicht mehr vorstellen"*). **(1 P)** Zudem ist die Eheverfehlung *Timo* kraft Verschuldens zuzurechnen. **(1 P)** [Die Klage der *Viktoria* auf Scheidung wegen Verschuldens (§ 49 EheG) wird daher Erfolg haben.]

Die Frage bezieht sich hier explizit auf eine Scheidung wegen Verschuldens, sodass Ausführungen zur einvernehmlichen Scheidung (→ Frage 237) oder zur Scheidung „aus anderen Gründen" (→ Frage 240, 241 und 242) von vornherein nicht gefragt sind und daher auch nicht bepunktet werden.

Zur Abgrenzung: Das Verhalten von Timo steht hier nicht im Zusammenhang mit der Eheverfehlung der Viktoria. Immerhin sind fünf Jahre vergangen und „alles war wieder normal". Ganz anders ist aber der Fall zu beurteilen, wenn Timo als Folge des Seitensprungs der Viktoria selbst eine Eheverfehlung begeht, also wenn etwa auch er einen Seitensprung macht. Denn nach § 49 Satz 3 EheG darf ein Ehegatte, der selbst eine Eheverfehlung begangen hat, dann eine Scheidung nicht begehren, wenn nach der Art seiner Verfehlung, insbesondere wegen des Zusammenhangs der Verfehlung des anderen Ehe-

gatten mit seinem eigenen Verschulden sein Scheidungsbegehren bei richtiger Würdigung des Wesens der Ehe sittlich nicht gerechtfertigt ist (→ Frage 242).

240. (1 Punkt) Nennen Sie zwei „andere Gründe" der „Scheidung aus anderen Gründen"! (Falsche Antworten bringen Punkteabzug.)

- ehezerrüttendes Verhalten infolge psychischer Krankheit (oder vergleichbarer Beeinträchtigung) (§ 50 EheG)
- ansteckende oder ekelerregende Krankheit (§ 52 EheG)
- Auflösung der ehelichen Gemeinschaft (§ 55 EheG)

(pro richtiger Antwort 1/2 P, pro falscher 1/2 P Abzug)

241. (4 Punkte) *Romana* und *Maria* sind verheiratet. Einige Jahre nach der Hochzeit ist bei *Maria* eine krankhafte psychische Störung ausgebrochen, die sich in immer wiederkehrenden Diebstählen äußert. *Marias* Kleptomanie belastet die Beziehung so sehr, dass sich *Romana* ein weiteres Zusammenleben nicht mehr vorstellen kann und sich scheiden lassen möchte. Wird *Romana* Erfolg haben?

[Scheidung wegen Verschuldens] Eine Verschuldensscheidung nach § 49 EheG scheidet aus, weil *Marias* Verhalten auf eine *„krankhafte psychische Störung"* zurückzuführen ist und ihr daher nicht kraft Verschuldens zurechenbar ist; es liegt also keine verschuldete schwere Eheverfehlung vor. **(1 P)** [Scheidung „aus anderen Gründen"] Die Ehe von *Maria* und *Romana* ist unheilbar zerrüttet (*„[kann] sich ein weiteres Zusammenleben nicht mehr vorstellen"*), **(1 P)** und zwar infolge des Verhaltens der *Maria*, das auf eine psychische Krankheit zurückzuführen ist (*„psychische Störung ausgebrochen, die [...]"*), sodass sich *Romana* nach § 50 EheG scheiden lassen kann. **(1 P)** *Maria* hat allerdings ein Widerspruchsrecht, wenn sie die Scheidung außergewöhnlich hart träfe (Härteklausel; § 54 EheG). **(1 P)**

Zu Ausführungen betreffend die einvernehmliche Scheidung → Anmerkungen zu Frage 238.

Zur Scheidung „aus anderen Gründen" → auch Frage 242.

242. (4 Punkte) *Martin* und *Fanny* sind verheiratet. Eines Tages entdeckt *Fanny* in *Martins* Aktentasche Frauenunterwäsche. Als sie ihn zu Rede stellt, gesteht er eine intime Affäre mit einer Arbeitskollegin. *Fanny* kann sich deshalb ein Zusammenleben nicht mehr vorstellen, zieht aus der gemeinsamen

Ehewohnung aus und wieder bei ihren Eltern ein. Als es wenige Monate später zwischen *Martin* und seiner Arbeitskollegin ernst wird und die beiden heiraten möchten, will sich *Martin* von *Fanny* scheiden lassen. Wird er Erfolg haben? Variante: Seit der Trennung sind bereits vier Jahre vergangen.

[Scheidung wegen Verschuldens] *Martin* kann wegen *Fannys* Eheverfehlung (Auszug aus der Ehewohnung) keine Scheidung wegen Verschuldens begehren, weil aufgrund des Zusammenhangs mit seiner Eheverfehlung bei richtiger Würdigung des Wesens der Ehe sein Scheidungsbegehren sittlich nicht gerechtfertigt ist (§ 49 Satz 3 EheG). **(1P)**
[Scheidung „aus anderen Gründen"] Eine „Heimtrennungsklage" (Scheidung wegen Auflösung der häuslichen Gemeinschaft; § 55 EheG) kommt nicht in Betracht, weil die häusliche Gemeinschaft von *Fanny* und *Martin* noch nicht seit mindestens drei Jahren aufgehoben ist (*„wenige Monate später"*). **(1P)**
Variante: Eine „Heimtrennungsklage" ist nunmehr nach § 55 Abs 1 EheG möglich, weil mehr als drei Jahre vergangen sind und die Ehe vollkommen und unheilbar zerrüttet ist (*„kann sich [...] ein Zusammenleben nicht mehr vorstellen"*). **(1P)** *Fanny* hat allerdings ein Widerspruchsrecht, wenn sie die Scheidung härter träfe als *Martin*, weil *Martin* die Zerrüttung verschuldet hat (§ 55 Abs 2 EheG). **(1P)**

Zu Ausführungen betreffend die einvernehmliche Scheidung → Anmerkungen zu Frage 238.

Zu beachten ist hier, dass nach der Fragestellung nur zu prüfen ist, ob sich Martin scheiden lassen kann. Fanny könnte sich freilich (gegen Martins Willen) von ihm scheiden lassen (→ Frage 238).

Wäre die häusliche Gemeinschaft nicht erst seit vier Jahren, sondern schon seit sechs Jahren aufgehoben, so wäre dem Scheidungsbegehren jedenfalls stattzugeben; es gäbe also kein Widerspruchsrecht mehr (§ 55 Abs 3 EheG).

243. (1 Punkt) Bei der Eheschließung können die Ehepartner gem § 93 ABGB den Namen der Braut als gemeinsamen Familiennamen bestimmen. Welchen Namen haben die Ehegatten nach der Scheidung?

Die geschiedenen Ehegatten behalten den während der Ehe geführten Namen. **(1/2P)** Sie können aber einen früheren rechtmäßig geführten Familiennamen wieder annehmen (§ 93a Abs 2 ABGB). **(1/2P)**

244. (2 Punkte) Die Ehe zwischen *Gundula* und *Stefan* wird wegen Verschuldens geschieden und das alleinige Verschulden des *Stefan* ausgesprochen. Wie sieht es mit der Unterhaltsverpflichtung von *Stefan* aus?

Da die Ehe aus dem alleinigen Verschulden des *Stefan* geschieden wurde, muss er *Gundula* einen nach den Lebensverhältnissen angemessenen Unterhalt leisten, wenn ihr Vermögen und ihre Einkünfte nicht ausreichen. **(1 P)** *Stefans* Unterhaltspflicht wird aber nach Billigkeit gekürzt, wenn dadurch sein Lebensunterhalt gefährdet würde. **(1 P)**

245. (3 Punkte) *Max* hat gegen *Fritz* eine Scheidungsklage eingebracht. Das Gericht scheidet die Ehe und spricht aus, dass *Max* und *Fritz* an der Scheidung gleich schuld sind. Kann *Max* von *Fritz* Unterhalt verlangen, wenn *Max* kurz vor der Scheidung insolvent geworden ist?

Bei gleichteiligem Verschulden haben die geschiedenen Ehegatten (*Max* und *Fritz*) grundsätzlich keine Unterhaltsansprüche gegeneinander. **(1 P)** *Max* könnte nur dann ein Unterhaltsbeitrag gegen *Fritz* zugestanden werden, wenn *Max* nicht in der Lage ist, sich selbst zu ernähren (*„insolvent geworden“*), **(1 P)** und wenn und soweit dies mit Rücksicht auf die Bedürfnisse und die Vermögens- und Erwerbsverhältnisse von *Fritz* der Billigkeit entspricht (Billigkeitsunterhalt). **(1 P)**

Im Sachverhalt finden sich keinerlei Hinweise für die Annahme, das Gericht könnte Max auch eine Familienopferprämie zusprechen (Pflege und Erziehung eines gemeinsamen Kindes, Haushaltsführung, Betreuung von Angehörigen und/oder Mangel an Erwerbsmöglichkeiten). Dass Max vielleicht nicht in der Lage ist, sich zu ernähren, ist hingegen insofern indiziert, als er nach dem Sachverhalt „kurz vor der Scheidung insolvent geworden ist“. Dementsprechend muss bei der Lösung des Falles nur auf den Billigkeitsunterhalt und nicht auf die Familienopferprämie eingegangen werden.

Zur Familienopferprämie → Frage 246.

246. (3 Punkte) Erläutern Sie den Begriff „Familienopferprämie“!

Wird eine Ehe aus Verschulden eines Ehepartners geschieden, so kann sogar der schuldige Ehegatte einen Unterhaltsanspruch geltend machen. **(1 P)** Dieser Anspruch besteht einerseits soweit und solange ihm aufgrund der Pflege und Erziehung der gemeinsamen Kinder keine Erwerbstätigkeit zumutbar ist. **(1 P)** Andererseits kann der Schuldige auch dann Unterhalt verlangen, wenn ihm mangels Erwerbsmöglichkeit nicht zugemutet werden kann, sich selbst zu erhalten und dies darin liegt, dass er sich während der Ehe auf Grund der einvernehmlichen Gestaltung der ehelichen Lebensgemeinschaft der Haushaltsführung, gegebenenfalls der Pflege und Erziehung der gemeinsamen Kinder oder der Betreuung von Angehörigen gewidmet hat. **(1 P)**

247. (1 Punkt) *Maria* wird zulässiger Weise eine befruchtete Eizelle von *Anita* eingesetzt. Neun Monate später bringt *Maria* das Kind *Konrad* zur Welt. Wer ist im rechtlichen Sinn *Konrads* Mutter?

[*Anita* ist zwar die biologische (genetische) Mutter von *Konrad.*] Doch Mutter im rechtlichen Sinn ist die Frau, die das Kind geboren hat (§ 143 ABGB), also ist rechtlich gesehen *Maria Konrads* Mutter. **(1 P)**

248. (2 Punkte) Jus-Studentin *Annika* meint, ein Kind kann immer nur einen Vater haben. Ihre Studienkollegin *Lena* erwidert ihr, dass ein Kind auch zwei Väter haben kann. Können Sie dies auflösen?

Aus rechtlicher Sicht kann ein Kind immer nur einen Vater haben. **(1 P)** Der rechtliche Vater muss aber nicht mit dem biologischen übereinstimmen. **(1 P)**

249. (4 Punkte) Welche Fälle sieht das ABGB vor, rechtliche Vaterschaft zu begründen?

Nach § 144 Abs 1 ABGB erhält jener Mann die Vaterschaft, der
- mit der Mutter im Zeitpunkt der Geburt des Kindes verheiratet ist **(1 P)** oder
- als Ehemann der Mutter nicht früher als 300 Tage vor der Geburt verstorben ist **(1 P)** oder
- die Vaterschaft anerkannt hat **(1 P)** oder
- dessen Vaterschaft gerichtlich festgestellt wurde. **(1 P)**

Bei dieser Frage wird häufig auch die Adoption genannt. Dabei geht es aber um die künstliche Nachbildung des durch eheliche Geburt entstehenden Eltern-Kind-Verhältnisses, und zwar nur im Verhältnis zwischen Wahlkind und Annehmenden. Diese hat insofern mit der eigentlichen rechtlichen Vater-

schaft nichts zu tun, ist also hier nicht angesprochen und wird daher auch nicht bepunktet.

250. (1 Punkt) Was versteht man unter einem „Vätertausch" und wer kann davon Gebrauch machen?

Steht die Vaterschaft eines Mannes bereits fest, so kann die Feststellung der Abstammung eines anderen Mannes begehrt werden (§ 150 ABGB), womit die bestehende Vaterschaft automatisch beseitigt wird. **(1/2 P)** Diese Möglichkeit steht nur dem Kind zu. **(1/2 P)**

Beim Vätertausch wird ein rechtlich bereits feststehender Vater durch einen anderen ersetzt. Es erfolgen also zwei Vorgänge in einem Akt. Zu einer solchen „Abkürzung" kommt es auch beim vaterschaftsdurchbrechenden Anerkenntnis.

251. (3 Punkte) Unter welchen Voraussetzungen wird eine Frau neben der Mutter zweiter rechtlicher Elternteil?

Ist an der Mutter innerhalb von nicht mehr als 300 und nicht weniger als 180 Tagen vor der Geburt eine medizinisch unterstützte Fortpflanzung durchgeführt worden, **(1 P)**
so ist nach § 144 Abs 2 ABGB die Frau anderer Elternteil, die

- mit der Mutter im Zeitpunkt der Geburt des Kindes (verheiratet oder) in einer eingetragenen Partnerschaft verbunden ist **(1/2 P)** oder als (Ehefrau oder) eingetragene Partnerin der Mutter nicht früher als 300 Tage vor der Geburt des Kindes verstorben ist, **(1/2 P)**
- die Elternschaft anerkannt hat **(1/2 P)** oder
- deren Elternschaft gerichtlich festgestellt ist. **(1/2 P)**

252. (4 Punkte) *Lena* und *Lukas* haben einen einjährigen Sohn *Konrad*. Das Gericht hat die Obsorge auf den Kinder- und Jugendhilfeträger übertragen. *Waltraud* und *Wilhelm* sind schon lange verheiratet, können aber keine Kinder bekommen und möchten *Konrad* adoptieren. Unter welchen Voraussetzungen ist das möglich?

Waltraud und *Wilhelm* müssen beide entscheidungsfähig sein (§ 191 Abs 1 ABGB) und das 25. Lebensjahr vollendet haben (§ 193 ABGB). **(1 P)** Die Adoption kommt durch schriftlichen Vertrag zwischen Annehmenden (*Waltraud* und *Wilhelm*) und der anzunehmenden Person (*Konrad*) zustande (§ 192 Abs 1 ABGB). **(1 P)** Da *Konrad* noch nicht entscheidungsfähig ist, wird der Vertrag durch seinen gesetzlichen Vertreter (Kinder- und Jugendhilfeträger) geschlossen (§ 192 Abs 3 ABGB). **(1 P)** Der Vertrag muss vom Gericht bewilligt werden (§ 192 Abs 1 ABGB), **(1/2 P)** dies darf aber nur dann geschehen, wenn (auch) die Eltern (*Lena* und *Lukas*) zustimmen (§ 195 Abs 1 ABGB). **(1/2 P)**

Grundsätzlich darf eine gerichtliche Bewilligung der Adoption immer nur dann erfolgen, wenn (auch) die Eltern und der gesetzliche Vertreter des minderjährigen Wahlkindes zustimmen. Dieses Zustimmungsrecht entfällt insoweit, als diese als gesetzlicher Vertreter des Wahlkindes den Annahmevertrag abschließen (§ 195 ABGB). Gesetzlicher Vertreter ist im vorliegenden Fall nur der Kinder- und Jugendhilfeträger („Obsorge […] übertragen"). Weil dieser für Konrad den Annahmevertrag abzuschließen hat, muss er der Adoption nicht noch zusätzlich zustimmen. Dennoch müssen die Eltern der Adoption zustimmen, damit das Gericht diese bewilligen darf.

Wäre Konrad minderjährig, aber entscheidungsfähig, schließt er den Vertrag selbst ab. Im Zweifel wird das Vorliegen der Entscheidungsfähigkeit bei mündigen Minderjährigen (14 bis 17 Jahre alt) auch für seine Adoption vermutet (§ 192 Abs 2 ABGB). Zusätzlich darf aber die gerichtliche Bewilligung nach § 195 Abs 1 ABGB wiederum nur dann erteilt werden, wenn seine Eltern und sein gesetzlicher Vertreter (Lena und Lukas sowie Kinder- und Jugendhilfeträger) der Adoption zustimmen.

253. (4 Punkte) Was umfasst die elterliche Obsorge? Wem steht die Obsorge über Kinder zu, deren Eltern nicht miteinander verheiratet oder verpartnert sind, sofern keine anderslautende Vereinbarung getroffen wird?

Die Obsorge umfasst
- die Pflege und Erziehung (Personensorge), **(1 P)**
- die Vermögensverwaltung (Vermögenssorge) **(1 P)** und
- die gesetzliche Vertretung. **(1 P)**

Im genannten Fall steht die Obsorge allein der Mutter zu. **(1 P)**

254. (4 Punkte) Das Ehepaar *Maria* und *Josef* wohnt mit ihrer 5-jährigen Tochter *Sophia* in Linz. *Sophia* hat von ihrem Großvater eine Liegenschaft in Wien vermacht bekommen. Da *Maria* Wien nicht mag, will sie die Liegenschaft in *Sophias* Namen verkaufen. Unter welchen Voraussetzungen ist dies möglich?

Maria und *Josef* sind verheiratet, sodass hier beide mit der Obsorge und insofern auch mit der gesetzlichen Vertretung von *Sophia* betraut sind (§ 177 Abs 1 ABGB). **(1 P)** [Grundsätzlich sind daher *Maria* und *Josef* jeweils für sich allein berechtigt und verpflichtet, *Sophia* zu vertreten (§ 167 Abs 1 ABGB).] Beim Verkauf einer Liegenschaft handelt es sich allerdings um eine Vermögensangelegenheit, die nicht zum ordentlichen Wirtschaftsbetrieb gehört (§ 167 Abs 3 ABGB). **(1 P)** Daher bedürfte die Vertretungshandlung des einen Elternteils (*Maria*) der Zustimmung des anderen Elternteils (*Josef*) **(1 P)** und der Genehmigung durch das Gericht. **(1 P)**

Wenn beide Eltern mit der Obsorge betraut sind, dann ist jeder Elternteil für sich allein berechtigt und verpflichtet, das Kind zu vertreten; seine Vertretungshandlung ist selbst dann rechtswirksam, wenn der andere mit ihr nicht einverstanden ist (§ 167 Abs 1 ABGB).

Von dieser Grundregel gibt es freilich eine Vielzahl von Ausnahmen, die – anhand der Zusatzerfordernisse – in zwei Gruppen eingeteilt sind: Die Angelegenheiten iSd § 167 Abs 2 ABGB – zB Eintritt des Kindes in eine Kirche oder Religionsgemeinschaft oder die Auflösung eines Lehr-, Ausbildungs- oder Dienstvertrages – bedürfen der Zustimmung des anderen Elternteils, während für die Angelegenheiten iSd § 167 Abs 3 ABGB – dazu gehört eben der Verkauf einer Liegenschaft – nicht nur die Zustimmung des anderen Elternteils, sondern zusätzlich auch die Genehmigung durch das Gericht notwendig ist. Bei der Fallprüfung sollte man freilich in „umgekehrter Richtung" vorgehen, also zunächst prüfen, ob das jeweilige Geschäft zu den Ausnahmen in § 167 Abs 2 und 3 ABGB gehört. Ist dies nicht der Fall, so weiß man, dass jeder Elternteil für sich alleine das Kind vertreten kann (§ 167 Abs 1 ABGB).

Der andere Elternteil kann und muss natürlich nur dann zustimmen, wenn er obsorgeberechtigt ist. Ist also nur ein Elternteil mit der Obsorge betraut, so kann er in den Angelegenheiten des § 167 Abs 2 ABGB alleine entscheiden. In den Angelegenheiten des § 167 Abs 3 ABGB ist aber nach wie vor – aber auch nur – die Genehmigung seiner Vertretungshandlung durch das Gericht notwendig.

255. (1 Punkt) Wer ist gegenüber Kindern unterhaltspflichtig?

Der gesetzliche Unterhaltsanspruch des Kindes richtet sich in erster Linie gegen die Eltern (§ 231 ABGB). **(1/2 P)** Subsidiär sind unter bestimmten Voraussetzungen die Großeltern unterhalspflichtig (§ 232 ABGB). **(1/2 P)**

Erbrecht

256. (2 Punkte) Wann erwirbt der Erbe nach österreichischem Recht die Verlassenschaft?

Der Erbe erwirbt die Verlassenschaft erst nach Durchführung eines Verlassenschaftsverfahrens. **(1 P)** Dieses endet mit der Einantwortung der Verlassenschaft an den Erben durch Gerichtsbeschluss. **(1 P)**

Der Erbe erwirbt die Verlassenschaft daher nicht bereits mit dem Tod des Verstorbenen, sondern erst aufgrund eines Gerichtsbeschlusses. Bis zur Einantwortung besteht die Verlassenschaft als eigenständige juristische Person, gegen die Vermächtnisnehmer und Pflichtteilsberechtigte ihre schuldrechtlichen Ansprüche durchsetzen können (→ Frage 265, 267, 269, 270, 271, 272, 273 und 276).

257. (2 Punkte) Wie stellt sich die Haftung des Erben bei einer bedingten und wie bei einer unbedingten Erbantrittserklärung dar?

Gibt der Erbe eine unbedingte Erbantrittserklärung ab, dann haftet er persönlich für alle Verlassenschaftsschulden, selbst wenn die Verlassenschaft zur Deckung nicht ausreicht. **(1 P)** Bei einer bedingten Erbantrittserklärung haftet der Erbe dagegen (nach Errichtung eines Inventars) bloß beschränkt bis zum Wert der Verlassenschaftsaktiven. **(1 P)**

258. (2 Punkte) Ab wann ist man testierfähig?

Die Testierfähigkeit tritt mit Erreichen der Volljährigkeit ein. **(1 P)** Mündige Minderjährige können grundsätzlich nur mündlich vor einem Gericht oder einem Notar testieren (§ 569 ABGB). **(1 P)** [Unmündige Minderjährige und Kinder sind also nicht testierfähig.]

259. (4 Punkte) Unter welchen Formvoraussetzungen ist ein Text als letztwillige Verfügung gültig, wenn dieser vom Verfügenden auf einem Computer geschrieben wurde?

Der letztwillig Verfügende muss die Urkunde vor drei gleichzeitig anwesenden (unbefangenen) Zeugen **(1 P)** eigenhändig unterschreiben **(1 P)** und

eigenhändig mit einem Zusatz versehen, dass die Urkunde seinen letzten Willen enthält. **(1 P)**
Zudem müssen die drei Zeugen eigenhändig einen auf ihre Eigenschaft als Zeuge hinweisenden Zusatz auf die Urkunde setzen, eigenhändig unterschreiben und sich ihre Identität aus der Urkunde ergeben. **(1 P)**

Der Zusatz des Verfügenden, dass die Urkunde seinen letzten Willen enthält, kann etwa lauten: „Die Urkunde enthält meinen letzten Willen.“, „Mein Wille“, „Das will ich.“ oder „So soll es sein.“ Nicht ausreichend ist ein einfaches „OK“; → auch Frage 264.

260. (3 Punkte) Nennen Sie die Voraussetzungen von außergerichtlichen mündlichen Verfügungen!

Außergerichtliche mündliche Verfügungen sind nur zulässig, wenn unmittelbar die Gefahr besteht, dass der Verstorbene stirbt oder die Fähigkeit zu testieren verliert, bevor er seinen letzten Willen auf andere Weise zu erklären vermag. **(1 P)** Zur Gültigkeit bedarf es der gleichzeitigen Anwesenheit zweier Zeugen. **(1 P)** Drei Monate nach Wegfall der Gefahr verliert der so erklärte letzte Wille seine Gültigkeit (§ 584 ABGB). **(1 P)**

Zum mündlichen Nottestament → auch Frage 269.

261. (2 Punkte) Nennen Sie die Besonderheiten eines Erbvertrages!

Ein Erbvertrag kann nur zwischen Ehegatten und eingetragenen Partnern **(1/2 P)** und nur über drei Viertel der Verlassenschaft **(1/2 P)** geschlossen werden. Er bedarf zu seiner Gültigkeit der Aufnahme eines Notariatsaktes samt allen Erfordernissen eines schriftlichen Testaments **(1/2 P)** und ist wie jeder Vertrag nicht einseitig widerruflich. **(1/2 P)**

Zum Erbvertrag (insbesondere zu seiner Bindung) → auch Frage 270.

262. (3 Punkte) *Valentin* stirbt. Er hinterlässt seine Tochter *Karoline*, sein Sohn *Klaus* ist zwei Jahre vor *Valentin* verstorben. Von *Klaus'* Nachkommen leben allerdings noch *Edgar* und *Elfriede* (*Klaus'* Kinder) sowie *Ursula* und *Udo* (Kinder von *Klaus'* vorverstorbener Tochter *Ernestine*). Wie groß sind ihre gesetzlichen Erbquoten?

Karoline und *Klaus* fällt als Kinder des Verstorbenen die Verlassenschaft zu gleichen Teilen – also jeweils zur Hälfte – zu (§ 732 ABGB). **(1 P)** [*Karoline* hat eine gesetzliche Erbquote von 1/2.] *Klaus* ist vorverstorben, sodass er hinsichtlich seiner Erbquote von 1/2 von seinen Nachkommen *Edgar*, *Elfriede* und *Ernestine* zu gleichen Teilen – also zu jeweils einem Drittel – repräsentiert wird (§ 733 ABGB). **(1 P)** [*Edgar* und *Elfriede* haben jeweils eine gesetzliche Erbquote von 1/6.] Weil *Ernestine* vorverstorben ist, treten auch hier ihre Nachkommen *Ursula* und *Udo* zu gleichen Teilen – also zur Hälfte – in ihren Erbteil von 1/6 ein (§ 734 ABGB). **(1 P)** [*Ursula* und *Udo* haben jeweils eine gesetzliche Erbquote von 1/12.]

Wenn es zur gesetzlichen Erbfolge kommt, kann und sollte man eine Probe durchführen, indem man die Quoten aller gesetzlichen Erben zusammenzählt. Das Ergebnis muss immer 1 sein. Andernfalls würde ja der Gesetzgeber mehr oder weniger verteilen, als tatsächlich vorhanden ist!

Hier stellt sich die Berechnung der Probe wie folgt dar: 1/2 (Karoline) + 1/6 (Edgar) + 1/6 (Elfriede) + 1/12 (Ursula) + 1/12 (Udo) = 6/12 (Karoline) + 2/12 (Edgar) + 2/12 (Elfriede) + 1/12 (Ursula) + 1/12 (Udo) = 12/12 = 1

263. (5 Punkte) Bei einem tragischen Autounfall kommt *Severin* ums Leben. Er hinterlässt seine hochschwangere Ehegattin *Gertrude* und seinen bereits erwachsenen Sohn *Anton* aus einer früheren Beziehung. Seine Tochter *Theresa* wird am nächsten Tag geboren, stirbt jedoch kurz nach der Geburt. Die reine Verlassenschaft nach *Severin* beträgt € 30.000,–. Prüfen Sie die gesetzliche Erbfolge!

[Erbfolge nach *Severin*] *Theresa* und *Anton* sind Vertreter der 1. Parentel. **(1/2 P)** Neben der 1. Parentel erbt die Ehegattin *Gertrude* 1/3 der Verlassenschaft (§ 744 ABGB), was wertmäßig € 10.000,– entspricht. **(1 P)** Das Erbrecht des *nasciturus Theresa* besteht, da die Bedingung der Lebendgeburt erfüllt ist (§ 22 ABGB). **(1 P)** *Theresa* und *Anton* teilen sich den Rest nach Köpfen (§ 732 ABGB); sie haben also jeweils eine gesetzlicher Erbquote von 1/3, was jeweils wertmäßig € 10.000,– entspricht. **(1/2 P)** [*Gertrude*, *Anton* und *Theresa* sind daher gesetzliche Erben nach *Severin* mit jeweils einer Quote von 1/3.]
[Erbfolge nach *Theresa*] [*Theresa* stirbt; ihre Verlassenschaft besteht – wie soeben ausgeführt – aus der gesetzlichen Erbquote von 1/3 nach *Severin*.] Ihre Eltern *Severin* und *Gertrude* (2. Parentel) sind grundsätzlich ihre gesetzlichen Erben, weil *Theresa* keine Nachkommen hat. **(1/2 P)** Zwischen den Eltern wird nach Köpfen geteilt, sodass *Severin* und *Gertrude* die

Hälfte von *Theresas* Verlassenschaft bekommen (§ 735 ABGB). **(1/2P)** Da aber *Severin* vorverstorben ist, kommt es zur Repräsentation durch *Anton*; dieser erbt also anstelle von *Severin* (§ 735 ABGB). **(1P)** [*Anton* und *Gertrude* sind daher gesetzliche Erben nach *Theresa* mit jeweils einer Quote von 1/2. Sie erben also *Theresas* gesetzliche Erbquote nach *Severin* von 1/3 (wertmäßig € 10.000,–) jeweils zur Hälfte.]

Hier darf nicht übersehen werden, dass das Erbrecht selbst vererblich ist und sich in Theresas Verlassenschaft ein Erbrecht (nach Severin) befindet. Vereinfacht gesagt müssen hier also zwei Erbfälle nacheinander durchgeprüft werden, um alle Punkte zu lukrieren.

Allgemein zum nasciturus → Frage 128.

264. (4 Punkte) *Veronika* verfasst auf ihrem Computer ein Testament, in dem ihr Freund *Fritz* als Alleinerbe eingesetzt ist. In Anwesenheit von *Fritz*, seinem eingetragenen Partner *Paul* sowie *Veronikas* beiden Kindern *Kurt* und *Konrad* unterschreibt *Veronika* samt dem eigenhändigen Zusatz: *„Das ist mein letzter Wille“*. Daraufhin unterschreiben *Fritz*, *Paul*, *Kurt* und *Konrad* und setzen jeweils eigenhändig ihrer Unterschrift die Wendung *„als Zeuge“*, ihr Geburtsdatum, ihre Anschrift und ihren Beruf hinzu. Einige Zeit später stirbt *Veronika*. Wer erbt wieviel?

Eine fremdhändige letztwillige Verfügung bedarf der Mitwirkung von drei fähigen Zeugen. **(1P)** *Fritz* ist in der letztwilligen Verfügung bedacht und daher wegen Befangenheit kein fähiger Zeuge (§ 588 ABGB). **(1P)** Auch *Paul* ist wegen Befangenheit kein fähiger Zeuge, weil er dem bedachten *Fritz* nahesteht (§ 588 ABGB). **(1P)** [Die letztwillige Verfügung ist hier also formungültig.]
Somit kommt es zur gesetzlichen Erbfolge: Die beiden Kinder *Kurt* und *Konrad* erben je zur Hälfte (§ 732 ABGB). **(1P)**

Zur Form beim fremdhändigen Testament → Frage 259.

Im Skriptum ist nur davon die Rede, dass jemand befangen ist, wenn er selbst oder eine ihm nahestehende Person in der Verfügung bedacht ist. Der Ehegatte/eingetragene Partner des Bedachten ist aber jedenfalls eine ihm nahestehende Person. Dies sollte erkannt werden, auch wenn sich im Skriptum keine genaue Auflistung findet (siehe dazu § 588 ABGB).

265. (4 Punkte) *Michael* stirbt und hinterlässt seine langjährige Lebensgefährtin *Eva*, den gemeinsamen Sohn *Simon* sowie seinen Vater *Georg*. Es wird ein von *Michael* handgeschriebenes und unterschriebenes Schriftstück gefunden, in dem er seinem Arbeitskollegen *Anton* seinen wertvollen Zeiller-Kommentar vermacht. Wer bekommt was? Und geht die Lebensgefährtin leer aus?

Die letztwillige Verfügung ist formgültig („*handgeschriebenes und unterschriebenes Schriftstück*"). **(1 P)** Sie enthält aber keine Erbseinsetzung, sondern nur ein Vermächtnis (Zeiller-Kommentar) zugunsten *Antons*. **(1 P)** Mangels letztwilliger Erbseinsetzung kommt es zur gesetzlichen Erbfolge. *Simon* ist alleiniger Vertreter der 1. Parentel und erbt daher die gesamte Verlassenschaft (§ 732 ABGB). **(1 P)** *Eva* wird nicht Erbin nach *Michael*, weil das außerordentliche Erbrecht der Lebensgefährtin nicht greift, wenn es gesetzliche Erben gibt (§ 748 ABGB). **(1 P)**

Bei Erbrechtsfällen ist immer klar zwischen Vermächtnis und Erbrecht zu differenzieren, auch wenn im allgemeinen Sprachgebrauch jeder, der etwas nach dem Verstorbenen erhält, als Erbe bezeichnet wird. Der Vermächtnisnehmer Anton ist nämlich nicht Erbe nach Michael, weil er kein absolutes Recht hat, die Verlassenschaft nach Michael (ganz oder zu einem quotenmäßig bestimmten Teil) in Besitz zu nehmen. Vielmehr hat er nur einen schuldrechtlichen Anspruch gegen die Verlassenschaft/Erben auf Erfüllung des Vermächtnisses. Im vorliegenden Fall kann also Anton vor Einantwortung von der Verlassenschaft und nach Einantwortung von Simon die Herausgabe des Zeiller-Kommentars verlangen (→ Frage 256). Erst durch die Übergabe wird Anton Eigentümer des Zeiller-Kommentars.

Vater Georg wird im vorliegenden Fall nicht gesetzlicher Erbe, weil er zur 2. Parentel (Eltern und ihre Nachkommen) zählt, die aber nicht zum Zug kommt, wenn und weil es Nachkommen in der 1. Parentel gibt (§ 735 ABGB).

Wenn man anführt, dass Georg gesetzlicher Alleinerbe ist, so wird zwar damit gesagt, dass es daneben keine anderen gesetzlichen Erben gibt. Wenn aber – so wie hier – explizit nach der Lebensgefährtin Eva gefragt wird, sollte jedenfalls ausgeführt werden, warum sie nichts bekommt. Andernfalls fehlt die gefragte (und bepunktete) Begründung, auch wenn das Ergebnis stimmt.

266. (3 Punkte) *Veronika* stürzt beim Skifahren schwer und verstirbt noch am Unfallort. Sie hinterlässt ihre eingetragene Partnerin *Ernestine* sowie ihren Vater *Martin*. Wie sieht die gesetzliche Erbfolge aus?

Neben der 2. Parentel (dazu gehört *Martin*) gebühren dem Ehegatten/eingetragenen Partner 2/3 der Verlassenschaft; *Ernestine* erbt also 2/3 (§ 744

ABGB). **(1 P)** Das restliche 1/3 teilt sich auf die beiden Eltern nach Köpfen auf (§ 735 ABGB). Vater *Martin* erbt also 1/6 (1/3 × 1/2). **(1 P)** Sofern ein Elternteil vorverstorben ist, kommt der Erbteil des vorverstorbenen Elternteils nach § 744 ABGB dem Ehegatten/eingetragenen Partner zusätzlich zu. **(1 P)** [*Ernestine* hat also eine gesetzliche Erbquote von 5/6 (2/3 + 1/6) und *Martin* von 1/6.]

Dass der Erbteil des vorverstorbenen Elternteils zum Ehegatten/eingetragenen Partner wandert, gilt auch dann, wenn dieser – gäbe es keinen Ehegatten/eingetragenen Partner – repräsentiert würde. Hätte also Veronika zusätzlich auch einen Bruder hinterlassen, würde das Ergebnis identisch ausfallen.

267. (5 Punkte) *Viktor* verstirbt infolge eines schweren Verkehrsunfalls. In einer formgültigen letztwilligen Verfügung hat er folgendes angeordnet: *„Meinen geliebten Mercedes soll mein guter Freund Franz und mein Anwesen in Klosterneuburg soll meine Jugendliebe Julia erhalten.“* *Viktor* hinterlässt nur seine Lebensgefährtin *Lisa*, die er vor zwei Jahren kennen gelernt und mit der er seitdem in einer gemeinsamen Wohnung gelebt hat. Wer erbt wieviel, wenn neben dem Mercedes (Wert: € 100.000,–) und dem Anwesen in Klosterneuburg (Wert: € 300.000,–) noch € 1.000.000,– an Barvermögen vorhanden sind?

Bei den Anordnungen, dass *Franz* den Mercedes und *Julia* das Anwesen in Klosterneuburg erhalten sollen, handelt es sich um Vermächtnisse, weil den beiden kein Recht auf die ganze Verlassenschaft oder eine Quote daran zukommen soll. **(1 P)**
Viktor hinterlässt keine gesetzlichen Erben. **(1 P)** Seiner Lebensgefährtin *Lisa* kommt kein außerordentliches Erbrecht nach § 748 ABGB zu, weil *Viktor* und *Lisa* nach dem Sachverhalt nur die letzten zwei Jahre vor *Viktors* Tod im gemeinsamen Haushalt gelebt haben. **(1 P)**
Somit greift hier das außerordentliche Erbrecht der Vermächtnisnehmer*innen *Franz* und *Julia* (§ 749 ABGB). **(1 P)** Ihre Quote richtet sich nach den Werten der vermachten Gegenstände, sodass sich hier ein Verhältnis von 1 : 3 ergibt (€ 100.000,– [Mercedes] : € 300.000,– [Anwesen]). **(1 P)** [*Franz* hat somit eine Erbquote von 1/4 und *Julia* von 3/4.]

268. (5 Punkte) Wem kommt die Verlassenschaft zu, wenn es kein Testament gibt und der Verstorbene weder Verwandte noch einen Ehegatten oder eingetragenen Partner hinterlässt?

Sind keine gesetzlichen Erben (iSd § 730 ABGB) vorhanden, so fällt dem Lebensgefährten des Verstorbenen die ganze Erbschaft zu, **(1 P)** wenn er mit dem Verstorbenen als dessen Lebensgefährten zumindest in den letzten drei Jahren vor dem Tod des Verstorbenen im gemeinsamen Haushalt gelebt hat **(1 P)** oder aufgrund der fortbestehenden Verbundenheit gelebt hätte, wenn dem nicht erhebliche Gründe entgegengestanden wären (§ 748 ABGB). **(1 P)**
Kommt auch keinem Lebensgefährten die Verlassenschaft zu, so werden die vom Verstorbenen bedachten Vermächtnisnehmer verhältnismäßig als Erben betrachtet (§ 749 ABGB). **(1 P)**
Gelangen auch keine Vermächtnisnehmer zum Zug, so hat der Bund das Recht, sich die Verlassenschaft anzueignen (§ 750 ABGB). **(1 P)**

269. (6 Punkte) *Rudolf* verletzt sich bei der Landung mit seinem Paragleiter schwer. Kurz bevor er auf dem Weg ins Krankenhaus verstirbt, erklärt *Rudolf* in Todesangst gegenüber den beiden anwesenden Sanitätern, dass *„meine Tochter Tina mein Ferienhaus in Kitzbühel und den Rest mein Geliebter Heinz erben soll"*. *Rudolf* hinterlässt neben seiner Tochter *Tina* nur seine Enkelin *Emilia*, das Kind seines bereits vorverstorbenen Sohnes *Sebastian*. Wer bekommt wieviel, wenn die Verlassenschaft nach *Rudolf* € 360.000,– beträgt (darin enthalten das Ferienhaus im Wert von € 140.000,–)?

Rudolf ist schwer verletzt und es droht die unmittelbare Gefahr, dass er verstirbt, ohne seinen Willen auf andere Weise erklären zu können (*„in Todesangst"*). **(1 P)** Zudem sind zwei Zeugen, nämlich die beiden Sanitäter, zugleich anwesend. **(1 P)** [Somit liegt ein formgültiges Nottestament vor.]
Bei der Anordnung, dass seine Tochter *Tina* das Ferienhaus *„erben"* soll, handelt es sich um ein Vermächtnis, weil *Tina* kein Recht auf die ganze Verlassenschaft oder eine Quote daran erhalten soll. **(1/2 P)** [Nach *Rudolfs* Willen ist *Heinz* sein Alleinerbe, während *Tina* Vermächtnisnehmerin ist. Fraglich ist, ob dies mit dem Pflichtteilsrecht vereinbar ist.]
Hypothetische gesetzliche Erbfolge: Die Verlassenschaft wird unter den Kindern nach Köpfen geteilt (§ 732 ABGB); *Tina* hätte also eine gesetzliche Erbquote von 1/2. **(1/2 P)** Ist ein Kind vorverstorben, so erhalten den Anteil seine Nachkommen (Eintrittsrecht, Repräsentationsrecht; § 733 ABGB). Daher wird *Sebastian* von seiner Tochter *Emilia* repräsentiert. **(1/2 P)** [Somit hätten *Tina* und *Emilia* eine gesetzliche Erbquote von je 1/2.]
Die Pflichtteilsquote der Kinder beträgt 1/2 der gesetzlichen Erbquote (§ 759 ABGB). **(1/2 P)**
[Damit stellen sich die Pflichtteilsquoten und Pflichtteile hier wie folgt dar:

Tina 1/4 (1/2 × 1/2), sohin € 90.000,–
Emilia 1/4 (1/2 × 1/2), sohin € 90.000,–]
Tina wurde von *Rudolf* ein Vermächtnis (Ferienhaus) im Wert von € 140.000,– zugedacht; ihr Pflichtteil (€ 90.000,–) ist also gedeckt. **(1 P)**
Emilia wurde hingegen von *Rudolf* nichts zugewendet, sodass in der Höhe ihres Pflichtteils (€ 90.000,–) ein schuldrechtlicher, auf Geld gerichteter Anspruch (Pflichtteilsanspruch) gegen die Verlassenschaft/Erben entsteht. **(1 P)** [Sie kann also € 90.000,– in bar verlangen.]

Zur Differenzierung zwischen Vermächtnis und Erbrecht → Frage 265 und 267.

Ein mündliches Nottestament wie hier verliert drei Monate nach Wegfall der Gefahr seine Gültigkeit (§ 584 ABGB; → Frage 260). Nach dem Sachverhalt gibt es keine Anzeichen dafür, dass irgendein Zeitraum verstrichen ist, sodass dies nicht thematisiert werden muss und für Ausführungen darüber keine Punkte vergeben werden.

Um hier alle Punkte zu lukrieren, ist es wichtig, sauber zwischen Pflichtteil und Pflichtteilsanspruch zu differenzieren. Nicht jeder, der einen Pflichtteil hat, hat nämlich auch einen Pflichtteilsanspruch. Letzterer ist nur ein auf Geld gerichteter, schuldrechtlicher Anspruch gegen die Erben/Verlassenschaft (→ Frage 256).

Gerade dies zeigt sich im vorliegenden Fall: Da Tinas Pflichtteil gedeckt ist, hat sie keinen Pflichtteilsanspruch. Sie kann nur das Vermächtnis (Ferienhaus), nicht aber Geld verlangen. Einen Pflichtteilsanspruch und damit eine Geldforderung hat nur Emilia.

270. (3 Punkte) *Veit* verstirbt und hinterlässt seinen Ehegatten *Paul*. Kurz nach ihrer Hochzeit haben sich *Veit* und *Paul* in einem formgültigen Erbvertrag jeweils gegenseitig zu einem Viertel als Erben eingesetzt. Wer bekommt wieviel, wenn die reine Verlassenschaft nach *Veit* € 40.000,– beträgt und dieser kurz vor seinem Tod in einer formgültigen letztwilligen Verfügung den *Tierschutzverein PITA* als Alleinerben eingesetzt hat?

[*Veits* Wille] Der Erbvertrag ist nicht einseitig widerrufbar und kann daher durch die letztwillige Verfügung nicht aufgehoben werden, sodass *Paul* (aus dem Erbvertrag) zu 1/4 und der *Tierschutzverein PITA* (aus der letztwilligen Verfügung) zu 3/4 Erben nach *Veit* sind. **(1 P)** [Fraglich ist, ob dies mit dem Pflichtteilsrecht vereinbar ist.]
Hypothetische gesetzliche Erbfolge: Mangels Nachkommen und Eltern ist der Ehegatte/eingetragene Partner (*Paul*) gesetzlicher Alleinerbe (§ 744 ABGB). **(1/2 P)**

Die Pflichtteilsquote des Ehegatten/eingetragenen Partners beträgt 1/2 der gesetzlichen Erbquote (§ 759 ABGB). **(1/2 P)** [*Paul* hat also eine Pflichtteilsquote von 1/2, was wertmäßig € 20.000,– ausmacht (€ 40.000 × 1/2).] *Paul* erhält aufgrund des Erbvertrages ein Erbrecht mit einer Quote von 1/4. Da dieses nur € 10.000,– wert ist (€ 40.000 × 1/4), er aber einen Pflichtteil von € 20.000,– hat, kann er neben dem Erbrecht einen schuldrechtlichen, auf Geld gerichteten Anspruch (Pflichtteilsanspruch) in der Höhe von € 10.000,– gegen die Verlassenschaft/Erben geltend machen. **(1 P)**

Der Pflichtteilsanspruch ist vor Einantwortung gegen die Verlassenschaft und danach gegen die Erben zu richten (→ Frage 256). Im vorliegenden Fall ist Paul selbst Erbe (zu 1/4), er hat aber gleichzeitig auch einen Pflichtteilsanspruch, weil der zugedachte Erbteil den Pflichtteil wertmäßig nicht deckt. Selbstverständlich ist aber Pauls Erbteil nicht mit seinem eigenen Pflichtteilsanspruch belastet, weil sein Pflichtteil dadurch (wieder) verkürzt würde. Vielmehr hat hier der andere Erbe (Tierschutzverein PITA) den Pflichtteilsanspruch alleine zu tragen.

271. (4 Punkte) *Viktoria* stirbt. In einem formgültigen Testament hat sie ihren Geliebten *Gustav* als Alleinerben eingesetzt. Sie hinterlässt ihre beiden Kinder *Anton* und *Bertram* sowie eine reine Verlassenschaft von € 140.000,–. *Bertram* fühlt sich benachteiligt, weil *Viktoria* fünf Jahre vor ihrem Tod *Anton* € 60.000,– geschenkt hat. Bekommen die Kinder hier wirklich nichts mehr?

[Nach *Viktorias* Willen soll *Gustav* alles bekommen und alle anderen – insbesondere ihre Kinder – sollen leer ausgehen. Fraglich ist, ob dies mit dem Pflichtteilsrecht vereinbar ist.]
Hypothetische gesetzliche Erbfolge: Die Verlassenschaft wird unter den Kindern nach Köpfen geteilt (§ 732 ABGB); *Anton* und *Bertram* hätten also je eine gesetzliche Erbquote von 1/2. **(1/2 P)**
Die Pflichtteilsquote der Kinder beträgt 1/2 der gesetzlichen Erbquote (§ 759 ABGB). **(1/2 P)**
Schenkungen an Pflichtteilsberechtigte sind nach den §§ 783, 787 ABGB der Verlassenschaft hinzuzurechnen (rechnerisch hinzuzuschlagen), was eine rechnerische Verlassenschaft von € 200.000,– ergibt (€ 140.000,– [reine Verlassenschaft] + € 60.000,– [Schenkung an *Anton*]). **(1 P)** Die Schenkung ist zudem auf den Pflichtteil des Beschenkten (*Anton*) anzurechnen, also davon abzuziehen. **(1 P)** [Damit stellen sich die Pflichtteilsquoten und Pflichtteile hier wie folgt dar:

Anton 1/4 (1/2 × 1/2), sohin € 50.000,–, wovon aber € 60.000,– abzuziehen sind, sodass sein Pflichtteil € 0,– beträgt
Bertram 1/4 (1/2 × 1/2), sohin € 50.000,–]
Bertram wurde von *Viktoria* nichts zugewendet, sodass in der Höhe seines Pflichtteils (€ 50.000,–) ein schuldrechtlicher, auf Geld gerichteter Anspruch (Pflichtteilsanspruch) gegen die Verlassenschaft/Erben entsteht. **(1 P)** [*Bertram* kann also € 50.000,– in bar verlangen, während *Anton* im Erbfall nichts mehr bekommt.]

Im Unterschied zu den bisherigen Pflichtteils-Fällen ist hier ein Pflichtteilsberechtigter beschenkt worden, sodass es hier zu einer Hinzu- und Anrechnung kommt. Wesentlich ist, dass es bei Schenkungen an Pflichtteilsberechtigte keine Zwei-Jahres-Frist gibt; diese werden also immer hinzu- und angerechnet, unabhängig davon, wann die Schenkung erfolgte (→ Frage 272).

Zur Ergänzung: Schenkungen an Pflichtteilsberechtigte werden etwa dann nicht (hinzu- und) angerechnet, wenn dies vereinbart wurde oder wenn es sich um Schenkungen ohne Schmälerung des Stammvermögens handelt (zB gewöhnliche Weihnachts- und Geburtstagsgeschenke).

272. (4 Punkte) *Viktor* verstirbt und hinterlässt seine Ehefrau *Elisabeth* sowie die gemeinsame Tochter *Katharina*. In seinem formgültigen Testament ist *Elisabeth* als Alleinerbin eingesetzt. Ein Jahr vor seinem Tod hat *Viktor* seiner besten Freundin *Franziska* € 30.000,– geschenkt. Die reine Verlassenschaft beträgt € 150.000,–. Wer bekommt wieviel?

[*Elisabeth* soll nach *Viktors* Willen alles erben, während *Katharina* nichts bekommen soll. Fraglich ist, ob das mit dem Pflichtteilsrecht vereinbar ist.]
Hypothetische gesetzliche Erbfolge: Neben der 1. Parentel beträgt die gesetzliche Erbquote des Ehegatten/eingetragenen Partners 1/3 (§ 744 ABGB); *Elisabeth* hat daher eine hypothetische gesetzliche Erbquote von 1/3, die von *Katharina* macht 2/3 aus (§ 732 ABGB). **(1/2 P)**
Die Pflichtteilsquote des Ehegatten/eingetragenen Partners und der Kinder beträgt 1/2 der gesetzlichen Erbquote (§ 759 ABGB). **(1/2 P)**
Obwohl *Franziska* nicht pflichtteilsberechtigt ist, ist die Schenkung der Verlassenschaft rechnerisch hinzuzuschlagen (Hinzurechnung), weil sie in den letzten zwei Jahren vor dem Tod des *Viktor* gemacht wurde, sodass sich eine fiktive Verlassenschaft von € 180.000,– ergibt (€ 150.000,– [reine Verlassenschaft] + € 30.000,– [Schenkung an *Franziska*]). **(1 P)** [Die Pflichtteilsquoten und Pflichtteile stellen sich daher wie folgt dar:
Elisabeth 1/6 (1/3 × 1/2), sohin € 30.000,–

Katharina 1/3 (2/3 × 1/2), sohin € 60.000,–]
Katharina wurde von *Viktor* nichts zugewendet. Sie hat daher in der Höhe ihres Pflichtteils (€ 60.000,–) einen schuldrechtlichen, auf Geld gerichteten Anspruch (Pflichtteilsanspruch) gegen die Verlassenschaft/Erben. **(1 P)** [Sie kann also € 60.000,– in bar verlangen.]
Elisabeth ist Alleinerbin. Ihr Erbteil ist € 90.000,– wert (€ 150.000,– [reine Verlassenschaft] – € 60.000,– [Pflichtteilsanspruch der *Katharina*]), sodass ihr Pflichtteil gedeckt ist. **(1 P)**

Es wurde bereits gezeigt, dass man als Erbe zusätzlich zum Erbteil einen Pflichtteilsanspruch haben kann (→ Frage 270). Sogar als Alleinerbe ist es möglich, dass der Pflichtteil nicht gedeckt ist. Dies kann insbesondere dann der Fall sein, wenn Vermächtnisse angeordnet werden, die das Erbrecht wertmäßig aufzehren, und/oder lebzeitige Zuwendungen der Verlassenschaft hinzuzurechnen sind. Man stelle sich im vorliegenden Fall nur vor, dass Viktor kein Vermögen hinterlassen hat. Elisabeth wäre nach wie vor Alleinerbin, ihr Erbrecht würde aber nichts abwerfen; die Erbquote von 1/1 ergibt bei einer Verlassenschaft von € 0,– eben € 0,–. Ihr Pflichtteil würde in diesem Fall aber – weil die Schenkung an Franziska der reinen Verlassenschaft hinzuzurechnen ist – € 5.000,– ausmachen (€ 30.000,– [reine Verlassenschaft zuzüglich Schenkung an Franziska] × 1/6 [Pflichtteilsquote der Elisabeth]) und daher nicht gedeckt sein. Sie hätte daher einen Pflichtteilsanspruch und weil die Verlassenschaft zur Deckung nicht ausreicht, könnte sie uU direkt gegen die Geschenknehmerin vorgehen. Entsprechendes gilt hinsichtlich Katharina.

Um im vorliegenden Fall alle Punkte zu lukrieren, muss daher auch hier geprüft werden, wieviel Elisabeth durch ihren Erbteil tatsächlich wertmäßig bekommt (hier: Erbrecht im Wert von € 90.000,–) und ob ihr Pflichtteil (hier: € 30.000,–) gedeckt ist. Hier ist ihr Pflichtteil gedeckt, sodass sie Alleinerbin ist und keinen auf Geld gerichteten, schuldrechtlichen Pflichtteilsanspruch hat.

273. (4 Punkte) *Valentin* stirbt und hinterlässt seine Ehefrau *Ellie* und die gemeinsamen Kinder *Anita*, *Bertram* und *Clara*. In seinem formgültigen Testament hat *Valentin* seine Geliebte *Lara* als Alleinerbin eingesetzt. Außerdem hat *Clara* zu Lebzeiten des *Valentin* ihm gegenüber formgerecht auf ihren Pflichtteil verzichtet. Die reine Verlassenschaft nach *Valentin* beträgt € 18.000,–. Bekommt *Lara* wirklich alles?

[Nach *Valentins* Willen ist *Lara* testamentarische Alleinerbin, sodass sie alles bekommen soll und seine Kinder nichts. Fraglich ist, ob dies mit dem Pflichtteilsrecht vereinbar ist.]

Hat ein Pflichtteilsberechtigter auf seinen Pflichtteil verzichtet, erhöhen sich dadurch die Pflichtteile der übrigen Pflichtteilsberechtigten nicht. **(1 P)** [Der Pflichtteilsberechtigte ist also bei Berechnung der Pflichtteile so zu behandeln, als wäre er vorhanden, auch wenn er selbst keinen Pflichtteil bekommt.]
Hypothetische gesetzliche Erbfolge: Neben der 1. Parentel beträgt die gesetzliche Erbquote des Ehegatten/eingetragenen Partners 1/3 (§ 744 ABGB); *Ellie* hätte also eine gesetzliche Erbquote von 1/3. **(1/2 P)** Die restlichen 2/3 werden unter den Kindern nach Köpfen geteilt (§ 732 ABGB); *Anita*, *Bertram* und *Clara* hätten also jeweils eine gesetzliche Erbquote von 2/9. **(1/2 P)**
Die Pflichtteilsquote des Ehegatten/eingetragenen Partners und der Kinder beträgt 1/2 der gesetzlichen Erbquote (§ 759 ABGB). **(1 P)** [Damit stellen sich die Pflichtteilsquoten und Pflichtteile hier wie folgt dar:

Ellie	1/6 (1/3 × 1/2), sohin € 3.000,–
Anita	1/9 (2/9 × 1/2), sohin € 2.000,–
Bertram	1/9 (2/9 × 1/2), sohin € 2.000,–
Clara	Pflichtteilsverzicht]

Keinem der Pflichtteilsberechtigten wurde von *Valentin* etwas zugewendet. Diese haben daher in der Höhe ihres Pflichtteils (€ 3.000,– und € 2.000,–) einen schuldrechtlichen, auf Geld gerichteten Anspruch (Pflichtteilsanspruch) gegen die Verlassenschaft/Erben. **(1 P)** [Daher können *Ellie* € 3.000,– sowie *Anita* und *Bertram* je € 2.000,– in bar verlangen.]

274. (2 Punkte) Unter welchen Umständen und um wieviel kann der Pflichtteil gemindert werden?

Der Verstorbene kann nach § 776 Abs 1 ABGB den Pflichtteil letztwillig auf die Hälfte mindern, **(1/2 P)** wenn er und der Pflichtteilsberechtigte zu keiner Zeit oder zumindest über einen längeren Zeitraum vor dem Tod des Verstorbenen **(1/2 P)** nicht in einem Naheverhältnis standen, wie es zwischen solchen Familienangehörigen gewöhnlich besteht. **(1/2 P)** Dieses Recht besteht nach § 776 Abs 2 ABGB nicht, wenn der Verstorbene den Kontakt grundlos gemieden oder berechtigten Anlass für den fehlenden Kontakt gegeben hat. **(1/2 P)**

Ist von einer Minderung des Pflichtteils die Rede, ist grundsätzlich die Pflichtteilsminderung iSd § 776 ABGB gemeint. Immer dann, wenn der Verstorbene den Pflichtteil auch ganz entziehen könnte (Enterbung; zB bei schwerwiegender Straftat [§§ 769ff ABGB]), könnte er diesen freilich auch nur zum Teil entziehen.

Zusatzinformation: Obwohl der Gesetzgeber in den Materialien zum ErbRÄG 2015 den „längeren Zeitraum" in § 776 Abs 1 ABGB mit „wenigstens zwei Jahrzehnten" gleichsetzt (historische Interpretation; → Frage 122), ist in der Lehre strittig, welche Zeitspanne tatsächlich unter „längerer Zeitraum" zu subsumieren ist. So reichen die Ansichten von „wenigen Jahren" über 10 Jahre bis hin zu 20 Jahre. Eine Entscheidung des OGH liegt noch nicht vor.

275. (2 Punkte) Was ist vom gesetzlichen Vorausvermächtnis des Ehegatten/eingetragenen Partners umfasst?

Das gesetzliche Vorausvermächtnis umfasst nach § 745 Abs 1 ABGB die zum ehelichen Haushalt gehörenden beweglichen Sachen **(1 P)** und das Recht, in der Ehe-/Partnerschaftswohnung weiter zu wohnen. **(1 P)**

Beim gesetzlichen Vorausvermächtnis des Ehegatten/eingetragenen Partners nach § 745 Abs 1 ABGB wird oft fälschlich davon ausgegangen, dass der „Ehegatte/eingetragene Partner die Ehe-/Partnerschaftswohnung bekommt". Doch das ist unrichtig. Diese (oder eine ähnliche) Formulierung würde nämlich bedeuten, dass der Ehegatte/eingetragene Partner Eigentümer der Ehe-/Partnerschaftswohnung (Liegenschaft, Wohnungseigentum) wird, was aber nicht der Fall ist: Wenn etwa der verstorbene eingetragene Partner Alleineigentümer einer Liegenschaft samt Haus war, die als gemeinsame Partnerschaftswohnung diente, und er seine Tochter zur Alleinerbin eingesetzt hat, so wird diese letztlich Eigentümerin dieser Liegenschaft. Dem überlebenden eingetragenen Partner kommt aufgrund des gesetzlichen Vorausvermächtnisses nach § 745 Abs 1 ABGB „nur" das Recht zu, auf der fremden Liegenschaft samt Haus weiter zu wohnen.

Anders stellt sich die Situation bei den Haushaltsgegenständen dar. Aufgrund des gesetzlichen Vorausvermächtnisses nach § 745 Abs 1 ABGB wird der Ehegatte/eingetragene Partner tatsächlich Eigentümer; es geht hier also nicht nur um ein Benutzungsrecht (an fremden Sachen).

Zur Abgrenzung: Das gesetzliche Vorausvermächtnis des Lebensgefährten nach § 745 Abs 2 ABGB ist auf ein Jahr befristet. Das gilt sowohl für das Recht, weiter zu wohnen, als auch für die Haushaltsgegenstände.

276. (5 Punkte) Kurz nach dem tragischen Tod ihres geliebten Sohns *Sigfried* findet *Doris* beim Ausräumen seiner Wohnung folgendes von ihm eigenhändig verfasstes und unterzeichnetes Schriftstück: „*Wenn ich einmal sterbe, soll mein Vater Hans mein gesamtes Vermögen erhalten.*" *Sigfrieds* Ehefrau *Lucia*, die noch immer ein schwieriges Verhältnis zu ihrem Schwiegervater hat, will

das nicht auf sich sitzen lassen. Immerhin möchte *Lucia* auch nicht aus dem schönen Haus ausziehen, das *Sigfried* vor 10 Jahren gekauft hat und das sie seitdem gemeinsam bewohnten. Wie ist die Rechtslage, wenn die reine Verlassenschaft nach *Sigfried* € 300.000,– beträgt?

Die letztwillige Verfügung von *Sigfried* ist formgültig („*eigenhändig verfasstes und unterzeichnetes Schriftstück*"). **(1 P)** *Hans* ist darin als Alleinerbe eingesetzt („*mein gesamtes Vermögen erhalten*"). **(1 P)** [Nach *Sigfrieds* Willen ist also *Hans* Alleinerbe, während *Doris* und *Lucia* leer ausgehen sollen. Fraglich ist, ob dies mit dem Pflichtteilsrecht und/oder anderen zwingenden erbrechtlichen Positionen vereinbar ist.]
Hypothetische gesetzliche Erbfolge: Neben der 2. Parentel erhält der Ehegatte/eingetragene Partner 2/3 (§ 744 ABGB); *Lucia* hätte daher eine gesetzliche Erbquote von 2/3, die von *Doris* und *Hans* würde je 1/6 ausmachen (§ 735 ABGB). **(1/2 P)** Die Pflichtteilsquote des Ehegatten/eingetragenen Partners beträgt 1/2 der gesetzlichen Erbquote (§ 759 ABGB). **(1/2 P)** [Die Eltern sind nicht pflichtteilsberechtigt, sodass hier nur *Lucia* pflichtteilsberechtigt ist. Ihre Pflichtteilsquote macht 1/3 aus, was wertmäßig € 100.000,– ergibt (€ 300.000 × 1/3).]
Lucia wurde von *Sigfried* nichts zugewendet, sodass sie [grundsätzlich] in der Höhe ihres Pflichtteils (€ 100.000,–) einen schuldrechtlichen, auf Geld gerichteten Anspruch (Pflichtteilsanspruch) gegen die Verlassenschaft/Erben hat. **(1 P)**
Dem Ehegatten/eingetragenen Partner gebührt als gesetzliches Vorausvermächtnis aber jedenfalls das Recht, in der Ehe-/Partnerschaftswohnung weiter zu wohnen; auch wenn *Hans* als Alleinerbe Eigentümer des Hauses wird, hat *Lucia* als Ehegattin des Verstorbenen das Recht, darin zu wohnen (§ 745 ABGB). **(1 P)**

Die Besonderheit dieses Falles gegenüber den bisherigen Pflichtteils-Fällen liegt darin, dass im Sachverhalt explizit auf eine gemeinsame Ehewohnung hingewiesen wird. In derartigen Fällen darf daher nicht übersehen werden, auf das gesetzliche Vorausvermächtnis iSd § 745 ABGB einzugehen. Dazu gehört auch das Recht des überlebenden Ehegatten/eingetragenen Partners, in der Ehe-/Partnerschaftswohnung weiter zu wohnen (→ Frage 275).

Zur Vertiefung: Das gesetzliche Vorausvermächtnis nach § 745 ABGB wird auf den Pflichtteil angerechnet (vgl § 780 ABGB). Angenommen, das Wohnrecht der Lucia wäre im vorliegenden Fall € 120.000,– wert, so würde sie das „ganze" Wohnrecht bekommen, hätte aber keinen Pflichtteilsanspruch mehr, weil ihr Pflichtteil durch das gesetzliche Vorausvermächtnis vollständig gedeckt ist. Würde das Wohnrecht hingegen nur € 80.000,– wert sein, könnte Lucia einen auf Geld gerichteten Pflichtteilsanspruch in der Höhe von € 20.000,– geltend machen. Da diese Deckung/Anrechnung im Skriptum nicht thematisiert wird, musste kein Wert für das Wohnrecht angegeben und können Ausführungen zum Verhältnis zwischen Pflichtteil und gesetzlichem Vorausvermächtnis bei der Lösung nicht verlangt werden.

277. (3 Punkte) Hat der überlebende Ehegatte oder eingetragene Partner gegen die Erben des verstorbenen Ehegatten oder eingetragenen Partners einen Unterhaltsanspruch?

Der Ehegatte oder eingetragene Partner hat grundsätzlich – solange er nicht wieder heiratet oder eine eingetragene Partnerschaft begründet – gegen die Erben einen Unterhaltsanspruch wie bei aufrechter Ehe oder Partnerschaft. **(1 P)** In den Unterhaltsanspruch ist aber (eigenes Vermögen und Einkommen sowie) alles einzurechnen, was er nach dem verstorbenen Ehegatten/eingetragenen Partner letztwillig oder infolge zwingender erbrechtlicher Rechtspositionen erhält. **(1 P)** Der Unterhaltsanspruch ist aber insofern „gedeckelt", als die Erben nur bis zum Wert der Verlassenschaft haften. **(1 P)**

278. (2 Punkte) Unter welchen Umständen steht einer dem Verstorbenen nahestehenden Person ein Pflegevermächtnis zu?

Ein Pflegevermächtnis steht einer dem Verstorbenen nahestehenden Person zu, wenn sie diesen in den letzten drei Jahren vor seinem Tod mindestens sechs Monate **(1/2 P)** in nicht bloß geringfügigem Ausmaß gepflegt hat **(1/2 P)** und für die Pflege nicht eine Zuwendung gewährt oder ein Entgelt vereinbart wurde. **(1/2 P)** Außerdem darf es nicht infolge Vorliegens eines Enterbungsgrundes entzogen worden sein. **(1/2 P)**

Teil 2

Musterprüfungen

*Hinweis: Die bei den einzelnen Fragen angeführten Punkte (sowohl die Gesamtpunktezahl als auch die interne Verteilung der Punkte) sind unverbindliche Bewertungsvorschläge der Autor*innen. Wie viele Punkte bei der Einführungsprüfung selbst pro Frage vergeben werden und wie diese verteilt sind, hängt von der jeweiligen Prüferin, der Schwere der Frage, der Zusammenstellung der Prüfung und letztlich auch von der konkreten Lösung oder Antwort ab.*

I. Öffentliches Recht

Prüfung 1 *(Elio Dalpra)*

1. (3 Punkte) Der Innenminister fährt mit dem Auto nach Hause und missachtet eine mit Verkehrszeichen angeordnete Geschwindigkeitsbeschränkung. Darauf hin wird er von einem Polizisten angehalten. Wutentbrannt faucht er den Polizisten an, ob er nicht wisse, dass er der Innenminister sei und gibt ihm die Anordnung, ihn sofort weiterfahren zulassen. Welche Formen des Verwaltungshandelns erkennen Sie?

→ *Frage 54*

2. (3 Punkte) Was ist die Bundesversammlung? Welche Aufgaben hat sie, die in Zusammenhang mit dem Organ Bundespräsident stehen?

→ *Frage 40*

3. Unterscheiden und erklären Sie die Begriffe:
a) (2 Punkte) „Grundfreiheit“
b) (2 Punkte) „Grundprinzip“
c) (2 Punkte) „Grundrecht“

→ *Frage 10*

4. Ihr neues Auto wird unzulässiger Weise von der zuständigen Behörde abgeschleppt.
a) (2 Punkte) Was können Sie dagegen unternehmen?
b) (2 Punkte) Ihrem Vorbringen wird nicht stattgegeben. Welche Möglichkeiten haben Sie noch?

→ *Frage 66*

5. (2 Punkte) In Österreich ist ein Politiker eines Verbrechens angeklagt. Nach der Verlesung der Anklage durch die Richterin nimmt diese dazu Stellung: *„Ich halte es nicht für notwendig, den Angeklagten anzuhören, da ich seine fragwürdige politische Karriere verfolgt habe, und werde sogleich ein Urteil sprechen.“* Wie bewerten Sie dies im Hinblick auf die verfassungsrechtlichen Grundlagen im Strafrecht?

→ *Frage 68*

6. (5 Punkte) Ein Bundesgesetz über die Vereinheitlichung der Mindestsicherung wird kundgemacht, obwohl die notwendige Abstimmung im Nationalrat dafür nicht durchgeführt wurde. Ist das Gesetz anwendbar?

→ *Frage 93*

7. (3 Punkte) Ein Mitgliedstaat der Europäischen Union beschließt, künftig nur noch Student*innen an den staatlichen Universitäten zuzulassen, die in seinem Staat maturiert haben. Wäre eine solche Regelung europarechtlich zulässig? Begründen Sie!

→ *Frage 81*

8. (4 Punkte) Handelt es sich bei der Nationalratswahlordnung (NRWO) um Verfassungsrecht? Erklären Sie!

→ *Frage 7*

9. (3 Punkte) Welche Völkerrechtsquellen gibt es? Nennen Sie diese!

→ *Frage 78*

10. (2 Punkte) Die Wahlbeteiligung soll gesteigert werden und zu diesem Zweck wird das Wahlrecht geändert. Nun sollen Personen, die bei der Wahl verhindert sind, ihre Stimme durch eine Person ihrer Wahl abgeben können. Diese Person übt das Wahlrecht im Wahllokal für die verhinderte Person aus. Welchem Grundsatz würde dies widersprechen? Erklären Sie!

→ *Frage 19*

11. (2 Punkte) Ist das Organ Landeshauptmann im Rahmen der mittelbaren Bundesverwaltung ein Landes- oder Bundesorgan? Erklären Sie!

→ *Frage 42*

Prüfung 2 *(Elio Dalpra)*

1. (5 Punkte) Zwischen dem Bundesverfassungsgesetz über den Beitritt Österreichs zur Europäischen Union und dem teiländernden Bundesverfassungsgesetz über die Nachhaltigkeit, den Tierschutz, den umfassenden Umweltschutz, die Sicherstellung der Wasser- und Lebensmittelversorgung und die Forschung gibt es keinen Erzeugungszusammenhang. Welcher Rang kommt ihnen in den Stufenbaumodellen zu?

→ *Frage 96*

2. (2 Punkte) Ein Bundesverfassungsgesetz soll die Grundnorm abändern. Erklären Sie die Grundnorm und welche Quoren sind für eine solche Abänderung notwendig?

→ *Frage 99*

3. (4 Punkte) Im Nationalrat soll ein Gesetz verabschiedet werden, welches die Bevölkerung vor Neandertalern schützen soll. Begeistert von der Idee erteilt der Klubobmann einer Oppositionspartei den Abgeordneten seiner Fraktion den Auftrag, für die Erlassung des Gesetzes zu stimmen. Handelt es sich bei der Anordnung um eine Weisung? Muss die Anordnung befolgt werden?

→ *Frage 22*

4. (4 Punkte) Art 141 Abs 1a B-VG besagt, dass der Verfassungsgerichtshof (VfGH) über die Anfechtung der Wahl zu den allgemeinen Vertretungskörpern (beispielsweise des Nationalrats) erkennt. Diese Regelung soll durch eine Novellierung entfallen, da in Zukunft Wahlen, bei denen es nachweislich zu keinen Manipulationen gekommen ist, nicht nur aufgrund von formalen Fehlern – wie etwa die zu frühe Auszählung der Briefwahlstimmen – wiederholt werden sollen. Wäre dies verfassungsrechtlich möglich?

→ *Frage 13*

5. § 6 Abs 1 Wiener Reinhaltegesetz (Wr ReiG) sieht vor, dass Personen, die Straßen verunreinigen, eine Verwaltungsübertretung begehen, welche mit einer Geldstrafe bis zu € 1.000,– zu bestrafen ist.
a) (2 Punkte) Bereits mit Inkrafttreten des Wiener Reinhaltegesetzes wird in § 2 Wr ReiG festgelegt, dass unter Straßen in § 6 Abs 1 Wr ReiG alle dem Verkehr von Fahrzeugen dienenden Grundflächen zu verstehen sind. Wie nennt man die Anordnung in § 2 Abs 1 Wr ReiG? Erklären Sie!
b) (4 Punkte) Nach dem Inkrafttreten des Wiener Reinhaltegesetztes wird der § 2 Wr ReiG durch eine Novelle verändert. Dieser sieht nun vor, dass unter Straßen in § 6 Abs 1 Wr ReiG alle dem Verkehr von Menschen oder Fahrzeugen dienenden Grundflächen zu verstehen sind bzw waren. Wie nennt man diese Anordnung? Gibt es verfassungsrechtliche Bedenken?

→ *Frage 104*

6. (2 Punkte) Bei den anstehenden Wahlen werden aufgrund eines Produktionsfehlers durchsichtige Wahlkuverts verwendet. Welchem Grundsatz könnte dies widersprechen? Erklären Sie!

→ *Frage 21*

7. In einer Stellenausschreibung für eine Stelle im Bundesministerium für Klimaschutz, Umwelt, Energie, Mobilität, Innovation und Technologie findet sich ua die Klausel, dass Bewerberinnen, die gleich geeignet sind wie der bestgeeignetste Bewerber, bevorzugt werden.
a) (3 Punkte) In welches Grundrecht wird eingegriffen? Erklären Sie!
b) (2 Punkte) In der Privatwirtschaft wird von einem privaten Unternehmen eine Stellenausschreibung inseriert, die eine Anstellung ausschließlich von Frauen vorsieht. Wirken die Grundrechte in diesem Verhältnis? Erklären Sie!

→ *Frage 50*

8. (4 Punkte) Die Richtlinie über die Rechte der Raucher*innen der Europäischen Union wird nicht fristgerecht umgesetzt. Die Richtlinie würde Ihnen als Gastronom*in die Möglichkeit eröffnen, Ihr Lokal vor 22:00 Uhr als Nichtraucher*innenlokal und ab 22:00 Uhr als Raucher*innenlokal zu führen. Die bisherige Rechtslage würde dies nicht zulassen. Welche Möglichkeit gibt es, sich auf diese Richtlinie zu berufen? Welches Rechtsmittel kann gegen die nicht fristgerechte Umsetzung erhoben werden?

→ *Frage 83*

9. (3 Punkte) In einem Aufsatz wird die Entwicklung der Immunität dargestellt. Zu diesem Zweck wird die nicht mehr geltende *„Dezemberverfassung"* untersucht und die ausschlaggebenden Fakten, die zur heutigen Rechtslage geführt haben, herausgearbeitet. Ebenso wird untersucht, wie andere europäische Staaten die Abgeordneten der jeweiligen Gesetzgebungskörperschaften schützen und es werden Vorschläge zur Verbesserung der Rechtslage in Österreich gemacht. Welche rechtswissenschaftlichen Untersuchungen werden dabei gemacht? Erklären Sie!

→ *Frage 89*

10. (2 Punkte) Nennen Sie zwei Konsequenzen, die bei Rechtskraft des Bescheids eintreten!

→ *Frage 60*

Prüfung 3 *(Elio Dalpra)*

1. (4 Punkte) Das Bundespräsidentenwahlgesetz sieht vor, dass die Wiederholung der Bundespräsidentenwahl von der Bundesregierung durch Verordnung im Bundesgesetzblatt auszuschreiben ist. Stehen das Bundespräsidentenwahlgesetz und diese Verordnung in den Stufenbaumodellen auf derselben Stufe? Erklären Sie!

→ *Frage 97*

2. (3 Punkte) *Moritz* möchte Art 29 Abs 1 B-VG unter Bedachtnahme auf Art 67 Abs 1 B-VG verfassungskonform interpretieren. Ist diese Interpretationsmethode anwendbar? Erklären Sie!

→ *Frage 101*

3. (3 Punkte) Der Bund ist gem Art 10 B-VG für das Verkehrswesen bezüglich der Eisenbahnen zuständig. Unklar ist, ob dazu auch die Zuständigkeit zur Errichtung einer neuen Seilbahn zählt. Normalerweise sind die Länder gem Art 15 B-VG für das Baurecht zuständig. Mit welcher Methode stellt der Verfassungsgerichtshof fest, ob der Bund oder die Länder zuständig sind?

→ *Frage 103*

4. (2 Punkte) Am Wahltag wird *Max* beim Betreten des Wahllokals von den Vertreter*innen der wahlwerbenden Parteien empfangen und intensiv für das Wählen der jeweiligen Partei umworben. Welchem Grundsatz könnte dies widersprechen? Erklären Sie!

→ *Frage 20*

5. (2 Punkte) Handelt es sich bei der StVO um eine Durchführungsverordnung? Was zeichnet eine Durchführungsverordnung aus?

→ *Frage 55*

6. (2 Punkte) Was besagt das Legalitätsprinzip?

→ *Frage 46*

7. Der Abgeordnete *Christian* tätigt während einer hitzigen Nationalratssitzung über ein politisch umstrittenes Thema folgende Aussage: *„Sie sind für mich im Sternzeichen ein Krokodil: eine große Papp'n und ein kleines Hirn"*. Der angesprochene Abgeordnete *Gerald* ist erbost und fordert Konsequenzen.
a) (2 Punkte) Wie kann *Christian* zur Verantwortung gezogen werden?
b) (3 Punkte) Nach Ende der Nationalratssitzung treffen *Christian* und *Gerald* im Rahmen einer Diskussionsrunde zum selben politisch umstrittenen Thema im Parlamentsgebäude erneut aufeinander. *Christian* wiederholt seine Aussage, die er während der Nationalratssitzung getätigt hat, weil *Gerald* seine Argumente nicht gelten lassen will. *Gerald* will nun rechtliche Schritte unternehmen. Wie kann *Christian* zur Verantwortung gezogen werden?

→ *Frage 24*

8. (3 Punkte) Art 18 Abs 1 Oberösterreichisches Landes-Verfassungsgesetz sieht eine sechsjährige Gesetzgebungsperiode des Landtages vor. Im B-VG findet sich dazu keine Regelung, jedoch normiert Art 27 Abs 1 B-VG eine fünfjährige Gesetzgebungsperiode für den Nationalrat. Kann das Bundesland Oberösterreich eine längere Gesetzgebungsperiode für den Landtag vorsehen? Erklären Sie!

→ *Frage 31*

9. (4 Punkte) Nennen und beschreiben Sie die zwei völkerrechtlichen Anknüpfungspunkte für die Erlangung der Staatsbürgerschaft!

→ *Frage 77*

10. (3 Punkte) Nennen Sie die Organe, die an der europäischen Gesetzgebung beteiligt sind.

→ *Frage 84*

11. (4 Punkte) Art 7 Abs 1 EMRK lautet: „*Niemand kann wegen einer Handlung oder Unterlassung verurteilt werden, die zur Zeit ihrer Begehung nach inländischem oder internationalem Recht nicht strafbar war. Ebenso darf keine höhere Strafe als die im Zeitpunkt der Begehung der strafbaren Handlung angedrohte Strafe verhängt werden[.]*“ Welche Verbote sind aus dieser Verfassungsbestimmung abzuleiten? Erklären Sie!

→ *Frage 34*

12. (2 Punkte) *Stefan* erhält einen Bescheid, in dem ihm aufgetragen wird, sein Solarium, welches er im Garten aufgestellt hat, aufgrund drohender Umweltschäden zu entfernen. Um welche Art von Bescheid handelt es sich? Begründen Sie!

→ *Frage 57*

Prüfung 4 *(Elio Dalpra)*

1. (3 Punkte) Welche Möglichkeiten gibt es, Normenkonflikte in Rechtsordnungen zu vermeiden oder aufzulösen? Erklären Sie!

→ *Frage 4*

2. (2 Punkte) Wieso finden sich in einfachen Bundesgesetzen „*Verfassungsbestimmungen*"? Mit welchen Quoren sind diese zu beschließen?

→ *Frage 9*

3. (4 Punkte) Sowohl das bundesstaatliche als auch das gewaltentrennende Grundprinzip dienen der Aufteilung der staatlichen Gewalt, um damit Machtmissbrauch zu verhindern. Erklären Sie, warum dies so ist!

→ *Frage 12*

4. Die Mitglieder einer Oppositionspartei im Nationalrat möchten den Föderalismus in Österreich abbauen und wollen im Zuge dessen den Bundesrat abschaffen.
a) (1 Punkt) Wie können die Mitglieder der Oppositionspartei ein solches Vorhaben einleiten?
b) (3 Punkte) In welcher Form müsste eine solche Änderung im Nationalrat durchgeführt werden und wieso?
c) (2 Punkte) Welche rechtlichen Folgen hätte es, wenn der Bundesrat dem Vorhaben nicht zustimmt?
d) (4 Punkte) Wie muss das Gesetzgebungsverfahren weitergehen, wenn der Bundesrat zustimmt?

→ *Frage 30*

5. (3 Punkte) Nachdem es immer wieder Ärger wegen Aussagen eines Bundesministers gibt, möchte seine politische Partei ihn gegen ein anderes Parteimitglied auswechseln. Geht das so einfach?

→ *Frage 37*

6. (4 Punkte) Welche verfassungsrechtlich vorgesehenen Möglichkeiten gibt es, dass Volksvertreter*innen an der ordentlichen Gerichtsbarkeit mitwirken? Gibt es einen Zusammenhang mit einem Grundprinzip? Wenn ja, erklären Sie diesen Zusammenhang!

→ *Frage 47*

7. (2 Punkte) Was ist ein Gesetzesvorbehalt?

→ *Frage 51*

8. *Peter* weigert sich, eine Organstrafverfügung für das Nicht-Wegräumen des Hundekots seines Hundes zu bezahlen. Deshalb wird gegen *Peter* als Beschuldigten iSd VStG ein Verwaltungsstrafverfahren eingeleitet. *Ulrike* möchte an diesem Verfahren teilnehmen, weil sie generell das Wegräumen von Hundekot durch Hundebesitzer*innen als Skandal empfindet.
a) (2 Punkte) Welche Möglichkeiten hat *Ulrike*, ihre persönlichen Interessen in diesem Verfahren durchzusetzen? Erklären Sie!
b) (2 Punkte) Kann sich *Ulrike* auf die Schutznormtheorie berufen, um in diesem Verwaltungsstrafverfahren ihre persönlichen Interessen durchzusetzen? Erklären Sie!

→ *Frage 59*

9. (1 Punkt) Gem § 2 Abs 1 Wiener Reinhaltegesetz (Wr ReiG) ist das „*Verunreinigen von Straßen mit öffentlichem Verkehr sowie von öffentlich zugänglichen Grünflächen*“ verboten. Auf welchen Geltungs- und Anwendungsbereich bezieht sich diese Rechtsvorschrift?

→ *Frage 92*

10. (4 Punkte) Die StVO sieht die Möglichkeit vor, flächendeckende Kurzparkzonen zu schaffen, in denen Autobesitzer*innen ohne Ausnahmebewilligung für längeres Halten und Parken mit Strafe sanktioniert werden. Nun wird aber nur für den sechzehnten Wiener Gemeindebezirk eine solche Regelung geschaffen. Manche Bewohner des dreizehnten Gemeindebezirkes denken sich, dass diese Regelung auch auf ihren Bezirk analog anzuwenden wäre. Was sagen Sie aus verfassungsrechtlicher Sicht dazu? Erklären Sie!

→ *Frage 106*

Prüfung 5 *(Lisa Kircher)*

1. (4 Punkte) Art 14 Abs 7a B-VG legt fest, dass die Schulpflicht in Österreich zumindest neun Jahre beträgt. Handelt es sich bei dieser Bestimmung um Verfassungsrecht? Begründen Sie Ihren Lösungsansatz!

→ *Frage 8*

2. (3 Punkte) Der Bundeskanzler plant die Einführung eines ihm zustehenden Weisungsrechts gegenüber den übrigen Mitgliedern der Bundesregierung. Im Rahmen einer Ministerratssitzung informiert er die Bundesregierung über sein Gesetzesvorhaben, das er als Regierungsvorlage im Nationalrat einbringen möchte. In welcher Organform muss der Bundeskanzler zur Verwirklichung seines Vorhabens handeln? Welchen rechtlichen Einwänden könnte die Einführung eines Weisungsrechts zugunsten des Bundeskanzlers begegnen?

→ *Frage 35*

3. (3 Punkte) § 75 StGB sieht Folgendes vor: „*Wer einen anderen tötet, ist mit Freiheitsstrafe von zehn bis zu zwanzig Jahren oder mit lebenslanger Freiheitsstrafe zu bestrafen.*“ Wann wäre bei diesem Delikt das subjektive Tatbestandsmerkmal erfüllt?

→ *Frage 70*

4. (3 Punkte) Die Studentin *Laura* geht davon aus, dass die Subjektionstheorie zur Abgrenzung von Öffentlichem Recht und Privatrecht darauf abstellt, ob ein Beteiligter mit „*Hoheitsgewalt*" handelt. Nehmen Sie zu dieser Annahme Stellung!

→ *Frage 6*

5. Als die Veröffentlichung eines brisanten Videos eine Regierungskrise auslöst und den Austausch einiger Regierungsmitglieder zur Folge hat, äußern zahlreiche Nationalratsabgeordnete ihren Unmut über die Bundesregierung.
a) (3 Punkte) Besteht für den Nationalrat eine rechtlich zulässige Möglichkeit, die gesamte Bundesregierung „loszuwerden"?
b) (1 Punkt) Der Bundespräsident hegt demgegenüber lediglich Bedenken gegen den Innenminister, der aufgrund seiner öffentlichen Aussagen bereits mehrfach negativ aufgefallen ist. Kann der Bundespräsident den Innenminister entlassen?

→ *Frage 38*

6. *Lilly* möchte sich den Traum von einem Haus im Grünen erfüllen. Nachdem sie ein passendes Grundstück gekauft hat, bringt sie bei der zuständigen Verwaltungsbehörde einen Antrag auf Baubewilligung ein.
a) (4 Punkte) Von der Verwaltungsbehörde wird sie daraufhin als „Partei" des Baubewilligungsverfahrens geführt. Können Sie *Lilly* erklären, welche Rechte ihr aufgrund dieser Stellung zustehen?
b) (2 Punkte) Als *Lilly* nach Ablauf der Entscheidungsfrist noch immer keinen Bescheid der Verwaltungsbehörde in Händen hält, wird sie ungeduldig. Wie kann sich *Lilly* gegen die Untätigkeit der Verwaltungsbehörde zur Wehr setzen?
c) (1 Punkt) Als in weiterer Folge auch das zuständige Verwaltungsgericht untätig bleibt, rät ein befreundeter Rechtsanwalt *Lilly* zu einem Fristsetzungsantrag. Bei welchem Gericht hat sie diesen einzubringen?

→ *Frage 61*

7. (3 Punkte) Unter welchen Voraussetzungen kann einer*einem Täter*in im Strafrecht kein Schuldvorwurf gemacht werden?

→ *Frage 71*

8. (4 Punkte) Unterscheiden Sie das Vertragsverletzungsverfahren von der Nichtigkeitsklage!

→ *Frage 88*

9. (4 Punkte) Was versteht man unter der „*beruflichen Immunität*“ und der „*außerberuflichen Immunität*“ im Hinblick auf die Mitglieder des Nationalrates?

→ *Frage 23*

10. (2 Punkte) Charakterisieren Sie die europarechtskonforme Interpretation!

→ *Frage 100*

Prüfung 6 *(Florian Rathmayer)*

1. *Ernie* und *Bert* möchten in Tirol eine kleine Blockhütte errichten. Nachdem sie ein geeignetes Grundstück erworben haben, beantragen sie die erforderliche Bewilligung. Der nach der Tiroler Bauordnung (Baurecht ist eine Angelegenheit des Art 15 B-VG) zuständige Bürgermeister versagt deren Erteilung jedoch.
a) (2 Punkte) Wie können *Ernie* und *Bert* gegen den negativen Bescheid des Bürgermeisters vorgehen, welche Frist haben sie dabei zu beachten?
b) (2 Punkte) Die Rechtsmittelbehörde behebt den Bescheid und verweist die Rechtssache zurück an den Bürgermeister, der das Bauvorhaben im zweiten Anlauf genehmigt. Nun ist die Nachbarin *Henriette*, die schon im ersten Verfahrensgang Bedenken gegen das Vorhaben geäußert hatte, mit der Entscheidung unzufrieden und möchte sich dagegen rechtlich zur Wehr setzen. Dennoch fangen *Ernie* und *Bert* sofort zu bauen an. Ist ein solches Vorgehen ratsam?

→ *Frage 65*

2. Nachdem Wien zum zehnten Mal in Folge zur lebenswertesten Stadt gewählt wurde, fordert ein Lokalpolitiker, die Bundeshauptstadt von den übrigen Bundesländern loszulösen und einen eigenen Wiener Stadtstaat zu begründen. *Alexa* möchte sich dem entgegenstellen. Sie plädiert dafür, die Mitgliedstaaten der EU in einem europäischen Bundesstaat zusammenzuführen.
a) (4 Punkte) Welche Formen der Staatennachfolge werden im Sachverhalt angedacht? Begründen Sie Ihre Antwort!
b) (3 Punkte) Nennen Sie die Voraussetzungen, die ein Wiener Stadtstaat und ein europäischer Bundesstaat erfüllen müssten, um im rechtlichen Sinn als Staat zu gelten.

→ *Frage 76*

3. *Sonja* wäre gerne Landeshauptfrau von Niederösterreich, da sie als oberstes Organ der Landesverwaltung frei von Weisungen agieren könne.
a) (2 Punkte) Klären Sie *Sonja* über die einschlägige Verfassungsrechtslage auf!
b) (1 Punkt) Unter welchen Umständen können Sie bei der Wahl des obersten Organs der Landesverwaltung mitstimmen?

→ *Frage 41*

4. *Hanna* möchte auf ihrem Waldgrundstück eine Lagerhalle errichten. Dafür bedarf es einer Rodungsbewilligung nach dem Forstgesetz (Bundesgesetz, das auf Grundlage des Art 10 B-VG erlassen wurde).
a) (4 Punkte) Wieso stellt *Hanna* ihren Antrag bei der Bezirksverwaltungsbehörde, einem Landesorgan im organisatorischen Sinn?
b) (2 Punkte) Die Landesregierung fürchtet um die Erholungsfunktion des Waldes. Darf sie die Bezirksverwaltungsbehörde anweisen, *Hanna* die Genehmigung zu versagen?

→ *Frage 43*

5. Während eines Beschwerdeverfahrens stößt Verwaltungsrichterin *Claudia* auf eine bundesgesetzliche Bestimmung, die der anzuwendenden EU-Verordnung 2016/679 widerspricht.
a) (3 Punkte) Wie hat *Claudia* vorzugehen?
b) (4 Punkte) Ein für ihre Falllösung wesentlicher Absatz der EU-Verordnung bringt *Claudia* besonders zum Grübeln. Trotz tagelanger Recherche gelangt sie zu keinem sinnvollen Auslegungsergebnis. Zu welchem Vorgehen würden Sie ihr raten?

→ ***Frage 85***

6. (4 Punkte) Menschenrechte werden in zahlreichen völkerrechtlichen Verträgen normiert. Warum können sich Individuen nicht unmittelbar auf die vertraglich verbrieften Garantien berufen?

→ ***Frage 79***

7. *Antonia* fährt ausschließlich mit dem Fahrrad, ein Auto besitzt sie nicht. Dennoch wird ihr eine an sie adressierte Anonymverfügung wegen Falschparkens eines Kfz zugestellt.
a) (2 Punkte) Welches Rechtsmittel kann *Antonia* gegen die Anonymverfügung erheben?
b) (1 Punkt) *Antonia* ist überzeugt, dass das Verfahren mit einem Freispruch enden muss. Zu Recht?

→ *Frage 63*

8. (3 Punkte) Unterscheiden Sie „*Gesetz im materiellen Sinn*" und „*Gesetz im formellen Sinn*"! Nennen Sie jene Rechtsform, bei der es sich typischerweise um Gesetze im materiellen Sinn, nicht jedoch im formellen Sinn handelt.

→ *Frage 52*

Prüfung 7 *(Moritz Völkl)*

1. (4 Punkte) Die Amtsperiode des Bundespräsidenten ist in Art 60 Abs 5 B-VG normiert. Die amtierende Regierung will diese von sechs auf zwanzig Jahre verlängern. Welche Möglichkeiten bestehen, um die verfassungsrechtlichen Vorgaben abzuändern? Wenden Sie Ihre Erkenntnisse auch auf den konkreten Fall an.

→ *Frage 15*

2. Beantworten Sie folgende Fragen bezüglich Wahlgrundsätze:
a) (2 Punkte) Die Einhaltung welches Wahlgrundsatzes könnte bei der „Briefwahl" problematisch sein? Entscheiden Sie sich für einen und begründen Sie!
b) (1 Punkt) Nennen Sie zwei weitere Wahlgrundsätze!

→ *Frage 18*

3. (3 Punkte) *Detlef* ist von der Staatsanwaltschaft wegen Mordes angeklagt. Ein Geschworenengericht des Landesgerichts für Strafsachen in Graz verurteilt ihn zu einer unbedingten Freiheitsstrafe von zwölf Jahren. Die Staatsanwaltschaft erkennt das Urteil an. Daraufhin rät *Detlefs* Strafverteidiger ihm zur Erhebung eines Rechtsmittels, um eine mildere Strafe zu erwirken. Da *Detlef* jedoch Angst hat, dass ihn die Staatsanwaltschaft in nächster Instanz – im Sinne des Inquisitionsprinzips – zu einer lebenslangen Freiheitsstrafe verurteilen könnte, ist er unsicher, ob er den Rat befolgen soll. Ist diese Angst berechtigt?

→ *Frage 75*

4. Ein Gesetz, das eine verwaltungsstrafrechtliche Zahlung für den Verzehr von Getränken und Speisen während des Betriebes eines Kraftfahrzeuges vorsieht, wird am 22.10.2019 im Bundesgesetzblatt kundgemacht.
a) (2 Punkte) Wann tritt es in Kraft, wenn keine weiteren Regelungen bestehen?
b) (1 Punkt) Das Gesetz bestimmt, dass die Regelungen mit 1.1.2020 in Kraft treten. Wie nennt man eine solche Anordnung?
c) (2 Punkte) Wie wird eine Anordnung genannt, die bestimmt, dass das Gesetz schon seit dem 1.1.2018 auf alle Personen im Bundesgebiet Anwendung findet? Was ist hierzu aus verfassungsrechtlicher Sicht zu sagen?

→ *Frage 32*

5. (3 Punkte) *Daniel* behauptet, dass EU-Richtlinien von den Mitgliedstaaten erst in nationales Recht umgesetzt werden müssen und daher nie – wie EU-Verordnungen – unmittelbar anwendbar sein können. *Franz* bestreitet dies. Wer hat Recht?

→ *Frage 82*

6. Beantworten Sie folgende Fragen bezüglich Bundesrat:
a) (3 Punkte) Welche Funktion hat der Bundesrat im Gesetzgebungsverfahren des Bundes?
b) (1 Punkt) Wieso wird er, obwohl er ein Gesetzgebungsorgan des Bundes ist, als „*Länderkammer*" bezeichnet?

→ *Frage 28*

7. *Gerhard* bemerkt auf der gegenüberliegenden Straßenseite eine handfeste Auseinandersetzung zwischen drei Personen. Daraufhin sprintet *Gerhard* zu den „Rowdies“ hinüber und will sie besänftigen. Bevor er überhaupt noch in irgendeiner Weise eingreifen kann, trifft die Polizei ein und verhaftet kurzerhand alle beteiligten Personen.
a) (1 Punkt) Um was für einen Rechtsakt handelt es sich dabei?
b) (1 Punkt) *Gerhard* ist wutentbrannt über das Verhalten des ihn festnehmenden Polizisten und möchte gegen die Festnahme vorgehen. An wen könnte er sich wenden und mit welchem Rechtsmittel?

→ ***Frage 67***

8. Jus-Studentin *Maria* stößt immer wieder auf verschiedene Besetzungen der strafrechtlichen Gerichte. Sie hat in Erfahrung gebracht, dass die Gerichte als Einzelrichter, als Schöffengericht und als Geschworenengericht auftreten können. Bitte ordnen Sie folgende Delikte den drei angesprochenen Besetzungen der Gerichte zu!
a) (1 Punkt) *Alexander* wird wegen Mordes nach § 75 StGB von der Staatsanwaltschaft angeklagt. Der Strafrahmen für dieses Delikt beträgt zehn bis zwanzig Jahre oder eine lebenslange Freiheitsstrafe. In welcher Besetzung muss das Gericht hier auftreten?
b) (1 Punkt) *Xenia* überfällt mit einer Pistole eine Bank und erbeutet einen erheblichen Geldbetrag. Sie wird geschnappt und wegen schweren Raubes nach § 143 StGB von der Staatsanwaltschaft angeklagt. Der Strafrahmen dieses Deliktes beträgt ein bis zu fünfzehn Jahren Freiheitsstrafe. In welcher Besetzung tritt das zuständige Gericht in diesem Fall zusammen?
c) (1 Punkt) Gegen *Lily* wird Anklage wegen leichter Körperverletzung nach § 83 Abs 2 StGB durch die Staatsanwaltschaft erhoben. Der Strafrahmen für dieses Delikt beträgt eine Geldstrafe oder bis zu einem Jahr Freiheitsstrafe In welcher Besetzung wird hierbei das zuständige Gericht urteilen?

→ ***Frage 72***

9. (4 Punkte) Erklären Sie den Unterschied zwischen politischer und rechtlicher Verantwortlichkeit des Bundespräsidenten und nennen Sie jeweils eine dazugehörige gesetzliche Bestimmung!

→ *Frage 39*

10. (4 Punkte) Der neu bestellte Bundeskanzler will „Nägel mit Köpfen machen“ und beschließt gleich nach seinem Amtsantritt ein neues steuerrechtliches Gesetz. Anstatt den langwierigen Prozess durch die gesetzgebenden Institutionen des Bundes zu durchlaufen, leitet er den Beschluss gleich an den Bundespräsidenten weiter; dieser unterschreibt das Gesetz, der Bundeskanzler zeichnet es gegen und veröffentlicht es noch am selben Tag auf der Homepage des Bundeskanzleramtes. Ist das Bundesgesetz anwendbar? Begründen Sie!

→ *Frage 94*

11. (2 Punkte) Das Land Niederösterreich schließt Verträge mit verschieden Handwerksbetrieben über Um- und Verbesserungsarbeiten des alten Rathauses in Zwettl ab. Der beim Land Niederösterreich angestellte Jurist *Bernd* meint, dass hierbei kein hoheitliches Handeln vorliegt und somit das Land Niederösterreich sich nicht an die Grundrechte zu halten hat. Stimmen Sie dem zu?

→ *Frage 49*

Prüfung 8 *(Sophie Wittich)*

1. (1 Punkt) Aufgrund der Corona-Pandemie wurde eine Verordnung des Gesundheitsministers erlassen, mit der eine Verpflichtung zum Tragen von FFP2-Masken an bestimmten, stark frequentierten Plätzen eingeführt wurde. Bei Zuwiderhandeln drohen Verwaltungsstrafen. Welchem Normensystem kann diese Regelung zugeordnet werden?

→ ***Frage 1***

2. (4 Punkte) Nachdem das Erneuerbaren-Ausbau-Gesetz im Nationalrat beschlossen wurde, kommt zwischen den Abgeordneten *Barbara* und *Peter* eine Diskussion auf: *Barbara* behauptet, dass das Erneuerbaren-Ausbau-Gesetz im Stufenbau der Rechtsordnung neben dem Geschäftsordnungsgesetz steht. Dem widerspricht *Peter*, da er der festen Überzeugung ist, dass das Geschäftsordnungsgesetz über dem Erneuerbaren-Ausbau-Gesetz steht. Erläutern Sie, warum beide Recht haben!

→ ***Frage 95***

3. (2 Punkte) *Max* meint, dass das Gewerberecht klar dem Privatrecht zugeordnet wird, da er als Unternehmer ein privates Interesse daran hat, eine Gewerbeberechtigung zu erlangen. Hat *Max* damit Recht? Welche Theorie spricht er mit seiner Aussage an? Erklären Sie schlüssig!

→ ***Frage 5***

4. (3 Punkte) Sie bekommen von einem Polizisten einen „Strafzettel", da Sie während der Autofahrt mit Ihrem Mobiltelefon telefonieren. Um welches Verfahren handelt es sich und wodurch zeichnet sich dieser „Strafzettel" aus? Können Sie gegen diesen rechtlich vorgehen?

→ *Frage 62*

5. Bundespräsidentin *Karin* ist schon seit längerem nicht mehr zufrieden mit den im Nationalrat beschlossenen Gesetzen, da diese nicht ihrer politischen Meinung entsprechen. Daher entschließt sie sich dazu, in Zukunft nur mehr jene Gesetze zu beurkunden, die mit ihrer politischen Meinung übereinstimmen.
a) (3 Punkte) Wäre ein solches Vorgehen verfassungsrechtlich zulässig? Erklären Sie schlüssig!
b) (2 Punkte) Da sich *Karins* Amtszeit dem Ende zuneigt, möchte sie zudem Abgeordnete im Parlament davon überzeugen, die Amtsperiode des Bundespräsidenten von sechs auf sieben Jahre zu erhöhen. Ist dies möglich? Wenn ja, unter welchen Voraussetzungen?
c) (2 Punkte) Die Partei *XY* hält das Verhalten der Bundespräsidentin für inakzeptabel und denkt daher an, das Amt des Bundespräsidenten generell abzuschaffen. Ist dies möglich? Wenn ja, unter welchen Voraussetzungen?

→ *Frage 14*

6. (4 Punkte) Unterscheiden Sie die unterschiedlichen Formen von Verordnungen!

→ *Frage 53*

7. (2 Punkte) *Antonia* und *Florian* lernen gemeinsam für die STEOP-MP Einführung. *Antonia* behauptet, dass zur Auslegung mancher verfassungsrechtlicher Rechtsvorschriften der Inhalt einfacher historischer Gesetze berücksichtigt werden muss. *Florian* entgegnet, dass zur Auslegung einfacher Gesetze auf verfassungsgesetzliche Regelungen Bedacht zu nehmen ist. Welche methodischen Grundlagen sprechen *Antonia* und *Florian* an? Nennen und erklären Sie diese schlüssig!

→ ***Frage 102***

8. (2 Punkte) *Laura* meint, Aufgabe des Rechnungshofes sei es, Missbräuche in der Verwaltung aufzuzeigen. Hat Sie Recht? Begründen Sie!

→ ***Frage 48***

9. (3 Punkte) Welche Täterschaftsformen im Strafrecht kennen Sie? Nennen und erklären Sie diese!

→ ***Frage 69***

10. (4 Punkte) *Andreas* behauptet, dass der Beitritt Österreichs zur Europäischen Union durch ein einfaches Gesetz erfolgte, da keine Grundprinzipien modifiziert wurden. Hat *Andreas* Recht? Erklären Sie schlüssig!

→ *Frage 87*

11. (3 Punkte) *Klaus* wundert sich, dass der Begriff der Rechtswissenschaften im Plural steht. Zudem fragt er sich, ob sich das Recht im Laufe der Zeit entwickelt hat und in welchem Verhältnis Recht und Gerechtigkeit stehen. Erklären Sie, warum von „Rechtswissenschaften" gesprochen wird und erläutern Sie, welche rechtswissenschaftlichen Disziplinen *Klaus* Antworten auf seine Fragen geben könnten!

→ *Frage 90*

12. (2 Punkte) Die Abgeordnete *Helene* ist der Ansicht, dass „einfache Bürger*innen" bei der Nationalratswahl nicht unmittelbar die Abgeordneten wählen sollten. Außerdem findet sie, dass das Wahlrecht von Frauen gestärkt und ihre Stimme daher stärker gewichtet werden sollte. Was ist aus verfassungsrechtlicher Sicht dazu zu bemerken?

→ *Frage 16*

Prüfung 9 *(Sophie Wittich)*

1. (2 Punkte) *Anna* meint, dass eine Rechtsnorm nur dann Geltung hat, wenn sie auch tatsächlich befolgt wird. Hat *Anna* damit Recht?

→ *Frage 3*

2. (4 Punkte) Die neue ins Amt gekommene Landeshauptfrau *Tanja* ist begeistert von ihrer neuen Position, da sie meint, nun endlich den unfreundlichen Mitarbeiter*innen im Finanzamt Weisungen erteilen zu können. Auch ist sie stolz darauf, als oberstes Organ der Landesverwaltung direkt von den Bürger*innen im Land gewählt worden zu sein. Hat *Tanja* Recht? Erklären Sie schlüssig!

→ *Frage 64*

3. (2 Punkte) Grenzen Sie „*Einkammernsysteme*" von „*Zweikammernsystemen*" ab und nennen Sie Beispiele!

→ *Frage 29*

4. (3 Punkte) Eine Novelle der StVO tritt in Kraft, welche vorsieht, dass Verstöße gegen das Vorrangzeichen „*HALT*" (= „Stoppschild") mit einer unbedingten Freiheitsstrafe geahndet werden. Dies soll für alle Verstöße seit dem Jahr 2000 gelten. Was spricht gegen diese Gesetzesnovelle?

→ *Frage 33*

5. (2 Punkte) *Arnold* freut sich als Parteimitglied der ÖVP darüber, dass Sebastian Kurz zum jüngsten Kanzler der Republik gewählt wurde. Was ist aus verfassungsrechtlicher Sicht daran falsch?

→ *Frage 36*

6. (2 Punkte) *Loni* wird mit Bescheid die österreichische Staatsbürgerschaft verliehen. Sie fragt sich, wo und wie sie diesen nun vollstrecken kann, um endlich offiziell österreichische Staatsbürgerin zu sein. Was ist aus rechtlicher Sicht dazu zu bemerken?

→ *Frage 56*

7. *Anouk* und *Oliver* lernen gemeinsam für die STEOP-MP Einführung und stoßen dabei auf den Begriff der „*Strafverfügung*". Während *Anouk* der festen Überzeugung ist, dass es sich dabei eindeutig um ein gerichtliches Strafverfahren handelt, ist *Oliver* der Meinung, dass der Begriff dem Verwaltungsstrafverfahren zuzuordnen ist.
a) (2 Punkte) Wer hat Recht? Begründen Sie Ihre Antwort schlüssig!
b) (2 Punkte) Erläutern Sie schlüssig, inwiefern sich das gerichtliche Strafverfahren vom Verwaltungsstrafverfahren in Hinblick auf die Einleitung des Verfahrens unterscheidet!

→ *Frage 73*

8. Die WKStA hält es für erforderlich, im Rahmen eines laufenden Ermittlungsverfahrens gegen die Nationalratsabgeordnete *Karoline* eine Hausdurchsuchung durchzuführen. Diese wird des Amtsmissbrauches verdächtigt, wobei dieser Verdacht durch von der WKSTA ausgewertete Chat-Protokolle untermauert wird.
a) (2 Punkte) Muss die WKStA besondere Schritte einleiten, bevor sie eine Hausdurchsuchung bei der Nationalratsabgeordneten *Karoline* vornehmen kann?
b) (4 Punkte) Im weiteren Verlauf des Ermittlungsverfahrens schaltet sich die Justizministerin ein und trägt dem leitenden Staatsanwalt auf, das Ermittlungsverfahren einzustellen, da die gesetzlichen Voraussetzungen vorliegen. Welche Form hoheitlichen Verwaltungshandelns liegt hier vor und muss/darf der Staatsanwalt diese Anordnung der Justizministerin befolgen?

→ *Frage 25*

9. Der Unternehmer *Martin* betreibt ein erfolgreiches Unternehmen, das seinen Sitz in Österreich hat und seine Produkte unter anderem nach Deutschland, Italien und Spanien (allesamt Mitgliedstaaten der Europäischen Union) exportiert. Zudem bietet *Martins* Fluglinie Flüge in diese Länder an. Nach einem erfolgreichen Geschäftsjahr entscheidet sich *Martin* dazu, die ausgeschütteten Gewinne in Aktien von deutschen Unternehmen zu investieren.
a) (3 Punkte) Welche Grundfreiheiten nimmt Martin im Rahmen dieser Tätigkeiten in Anspruch?
b) (3 Punkte) Nach einiger Zeit stellt sich heraus, dass die Produkte, die *Martins* Unternehmen exportiert, schwere Gesundheitsschäden bei den Konsument*innen auslösen, die auch Langzeitfolgen mit sich bringen. Daraufhin verbietet Deutschland die Einfuhr und den Vertrieb der Waren des Unternehmens. *Martin* ist empört – immerhin sei Deutschland Teil des Binnenmarktes der Europäischen Union und könne ihm den Vertrieb der Waren somit nicht verbieten! Was ist aus rechtlicher Sicht dazu zu bemerken? Begründen Sie schlüssig!

→ *Frage 80*

10. (2 Punkte) Um die Blumen auf der Wiese vor dem Rathaus zu schützen, beschließt das zuständige Gemeindeorgan eine Tafel anzubringen, auf der zu lesen ist: „*Das Betreten der Wiese ist verboten*" – es wird jedoch keine Rechtsfolge angeordnet. Wie wird eine solche Regelung genannt und wodurch zeichnet sie sich aus?

→ ***Frage 91***

11. (4 Punkte) *Gerhard* strebt das Amt des Bürgermeisters an, da er dann endlich ein Bundesorgan ist und als solches seiner Meinung nach hohes Ansehen genießt. Hat *Gerhard* mit dieser Aussage Recht? Begründen Sie Ihre Antwort schlüssig!

→ ***Frage 44***

Prüfung 10 *(Sidar Yaylagül)*

1. (2 Punkte) Wie unterscheiden sich Normen des Rechts von sittlichen Normen?

→ *Frage 2*

2. (4 Punkte) Der Bundeskanzler plant, dass künftig nur noch die Bundesregierung zur Gesetzgebung ermächtigt ist. Zudem sollen die Gesetzgebungskompetenzen der Länder und der Bundesrat ersatzlos abgeschafft werden. Was wäre aus verfassungsrechtlicher Sicht zu bedenken? Könnten diese Vorhaben aus verfassungsrechtlicher Sicht umgesetzt werden?

→ *Frage 11*

3. (3 Punkte) Die Staatsanwaltschaft bietet dem Beschuldigten *Albert* an, das Verfahren bei Erbringung einer Zahlung von € 300,– einzustellen. Was ist damit gemeint? Ist die Annahme dieses Vorschlags mit einem Geständnis gleichzusetzen, welches im Strafregister von *Albert* ausgewiesen wird?

→ *Frage 74*

4. (4 Punkte) Ordnen Sie sowohl das Tierschutzgesetz (einfaches Bundesgesetz) als auch das Bundesgesetzblattgesetz in die jeweiligen Stufenbaumodelle ein!

→ *Frage 98*

5. Jugendschutz fällt (mangels Nennung in Art 10, 11 und 12 B-VG) unter die Generalklausel des Art 15 B-VG und ist somit in Gesetzgebung und Vollziehung Landessache. Die Mitglieder einer Oppositionspartei im Nationalrat möchten die Zuständigkeit zur Regelung des Jugendschutzes nun auf den Bund übertragen.
a) (1 Punkt) Wie können die Mitglieder der Oppositionspartei ein solches Vorhaben einleiten?
b) (1 Punkt) In welcher Form müsste eine solche Änderung im Nationalrat beschlossen werden?
c) (1 Punkt) Welche Funktion kommt dem Bundesrat im Hinblick auf dieses Vorhaben zu?
d) (2 Punkte) Ist zur Übertragung der Zuständigkeit des Jugendschutzes auf den Bund ein Volksbegehren notwendig?
e) (3 Punkte) Wie muss das Gesetzgebungsverfahren weitergehen, wenn der Bundesrat zustimmt?

→ *Frage 27*

6. (2 Punkte) *Georg* ist der Meinung, dass die Stimmen von Staatsbürger*innen mit Matura oder einem Studienabschluss bei der Nationalratswahl deutlich mehr wert sein sollten als die Stimmen von Staatsbürger*innen mit Pflichtschulabschluss. Zudem sollen die Nationalratsabgeordneten, wie in den USA, durch Wahlmänner und Wahlfrauen, gewählt werden. Wie beurteilen Sie *Georgs* Ansichten?

→ ***Frage 17***

7. (3 Punkte) *Franjo* ist der Meinung, dass jegliches Verfassungsrecht dem Unionsrecht vorgeht! Stimmt das?

→ ***Frage 86***

8. (4 Punkte) *Selma* konnte sich nun endlich bei der Bürgermeisterwahl in der Gemeinde Gutenstein in Niederösterreich durchsetzen. Durch dieses Amt verspricht sie sich, Angelegenheiten der örtlichen Baupolizei als auch Angelegenheiten nach dem Meldegesetz, frei von Weisungen umzusetzen. Wäre dies aus verfassungsrechtlicher Sicht zulässig?

→ ***Frage 45***

9. (2 Punkte) Nach jahrelanger Tätigkeit im österreichischen Nationalrat möchte sich die Abgeordnete *Alexandra* neuen Herausforderungen stellen: Sie hat vor, bei der nächsten Bundespräsidentenwahl zu kandidieren. Sollte sie zur Bundespräsidentin gewählt werden, möchte sie ihr Mandat als Nationalratsabgeordnete jedoch nicht aufgeben, da sie der festen Überzeugung ist, beide Funktionen unter einen Hut bringen zu können. Was halten Sie von *Alexandras* Vorhaben?

→ *Frage 26*

10. (3 Punkte) Der Gesundheitsminister ordnet in einem Schreiben folgendes an: „*Die lokalen Gesundheitsbehörden werden angewiesen, Kontrollen der 3-G- bzw. 2-G-Regel im Bereich der Gastronomie zu verstärken.*" Handelt es sich bei dieser Äußerung um eine Verordnung?

→ *Frage 58*

11. (2 Punkte) Nach sorgfältiger Anwendung sämtlicher Interpretationsmethoden kommt die Datenschutzbehörde in einem konkreten datenschutzrechtlichen Fall zum Ergebnis, dass der Wortlaut einer Bestimmung des Datenschutzgesetzes der in den Materialien geäußerten Absicht des Gesetzgebers widerspricht. Wie hat die Datenschutzbehörde nun vorzugehen?

→ *Frage 105*

II. Privatrecht

Prüfung 11 *(Clara Baumgartner)*

1. (1 Punkt) Nennen Sie zwei Immaterialgüterrechte! (Falsche Angaben bringen Punkteabzug.)

→ *Frage 141*

2. (2 Punkte) Was versteht man unter einem *nasciturus*? Ist ein *nasciturus* rechtsfähig?

→ *Frage 128*

3. (2 Punkte) Der in Wien lebende Japaner *Kota* bietet seinem ebenfalls japanischen Freund *Riku* eine hochwertige Armbanduhr zum Verkauf an. Die beiden einigen sich auf den marktgerechten Preis iHv Yen 300.000,– (entspricht ca € 2.500,–). Ein befreundeter Anwalt verfasst den Kaufvertrag, vertippt sich allerdings bei der Währung, sodass der Kaufpreis € 300.000,– lautet. *Kota* und *Riku* unterschreiben den Vertrag, ohne dass ihnen der Fehler auffällt. Als *Kota* später den höheren Preis im Vertrag bemerkt, freut er sich und verlangt von *Riku* die Zahlung von € 300.000,–. Zu Recht?

→ *Frage 152*

4. (2 Punkte) Welche Voraussetzungen müssen erfüllt sein, um Sachbesitz an einer Sache zu haben?

→ *Frage 208*

5. (4 Punkte) Unter welchen Formvoraussetzungen ist ein Text als letztwillige Verfügung gültig, wenn dieser vom Verfügenden auf einem Computer geschrieben wurde?

→ *Frage 259*

6. (2 Punkte) Welche privatrechtlichen Sondergesetze gibt es? Kreuzen Sie die richtigen Antworten an! (Falsche Antworten bedeuten Punkteabzug.)

□ KSchG	□ B-VG
□ AVG	□ FAGG
□ UGB	□ KHG
□ AußStrG	□ JN
□ EKHG	□ ZPO

→ *Frage 117*

7. (4 Punkte) Welche Fälle sieht das ABGB vor, rechtliche Vaterschaft zu begründen?

→ *Frage 249*

8. (3 Punkte) *Anna* kommt mit einem positiven Gefühl aus einer schriftlichen Prüfung. Vor Erleichterung möchte sie ihre Lehrbücher ihrem Kollegen *Karlo* schenken. Dieser freut sich sehr und die beiden vereinbaren eine Übergabe am nächsten Tag. Bevor es dazu kommt, erfährt *Anna* jedoch, dass sie die Prüfung nicht bestanden hat. Sie benötigt die Lehrbücher daher noch für den nächsten Antritt. Kann *Karlo* die Übergabe der Lehrbücher verlangen?

→ ***Frage 165***

9. (4 Punkte) *Herbert* wohnt seit Jahren in einer ruhigen Siedlung am Stadtrand. Als *Laura* und *Sarah* in der Nachbarwohnung eine WG gründen, hat die Ruhe jedoch ein Ende. Selbst in den Stunden nach Mitternacht findet *Herbert* aufgrund der lauten Musik keinen Schlaf mehr. Als er sich bei *Laura* und *Sarah* beschwert, teilen diese ihm mit, dass sie tagsüber Lehrveranstaltungen besuchen und daher leider nur nachts ihrem Schlagzeug-Training nachgehen können. Muss *Herbert* die Ruhestörung dulden? Wie wäre der Fall zu beurteilen, wenn der Lärm von einer behördlich genehmigten Diskothek ausginge?

→ ***Frage 214***

10. (4 Punkte) Was umfasst die elterliche Obsorge? Wem steht die Obsorge über Kinder zu, deren Eltern nicht miteinander verheiratet oder verpartnert sind, sofern keine anderslautende Vereinbarung getroffen wird?

→ ***Frage 253***

11. (4 Punkte) *Michael* stirbt und hinterlässt seine langjährige Lebensgefährtin *Eva*, den gemeinsamen Sohn *Simon* sowie seinen Vater *Georg*. Es wird ein von *Michael* handgeschriebenes und unterschriebenes Schriftstück gefunden, in dem er seinem Arbeitskollegen *Anton* seinen wertvollen Zeiller-Kommentar vermacht. Wer bekommt was? Und geht die Lebensgefährtin leer aus?

→ ***Frage 265***

12. (3 Punkte) Bei welchen Verträgen gilt die Aktualisierungspflicht iSd § 7 VGG?

→ ***Frage 177***

13. (2 Punkte) Nennen Sie zwei Möglichkeiten, wann ein Verhalten als rechtswidrig zu qualifizieren ist! (Falsche Angaben bringen Punkteabzug.)

→ ***Frage 189***

Prüfung 12 *(Clara Baumgartner/Nina-Maria Thomic)*

1. (3 Punkte) Was versteht man im Zusammenhang mit AGB unter Geltungskontrolle, Inhaltskontrolle und Transparenzgebot?

→ *Frage 157*

2. (3 Punkte) Die Student*innen *Anna*, *Benjamin* und *Fanny* möchten im vierten Wiener Gemeindebezirk eine WG gründen. Weil Miete für sie nicht in Frage kommt, wollen sie eine Wohnung kaufen und gemeinsam daran Wohnungseigentum begründen. Werden sie bei diesem Vorhaben Erfolg haben?

→ *Frage 212*

3. (2 Punkte) Welche der folgenden Aufgaben verfolgt das österreichische Privatrecht?

- ☐ Austauschgerechtigkeit
- ☐ Schaffung gerechter Vermögensverteilung unter Individuen
- ☐ Korrektur unerwünschter Vermögensverschiebungen
- ☐ Bestrafung für Fehlverhalten

→ *Frage 110*

4. (3 Punkte) *Josef* zahlt Unterhalt an *Caro*, in dem Glauben, ihr Vater zu sein. Als er erfährt, dass *Caro* nicht sein, sondern *Simons* Kind ist, möchte er den bezahlten Unterhalt zurück. Gegen wen kann *Josef* vorgehen?

→ *Frage 202*

5. (2 Punkte) Für eine dringende, lebensnotwendige Operation ihres geliebten Hundes benötigt *Rosi* Geld. *Franz* bemerkt dies und bietet *Rosi* an, ihr € 5.000,– für ein Jahr gegen 20 % Zinsen zu leihen. Mangels Alternativen und weil ihr Hund sonst sterben würde, ist *Rosi* gezwungen, das Angebot anzunehmen. Kann *Rosi* dieses Rechtsgeschäft rückgängig machen?

→ *Frage 163*

6. (3 Punkte) Nennen Sie drei Punkte, in denen sich die Gesellschaftsformen der GmbH und der AG unterscheiden!

→ *Frage 140*

7. (2 Punkte) Wann liegt ein unselbständiger Bestandteil einer Sache, wann eine eigene Nebensache vor?

→ *Frage 206*

8. (5 Punkte) Kurz nach dem tragischen Tod ihres geliebten Sohns *Sigfried* findet *Doris* beim Ausräumen seiner Wohnung folgendes von ihm eigenhändig verfasstes und unterzeichnetes Schriftstück: „*Wenn ich einmal sterbe, soll mein Vater Hans mein gesamtes Vermögen erhalten.*" *Sigfrieds* Ehefrau *Lucia*, die noch immer ein schwieriges Verhältnis zu ihrem Schwiegervater hat, will das nicht auf sich sitzen lassen. Immerhin möchte *Lucia* auch nicht aus dem schönen Haus ausziehen, das *Sigfried* vor 10 Jahren gekauft hat und das sie seitdem gemeinsam bewohnten. Wie ist die Rechtslage, wenn die reine Verlassenschaft nach *Sigfried* € 300.000,– beträgt?

→ ***Frage 276***

9. (2 Punkte) Der Gamer *Lucas* spielt leidenschaftlich gerne Computerspiele und fühlt sich in dieser Fantasiewelt beinahe schon wie zu Hause. Bei einer eSport-Messe trifft er auf den charismatischen *Clemens*. Dieser entdeckt rasch *Lucas'* Faible für das Spiel „Der Magier" und behauptet daraufhin, er könne ihm jene magischen Tränke besorgen, die ihn so unbesiegbar machen würden wie „Tergal von Vair", den Protagonisten dieses Spiels. Dafür solle ihm *Lucas* € 500,– geben. *Lucas*, der davon überzeugt ist, dass *Clemens* die Wahrheit sagt, überlässt ihm das Geld. Ist der Vertrag hinsichtlich des Vertragsgegenstandes gültig zustande gekommen?

→ ***Frage 162***

10. (3 Punkte) Erklären Sie die Herkunft, Rechtsnatur und Rechtswirkung des Vertrages mit Schutzwirkung zugunsten Dritter und welche Personen von seinem Schutzbereich erfasst sind!

→ ***Frage 187***

11. (4 Punkte) Kunstliebhaber *Leopold* kauft für seine Ferienwohnung vom bekannten und hauptberuflichen Künstler *Egon* ein Selbstportrait zum Preis von € 20.000,– (Wert € 22.000,–). *Leopold* soll das Bild in einer Woche im Atelier des *Egon* abholen und den Kaufpreis bezahlen. Als *Leopold* zum vereinbarten Termin mit dem Geldbetrag im Atelier erscheint, ist *Egon* nicht auffindbar, weil er lieber mit einigen Künstlerkollegen im Kaffeehaus sitzt. Was kann *Leopold* machen?

→ ***Frage 175***

12. (2 Punkte) *Tobias* und *Felix* heiraten. *Tobias* verdient monatlich € 4.500,– netto, während *Felix* nur geringfügig arbeitet, um den Haushalt erledigen zu können. *Felix* erhält monatlich € 500,– netto. Da er mehr verdient, bezahlt *Tobias* die monatliche Miete der Ehewohnung in Höhe von € 600,–. Wie hoch ist *Felix'* Unterhaltsanspruch gegen *Tobias*?

→ ***Frage 232***

13. (3 Punkte) Nennen Sie die Voraussetzungen von außergerichtlichen mündlichen Verfügungen!

→ ***Frage 260***

Prüfung 13 *(Daniel Gritsch)*

1. (2 Punkte) Nennen Sie die Voraussetzungen für die rechtswirksame Begründung einer Hypothek! (Falsche Angaben bringen Punkteabzug.)

→ ***Frage 227***

2. (1 Punkt) Die 6-jährige *Senta* bekommt von ihrem reichen Onkel *Fritz* € 1.000,– in bar geschenkt. *Senta* ist freudig damit einverstanden, weil sie für ein Reitpferd spart. *Sentas* Eltern wollen aber nicht, dass ihre Tochter einfach so viel Geld bekommt. Ist hier ein Vertrag zustande gekommen?

→ ***Frage 131***

3. (2 Punkte) Nennen Sie die Voraussetzungen der einvernehmlichen Scheidung! (Falsche Angaben bringen Punkteabzug.)

→ ***Frage 237***

4. (5 Punkte) *Tobias* möchte in seiner Beziehung mit *Claudia* endlich den nächsten Schritt wagen. Daher bestellt er online über eine entsprechende App der Schmuckhändlerin *Smaragd-GmbH* bei dieser einen Ring um € 1.000,–. Als er *Claudia* eine Woche später einen Heiratsantrag macht, beendet diese überraschend die Beziehung. Kann *Tobias* den Ring wegen Vorliegens eines Irrtums oder aus einem anderen Grund wieder zurückgeben?

→ ***Frage 168***

5. (2 Punkte) Nennen Sie zwei Gründe, warum die Unterscheidung zwischen Öffentlichem Recht und Privatrecht – abgesehen von der systematischen Ordnung – von Bedeutung ist! (Falsche Angaben bringen Punkteabzug.)

→ *Frage 108*

6. (2 Punkte) Nennen Sie die zwei primären Zwecke des Schadenersatzrechts und erläutern Sie diese!

→ *Frage 182*

7. (2 Punkte) Wie stellt sich die Haftung des Erben bei einer bedingten und wie bei einer unbedingten Erbantrittserklärung dar?

→ *Frage 257*

8. (4 Punkte) *Karoline* kauft beim Möbelhändler *Max* eine neue Couch und sie vereinbaren, dass *Max* diese mit seinem LKW zu *Karolines* Haus liefert. *Max* schickt daraufhin seinen Mitarbeiter *Ulrich* mit der Couch zu *Karoline*. Dieser ist beim Einparken unachtsam und beschädigt mit dem LKW *Karolines* Auto (Reparaturkosten von € 2.000,–). Da *Karoline* von *Ulrichs* finanziellen Schwierigkeiten weiß, verlangt sie den Ersatz der Reparaturkosten von *Max*. Zu Recht?

→ *Frage 192*

9. (2 Punkte) Nennen Sie zwei klassische Schutzinstrumente des Verbrauchervertragsrechts! (Falsche Angaben bringen Punkteabzug.)

→ *Frage 167*

10. (4 Punkte) Das Ehepaar *Maria* und *Josef* wohnt mit ihrer 5-jährigen Tochter *Sophia* in Linz. *Sophia* hat von ihrem Großvater eine Liegenschaft in Wien vermacht bekommen. Da *Maria* Wien nicht mag, will sie die Liegenschaft in *Sophias* Namen verkaufen. Unter welchen Voraussetzungen ist dies möglich?

→ *Frage 254*

11. (4 Punkte) *Tina* kauft sich beim Elektronikhändler *Max* für ihre selbstständige Tätigkeit als Grafikerin ein neues Tablet. Weil *Max* das gewünschte Tablet erst beim Großhändler bestellen muss, vereinbaren sie, dass er das Tablet an *Tina* schickt, sobald er dieses erhalten hat. Nachdem *Max* das Tablet bekommen und bei der Post aufgegeben hat, wird dieses beim Transport beschädigt. Gehörte das Tablet in diesem Zeitpunkt bereits *Tina*? Variante: *Tina* kauft das Tablet für ihr Studium.

→ *Frage 218*

12. (2 Punkte) Was versteht man unter materiellem Recht, was unter formellem Recht?

→ *Frage 109*

13. (4 Punkte) *Viktor* verstirbt und hinterlässt seine Ehefrau *Elisabeth* sowie die gemeinsame Tochter *Katharina*. In seinem formgültigen Testament ist *Elisabeth* als Alleinerbin eingesetzt. Ein Jahr vor seinem Tod hat *Viktor* seiner besten Freundin *Franziska* € 30.000,– geschenkt. Die reine Verlassenschaft beträgt € 150.000,–. Wer bekommt wieviel?

→ *Frage 272*

14. (1 Punkt) Woraus setzt sich ein Rechtsgeschäft zusammen?

→ *Frage 147*

Prüfung 14 *(Daniel Gritsch)*

1. (2 Punkte) Unter welchen Umständen und um wieviel kann der Pflichtteil gemindert werden?

→ *Frage 274*

2. (3 Punkte) *Anna* ist auf der Suche nach einem neuen Laptop. Im Werbekatalog der *Banana-GmbH* wird sie in der Rubrik „Sonderangebote" fündig und bestellt mittels ausgefüllter Bestellkarte, die dem Katalog beigelegt war, per Post einen Laptop um € 500,–. Die *Banana-GmbH* teilt ihr jedoch mit, dass der Laptop nur mehr zum regulären Preis von € 700,– erhältlich sei. Kann *Anna* den Laptop gegen Zahlung von € 500,– verlangen?

→ *Frage 150*

3. (1 Punkt) Was versteht man unter einem „Vätertausch" und wer kann davon Gebrauch machen?

→ *Frage 250*

4. (4 Punkte) Der Baumeister *Bob* ist gerade damit beschäftigt, ein altes Lagerhaus mit einer Abrissbirne dem Erdboden gleich zu machen. Dabei beschädigt er jedoch versehentlich eine Straßenlaterne. Das löst im fünf Kilometer entfernten Kraftwerk der *Strom-GmbH* einen Kurzschluss und letztlich einen Brand aus (Reparaturkosten von € 1.000.000,–), da die Sicherung nicht mehr auf dem neuesten Stand der Technik ist. Liegen alle Voraussetzungen für einen verschuldensabhängigen Schadenersatzanspruch der *Strom-GmbH* vor?

→ ***Frage 191***

5. (2 Punkte) Erklären Sie den Begriff „*ius cogens*"!

→ ***Frage 112***

6. (4 Punkte) *Lotte* ist 16 Jahre alt und bekommt von ihren Eltern für den Querflötenunterricht eine Querflöte geschenkt. Nach wenigen Monaten hat *Lotte* kein Interesse mehr am Unterricht und verkauft die Querflöte an *Elliot* um € 500,–. Als *Elliot* die Querflöte abholen will, bekommen *Lottes* Eltern Wind vom Verkauf und verweigern ihm die Übergabe. Kann sich *Elliot* auf einen Vertrag berufen und das Instrument herausverlangen?

→ ***Frage 133***

7. (3 Punkte) Wann liegt eine Verfügungsberechtigung des Veräußerers vor?

→ *Frage 219*

8. (4 Punkte) *Lena* und *Lukas* haben einen einjährigen Sohn *Konrad*. Das Gericht hat die Obsorge auf den Kinder- und Jugendhilfeträger übertragen. *Waltraud* und *Wilhelm* sind schon lange verheiratet, können aber keine Kinder bekommen und möchten *Konrad* adoptieren. Unter welchen Voraussetzungen ist das möglich?

→ *Frage 252*

9. (4 Punkte) *Veronika* verfasst auf ihrem Computer ein Testament, in dem ihr Freund *Fritz* als Alleinerbe eingesetzt ist. In Anwesenheit von *Fritz,* seinem eingetragenen Partner *Paul* sowie *Veronikas* beiden Kindern *Kurt* und *Konrad* unterschreibt *Veronika* samt dem eigenhändigen Zusatz: *„Das ist mein letzter Wille"*. Daraufhin unterschreiben *Fritz*, *Paul, Kurt* und *Konrad* und setzen jeweils eigenhändig ihrer Unterschrift die Wendung *„als Zeuge"*, ihr Geburtsdatum, ihre Anschrift und ihren Beruf hinzu. Einige Zeit später stirbt *Veronika*. Wer erbt wieviel?

→ *Frage 264*

10. (3 Punkte) Was versteht man unter einem Scheingeschäft und woran sind die Beteiligten gebunden?

→ *Frage 153*

11. (4 Punkte) *Franz* benützt auf dem Weg zu seinem Landgut seit 35 Jahren einen Feldweg, der sich auf dem Grundstück des *Robert* befindet. Dieser Weg wurde schon von *Franz'* Vater und dessen Vater benützt und *Franz* konnte bisher keinen Zweifel daran haben, diesen nicht benützen zu dürfen. *Robert* fühlt sich aber nunmehr dadurch belästigt und errichtet einen Schranken, um *Franz* an der Durchfahrt zu hindern. Dieser wehrt sich dagegen nicht und benützt stattdessen die längere Route über die Landstraße. Als diese vier Jahre später von einer Geröllawine zerstört wird und für längere Zeit gesperrt werden muss, möchte *Franz* wieder den Feldweg benützen. Kann *Franz* die Entfernung des Schrankens verlangen?

→ *Frage 229*

12. (3 Punkte) Erläutern Sie den Begriff „Familienopferprämie"!

→ *Frage 246*

Prüfung 15 *(Jakob Hirtenlehner)*

1. (4 Punkte) *Rudolf* hat schon seit Langem ein Auge auf *Helmuts* Oldtimer geworfen, den dieser aber nicht verkaufen will. Nachdem *Rudolfs* Freundin *Franziska*, eine Steuerberaterin, Auffälligkeiten in *Helmuts* Steuererklärung bemerkt und *Rudolf* davon berichtet, bittet *Rudolf* sie, auf *Helmut* Druck auszuüben. *Franziska* rät daher *Helmut*, sich das nächste Angebot von *Rudolf* besser zweimal zu überlegen, weil sie sonst beim Finanzamt Anzeige gegen ihn erstatten werde. *Helmut* ist davon so eingeschüchtert, dass er das kurze Zeit später einlangende Angebot des *Rudolf* sofort annimmt. Kann *Helmut* den Vertrag anfechten?

→ ***Frage 158***

2. (1 Punkt) Was versteht man unter historischer Interpretation?

→ ***Frage 122***

3. (3 Punkte) Gilt der gesetzliche Güterstand der Gütertrennung auch nach der Scheidung uneingeschränkt?

→ ***Frage 236***

4. (5 Punkte) *Viktor* verstirbt infolge eines schweren Verkehrsunfalls. In einer formgültigen letztwilligen Verfügung hat er folgendes angeordnet: *„Meinen geliebten Mercedes soll mein guter Freund Franz und mein Anwesen in Klosterneuburg soll meine Jugendliebe Julia erhalten."* *Viktor* hinterlässt nur seine Lebensgefährtin *Lisa*, die er vor zwei Jahren kennen gelernt und mit der er seitdem in einer gemeinsamen Wohnung gelebt hat. Wer erbt wieviel, wenn neben dem Mercedes (Wert: € 100.000,–) und dem Anwesen in Klosterneuburg (Wert: € 300.000,–) noch € 1.000.000,– an Barvermögen vorhanden sind?

→ ***Frage 267***

5. (2 Punkte) Erklären Sie die Begriffe „Miteigentum" und „Wohnungseigentum"!

→ ***Frage 211***

6. (4 Punkte) *Karoline* ist in *Alberts* Autohaus als Verkäuferin angestellt und darf in seinem Namen Autos bis zu einem Preis von € 50.000,– verkaufen. Für teurere Fahrzeuge braucht sie die Zustimmung von *Albert*. Als *Bernd* in das Autohaus kommt und einen Geländewagen um € 75.000,– kaufen möchte, *Albert* aber gerade nicht da ist, verkauft *Karoline* ihm den Geländewagen in *Alberts* Namen, weil sie glaubt, dass *Albert* schon einverstanden sein wird. Als *Bernd* den Wagen wie vereinbart eine Woche später abholen möchte, will *Albert* davon aber nichts wissen. Ist ein Vertrag zustande gekommen? Wenn ja, zwischen wem?

→ ***Frage 155***

7. (2 Punkte) Erklären Sie die Begriffe „Unternehmen“ und „Firma“!

→ *Frage 138*

8. (5 Punkte) *Lisa* hat keine Lust mehr, ständig Mineralwasserflaschen zu schleppen. Als ein Freund dies mitbekommt, schenkt er ihr seinen Sodasteam der Herstellerin *CO_2-AG*, den er im Handel erworben hat, aber nicht mehr benötigt. Aufgrund eines defekt hergestellten Ventils explodiert der Sodasteam gleich bei der ersten Verwendung durch *Lisa*. Dadurch wird nicht nur der Sodasteam völlig zerstört, sondern auch sechs von *Lisas* wertvollen und nur bei ganz besonderen Familienfeiern verwendeten Lobmayr-Gläsern (Wert jeweils: € 100,–). Muss die *CO_2-AG Lisa* den Sodasteam und die Gläser ersetzen?

→ *Frage 200*

9. (2 Punkte) Die Ehe zwischen *Gundula* und *Stefan* wird wegen Verschuldens geschieden und das alleinige Verschulden des *Stefan* ausgesprochen. Wie sieht es mit der Unterhaltsverpflichtung von *Stefan* aus?

→ *Frage 244*

10. (3 Punkte) *Max* hat *Hans* € 10.000,– geliehen. Da *Max* eine Sicherheit verlangt, verpfändet und übergibt ihm *Hans* sein Auto. Was passiert mit dem Pfandrecht, wenn (a) *Max* das Auto dem *Hans* zurückgibt und wenn (b) *Max* die Forderung schenkungsweise erlässt? Welche Prinzipien werden in diesen Situationen schlagend?

→ *Frage 226*

11. (2 Punkte) Was versteht man unter einer Gesetzesanalogie, was unter einer Rechtsanalogie?

→ *Frage 126*

12. (4 Punkte) *Konrad* kauft von seiner Bekannten *Valerie* ein gebrauchtes Smartphone (Wert: € 600,–) um € 500,–. Sie vereinbaren, dass *Konrad* das Smartphone in einer Woche bei *Valerie* abholt und bezahlt. Am Tag vor der vereinbarten Übergabe wirft *Valerie* das Smartphone im Zuge eines hitzigen Streits mit ihrem Freund aus dem Fenster, wodurch dieses zerstört wird. Was kann *Konrad* von *Valerie* verlangen?

→ *Frage 169*

Prüfung 16 *(Jakob Hirtenlehner/Michael Moser)*

1. (2 Punkte) Ab wann ist man ehefähig?

→ *Frage 230*

2. (3 Punkte) Was versteht man unter systematischer Interpretation? Welche Unterfälle sind besonders wichtig?

→ *Frage 121*

3. (2 Punkte) *Alex* und *Peter* sammeln beide in ihrer Freizeit Autogrammkarten. Als sie sich bei einer Messe treffen, tauscht *Alex* seine „Marilyn Monroe" gegen *Peters* „Sean Connery". Später stellt sich heraus, dass die „Marilyn Monroe" € 250,– wert ist, die „Sean Connery" hingegen nur € 100,–. Kann *Alex* den Vertrag aufheben und seine „Marilyn Monroe" zurückverlangen? (Eine Anfechtung wegen Irrtums ist nicht zu prüfen.)

→ *Frage 164*

4. (4 Punkte) Was versteht man unter der Vertrauenstheorie? Welche Theorien kennen Sie in diesem Zusammenhang noch?

→ *Frage 149*

5. (2 Punkte) *Alex* beheizt seine Jagdhütte mit selbstgeschlägertem Holz aus seinem Jagdrevier. Nachdem ein heftiges Unwetter die Grenzmarkierung zum benachbarten Jagdrevier der *Nina* verschoben hat, fällt *Alex* – weil dies selbst für ihn nicht erkennbar war – auch fünf von *Ninas* Buchen (Wert: jeweils € 100,–) und verheizt diese. Was kann *Nina* verlangen?

→ *Frage 203*

6. (2 Punkte) Unter welchen Voraussetzungen kann ein Grundstückseigentümer gegen einen von Bäumen am Nachbargrundstück bewirkten Entzug von Licht vorgehen?

→ *Frage 215*

7. (3 Punkte) *Veit* verstirbt und hinterlässt seinen Ehegatten *Paul*. Kurz nach ihrer Hochzeit haben sich *Veit* und *Paul* in einem formgültigen Erbvertrag jeweils gegenseitig zu einem Viertel als Erben eingesetzt. Wer bekommt wieviel, wenn die reine Verlassenschaft nach *Veit* € 40.000,– beträgt und dieser kurz vor seinem Tod in einer formgültigen letztwilligen Verfügung den *Tierschutzverein PITA* als Alleinerben eingesetzt hat?

→ *Frage 270*

8. (3 Punkte) Was versteht man unter dem Begriff „Schlüsselgewalt“? Was sind die Wirkungen?

→ *Frage 233*

9. (3 Punkte) *Magnus* möchte sich für die kommende Ballsaison einen neuen Frack zulegen. Er bittet daher seine Sekretärin, ihm die Telefonnummer seines Schneiders *Knoze* herauszusuchen. Diese versteht ihn falsch und nennt jene der Schneiderei *Konze*. *Magnus* gibt unter dieser Nummer seine Maße an und bestellt den Frack, merkt aber nicht, dass eine Verwechslung vorliegt. Dies stellt sich erst heraus, als *Magnus* den Frack zum vereinbarten Termin bei seinem Schneider abholen will, weil der von einer Bestellung nichts weiß. *Magnus* hätte bei der „minderwertigen" Schneiderei *Konze* niemals bestellt und möchte die Bestellung rückgängig machen. Obwohl die Bestellung „verschlampt" und mit der Herstellung des Fracks noch nicht begonnen wurde, will sie davon aber nichts wissen. Kann *Magnus* dennoch den Vertrag wegen Irrtums aufheben?

→ ***Frage 161***

10. (2 Punkte) Unterscheiden Sie Errichtung und Entstehung von juristischen Personen des Privatrechts!

→ ***Frage 139***

11. (2 Punkte) In welche Teile gliedert sich das ABGB? Welchem System wird dabei prinzipiell gefolgt? (Falsche Nennungen bedeuten Punkteabzug.)

→ ***Frage 114***

12. (3 Punkte) *Lara* leiht und übergibt *Kristian* ihren weißen Golf GTI, damit er beim anstehenden GTI-Treffen mit einem „ordentlichen" Auto auffahren kann. Gleich nach Übergabe montiert *Kristian* eine Neon-Unterbodenbeleuchtung. Als *Lara* dieses „Upgrade" sieht, findet sie es aber so hässlich, dass sie die Beleuchtung heimlich in der Nacht wieder entfernt. Wird *Kristians* Besitzstörungsklage gegen *Lara* Erfolg haben? Ändert sich an den Erfolgschancen dieser Klage etwas, wenn *Kristian* die Entfernung zwar bemerkt, aber erst sechs Wochen später gegen *Lara* vorgeht?

→ *Frage 210*

13. (2 Punkte) Was haben die Haftung aus *culpa in contrahendo* und die Haftung aufgrund eines Vertrages mit Schutzwirkung zugunsten Dritter gemeinsam?

→ *Frage 186*

14. (4 Punkte) *Romana* und *Maria* sind verheiratet. Einige Jahre nach der Hochzeit ist bei *Maria* eine krankhafte psychische Störung ausgebrochen, die sich in immer wiederkehrenden Diebstählen äußert. *Marias* Kleptomanie belastet die Beziehung so sehr, dass sich *Romana* ein weiteres Zusammenleben nicht mehr vorstellen kann und sich scheiden lassen möchte. Wird *Romana* Erfolg haben?

→ *Frage 241*

Prüfung 17 *(Gabriel Kogler)*

1. (1 Punkt) Wer ist gegenüber Kindern unterhaltspflichtig?

→ *Frage 255*

2. (2 Punkte) Ab wann ist man testierfähig?

→ *Frage 258*

3. (2 Punkte) Nennen Sie zwei Prinzipien der Sachenrechte! (Falsche Angaben bringen Punkteabzug.)

→ *Frage 207*

4. (3 Punkte) *Lotte* erhält vom Buchhändler *Bertram* eine Mahnung über € 100,–. Sie hat sich nämlich bei ihm ein Buch bestellt. Die entsprechende Rechnung hat sie gemeinsam mit der Lieferung bereits vor mehr als fünf Jahren bekommen, doch *Bertram* hat sich bisher nicht mehr gemeldet. *Lotte* ist von der Mahnung eingeschüchtert und überweist den Betrag. Als ihr eine Freundin erzählt, dass *„so alte Forderungen nicht mehr gelten"*, verlangt sie von *Bertram* ihr Geld zurück. Zu Recht?

→ *Frage 145*

5. (1 Punkt) Nennen Sie zwei „andere Gründe“ der „Scheidung aus anderen Gründen“! (Falsche Antworten bringen Punkteabzug.)

→ *Frage 240*

6. (5 Punkte) *Konrad* benötigt für sein Studium einen Laptop. Er kauft sich daher im Elektrogeschäft des *Viktor* einen neuen Laptop des Typs X-3000 und nimmt ihn gleich mit. Wenige Tage später hat der Laptop einen Kurzschluss, wodurch nicht nur dieser in Flammen aufgeht und zerstört wird, sondern auch der Schreibtisch, auf dem sich dieser befand, wird beschädigt (Kosten eines Tischlers für die Reparatur von € 300,–). Der Grund dafür liegt darin, dass *Viktor* den Laptop – als er diesen vom Hersteller geliefert bekommen hat – aus Unachtsamkeit fallen ließ, wodurch die Platine beschädigt wurde, was letztlich den Kurzschluss und den Brand verursachte. Was kann *Konrad* aus dem Titel der Gewährleistung und/oder des Schadenersatzes von *Viktor* verlangen?

→ *Frage 181*

7. (4 Punkte) Nennen Sie die vier klassischen Interpretationsmethoden! (Falsche Angaben bringen Punkteabzug.)

→ *Frage 120*

8. (5 Punkte) *Julian* hat beschlossen, sein Jus-Studium aufzugeben. Er bittet daher seine Studienkollegin *Sabine*, seine Einführungsskripten (Wert: € 27,–) um € 30,– in seinem Namen zu verkaufen, wenn sich zufällig eine Gelegenheit dafür bietet. Tatsächlich trifft *Sabine* wenige Tage später auf *Hannah*, die die Skripten gut gebrauchen kann, aber nur € 25,– zahlen will. *Sabine* geht davon aus, dass *Julian* dies egal ist, und verkauft sie in seinem Namen um € 25,–. Zur vereinbarten Übergabe kommt es aber nicht, weil *Julian* die Skripten lieber behält, als sie für so einen Preis herzugeben. *Hannah* ist mehr als verärgert, weil ihr in der Zwischenzeit dieselben Skripten um € 24,– angeboten wurden, was sie aber ausgeschlagen hat. Welches Rechtsverhältnis liegt zwischen *Julian* und *Sabine* vor? Was kann *Hannah* und von wem verlangen?

→ *Frage 156*

9. (2 Punkte) Jus-Studentin *Annika* meint, ein Kind kann immer nur einen Vater haben. Ihre Studienkollegin *Lena* erwidert ihr, dass ein Kind auch zwei Väter haben kann. Können Sie dies auflösen?

→ *Frage 248*

10. (2 Punkte) Zwischen welchen Arten der Geschäftsführung ohne Auftrag kann man unterscheiden? (Falsche Angaben bringen Punkteabzug.)

→ *Frage 204*

11. (4 Punkte) *Viktoria* stirbt. In einem formgültigen Testament hat sie ihren Geliebten *Gustav* als Alleinerben eingesetzt. Sie hinterlässt ihre beiden Kinder *Anton* und *Bertram* sowie eine reine Verlassenschaft von € 140.000,–. *Bertram* fühlt sich benachteiligt, weil *Viktoria* fünf Jahre vor ihrem Tod *Anton* € 60.000,– geschenkt hat. Bekommen die Kinder hier wirklich nichts mehr?

→ ***Frage 271***

12. (1 Punkt) Was sind die Voraussetzungen für das Entstehen von Gewohnheitsrecht?

→ ***Frage 118***

13. (4 Punkte) Tischler *Timo* muss dringend einen Kasten herstellen. Weil er kein Holz mehr hat, nimmt er sich absichtlich Holzplatten (Wert: € 300,–), die *Florian* gehören, und tischlert daraus den Kasten. Als *Florian* dies bemerkt, verlangt er von *Timo* die Herausgabe des Kastens. Dieser weigert sich aber, immerhin hat er dafür Arbeitszeit im Wert von € 600,– investiert. Zu Recht?

→ ***Frage 224***

14. (1 Punkt) Was ist ein immaterieller (ideeller) Schaden?

→ ***Frage 183***

Prüfung 18 *(Gabriel Kogler)*

1. (1 Punkt) Was versteht man unter dem Begriff „Geschäftsfähigkeit"?

→ *Frage 129*

2. (1 Punkt) Wann verjähren bei der Verschuldenshaftung Ansprüche auf Schadenersatz?

→ *Frage 196*

3. (4 Punkte) *Valentin* stirbt und hinterlässt seine Ehefrau *Ellie* und die gemeinsamen Kinder *Anita*, *Bertram* und *Clara*. In seinem formgültigen Testament hat *Valentin* seine Geliebte *Lara* als Alleinerbin eingesetzt. Außerdem hat *Clara* zu Lebzeiten des *Valentin* ihm gegenüber formgerecht auf ihren Pflichtteil verzichtet. Die reine Verlassenschaft nach *Valentin* beträgt € 18.000,–. Bekommt *Lara* wirklich alles?

→ *Frage 273*

4. (4 Punkte) *Kevin* ist gerade am Einrichten seiner Wohnung. Er kauft daher bei *Viktorias* Garagenverkauf am 1.6. einen gebrauchten Fernseher (Wert: € 500,–) um € 400,– und sie vereinbaren, dass *Viktoria* diesen am 4.6. vorbeibringt und *Kevin* dann bar bezahlt. An diesem Tag verfrachtet daher *Viktoria* den Fernseher in ihr Auto, ist danach aber unachtsam und läuft in ein Auto, sodass sie mit der Rettung ins Krankenhaus gebracht werden muss. Als *Viktoria* am nächsten Tag aus dem Krankenhaus entlassen wird und ihre Emails abruft, sieht sie, dass *Kevin* sie aufgefordert hat, sich *„dringendst zu melden und den Fernseher bis zum 9.6. zu liefern, andernfalls habe er kein Interesse mehr am Fernseher"*. *Viktoria* vergisst aber völlig darauf, sodass der Fernseher auch bis dahin nicht geliefert wird. Was kann *Kevin* verlangen?

→ *Frage 173*

5. (3 Punkte) Kreuzen Sie jene Teile an, nach denen das allgemeine Privatrecht nach dem Pandektensystem nicht unterteilt ist! (Falsche Antworten bedeuten Punkteabzug.)

- ☐ Sachenrecht
- ☐ Verjährungsrecht
- ☐ Schuldrecht
- ☐ Verbraucherrecht
- ☐ Erbrecht
- ☐ Vertragliche Schuldverhältnisse
- ☐ Wohnrecht
- ☐ Familienrecht
- ☐ Außervertragliche Schuldverhältnisse
- ☐ Allgemeiner Teil
- ☐ Internationales Privatrecht

→ *Frage 115*

6. (3 Punkte) Unter welchen Voraussetzungen wird eine Frau neben der Mutter zweiter rechtlicher Elternteil?

→ *Frage 251*

7. (4 Punkte) *Erwin* schuldet *Paula* Geld und hat ihr daher zur Sicherheit sein Fahrrad verpfändet und übergeben. Als *Fanny* bei *Paula* auf Besuch ist und das Fahrrad sieht, möchte sie es unbedingt haben. *Paula*, die sich als Eigentümerin ausgibt, verkauft *Fanny* das Fahrrad um angemessene € 100,– und übergibt es ihr. Wem gehört das Fahrrad?

→ *Frage 220*

8. (3 Punkte) *Max* macht sich gerade auf den Weg in die Stadt. *Barbara* bittet ihn daher, falls es sich terminlich vereinbaren lässt, in ihrem Namen beim Weinhändler *Vinzenz* 10 Flaschen Weißwein zu kaufen. Als *Max* bei *Vinzenz* vorbeikommt, hat dieser nur noch 10 Flaschen Rotwein, die *Max* in *Barbaras* Namen um € 100,– kauft. *Barbara* hasst aber Rotwein und nimmt den Wein nicht an. Welches Verhältnis liegt zwischen *Max* und *Barbara* vor? Und wer muss die Rechnung des *Vinzenz* begleichen, die wenige Tage später bei *Barbara* einlangt?

→ *Frage 154*

9. (2 Punkte) Was ist vom gesetzlichen Vorausvermächtnis des Ehegatten/eingetragenen Partners umfasst?

→ *Frage 275*

10. (2 Punkte) *Georg* ist bei der *Transport-GmbH* schon seit mehr als zehn Jahren als Fahrradbote angestellt. In der Pause einer Transportfahrt trifft *Georg* zufällig auf einen alten Schulfreund. Obwohl *Georg* bisher während der Arbeit noch nie Alkohol getrunken hat, lässt er sich ausnahmsweise zu einem Glas Bier überreden. Aufgrund des Alkoholkonsums übersieht *Georg* bei der Weiterfahrt nach der Pause den Fußgänger *Rudolf*. Dieser wird durch den Zusammenstoß mit dem Fahrrad schwer verletzt. Kann *Rudolf* von der *Transport-GmbH* Ersatz verlangen?

→ *Frage 194*

11. (3 Punkte) *Markus* hat einen Seitensprung mit einer Arbeitskollegin. Als seine Ehefrau *Franziska* davon erfährt, ist sie darüber so schockiert, dass sie sofort auszieht, weil sie sich ein Zusammenleben nicht mehr vorstellen kann. Wird *Franziska* mit ihrer Scheidungsklage Erfolg haben?

→ ***Frage 238***

12. (2 Punkte) Nennen Sie zwei der wesentlichen Unterschiede zwischen Vertrags- und Deliktshaftung! (Falsche Angaben bringen Punkteabzug.)

→ ***Frage 185***

13. (4 Punkte) Student *Fritz* kauft von seiner Studienkollegin *Sophie* ihren fünf Monate alten Laptop um € 800,– und bezahlt bar. Zwei Monate später muss *Fritz* aber feststellen, dass der Akku aufgrund eines Produktionsfehlers nur mehr zwei Stunden hält. Zwar hätte *Fritz* den Laptop auch so gekauft, weil der Akku im Handel erworben und von jedermann einfach ausgetauscht werden kann, aber um einen anderen Preis. Immerhin ist der Laptop dadurch nicht mehr € 1.000,– wert, sondern nur mehr € 970,–. Was kann *Fritz* aus dem Titel der Gewährleistung verlangen, wenn *Sophie* jegliche Ansprüche des *Fritz* ablehnt?

→ ***Frage 178***

14. (1 Punkt) Erklären Sie den Begriff „Einrede"!

→ ***Frage 143***

Prüfung 19 *(Ulrich Krenmayr)*

1. (2 Punkte) Wer trägt den Schaden, wenn auch der Geschädigte selbst vorwerfbar gehandelt hat?

→ ***Frage 197***

2. (2 Punkte) Was versteht man unter dispositivem Recht? Nennen Sie zwei seiner Funktionen! (Falsche Angaben bedeuten Punkteabzug.)

→ ***Frage 113***

3. (4 Punkte) Die Hobbybuchsammlerin *Nora* verkauft und übergibt ihrem nichts ahnenden Freund *Stefan* eine Erstausgabe des ABGB aus dem Jahr 1811, die sie tags zuvor dem Antiquitätenhändler *Andreas* gestohlen hat. Als *Andreas* fünf Jahre später bei einem gemeinsamen Abendessen im Haus des *Stefan* das schon verloren geglaubte Buch sieht, verlangt er die Herausgabe. Zu Recht?

→ ***Frage 221***

4. (2 Punkte) Was versteht man unter Hemmung der Verjährung, was unter Unterbrechung der Verjährung?

→ ***Frage 146***

5. (4 Punkte) *Gustav* wird beauftragt, das Dach eines Kunden mit neuen Ziegeln zu decken. Da er aber momentan sehr viele Aufträge hat und sich das Geschäft nicht entgehen lassen will, schickt er seinen Sohn *Bernd*, von dem er weiß, dass er ein massives Alkoholproblem hat. Als sich *Bernd* in der Mittagspause auf dem Dach sein fünftes Bier öffnen will, verliert er alkoholbedingt das Gleichgewicht und stürzt auf die Passantin *Paula*, die dadurch schwer verletzt wird. Von wem kann *Paula* Schadenersatz verlangen?

→ *Frage 193*

6. (2 Punkte) Unter welchen Umständen steht einer dem Verstorbenen nahestehenden Person ein Pflegevermächtnis zu?

→ *Frage 278*

7. (3 Punkte) *Klaus* will im Juweliergeschäft des *Vinzent*, dem Vater seiner Freundin, eine neue Armbanduhr kaufen. Um sein Geschäft anzukurbeln, erzählt *Vinzent* ihm, dass seine Tochter ihn heiraten wolle und er doch stattdessen einen Verlobungsring kaufen solle, obwohl sie familienintern bereits bekannt gegeben hat, sich von *Klaus* zu trennen. *Klaus* kauft deshalb einen Verlobungsring. Als er zu Hause ankommt, trennt sich seine Freundin von ihm. Kann *Klaus* den Vertrag mit *Vinzent* wegen List anfechten?

→ *Frage 159*

8. (1 Punkt) Erklären Sie die teleologische Reduktion!

→ *Frage 127*

9. (4 Punkte) *Albert* kauft beim Fahrzeughändler *Sebastian* einen Vorführwagen um € 15.000,–. Sie vereinbaren, dass *Albert* das Fahrzeug am nächsten Tag abholt und dann bar bezahlt. Über Nacht schlägt aber ein Blitz auf *Sebastians* Firmengelände ein und verursacht einen Brand, wodurch auch der von *Albert* gekaufte Vorführwagen zerstört wird. *Sebastians* Versicherung erstattet ihm € 14.000,– für den zerstörten Wagen. Was kann *Albert* verlangen?

→ *Frage 170*

10. (2 Punkte) Nennen Sie vier Klagen zum Schutz des Eigentums! (Falsche Angaben bringen Punkteabzug.)

→ *Frage 213*

11. (2 Punkte) Was versteht man unter einer Vorsorgevollmacht?

→ *Frage 134*

12. (6 Punkte) *Rudolf* verletzt sich bei der Landung mit seinem Paragleiter schwer. Kurz bevor er auf dem Weg ins Krankenhaus verstirbt, erklärt *Rudolf* in Todesangst gegenüber den beiden anwesenden Sanitätern, dass *„meine Tochter Tina mein Ferienhaus in Kitzbühel und den Rest mein Geliebter Heinz erben soll"*. *Rudolf* hinterlässt neben seiner Tochter *Tina* nur seine Enkelin *Emilia*, das Kind seines bereits vorverstorbenen Sohnes *Sebastian*. Wer bekommt wieviel, wenn die Verlassenschaft nach *Rudolf* € 360.000,– beträgt (darin enthalten das Ferienhaus im Wert von € 140.000,–)?

→ ***Frage 269***

13. (3 Punkte) Kreuzen Sie all jene Familiennamen an, die Herr *Mayr-Horn* und Frau *Mayrhofer-Schmitt* als gemeinsamen Familiennamen bestimmen können! (Falsche Antworten bringen Punkteabzug.)

- ☐ *Mayr-Mayrhofer-Schmitt*
- ☐ *Horn*
- ☐ *Schmitt-Horn*
- ☐ *Mayr-Horn-Mayrhofer-Schmitt*
- ☐ *Schmitt*
- ☐ *Horn-Mayrhofer-Schmitt*
- ☐ *Mayr-Mayrhofer*
- ☐ *Mayr-Horn-Mayrhofer*
- ☐ *Schmitt-Mayrhofer-Mayr*
- ☐ *Mayrhofer-Mayr-Schmitt*
- ☐ *Mayr-Horn*
- ☐ *Horn-Schmitt*

→ ***Frage 234***

Prüfung 20 *(Ulrich Krenmayr)*

1. (2 Punkte) Was versteht man unter einem Gestaltungsrecht?

→ *Frage 144*

2. (3 Punkte) Der Hobbymusiker *Karl* kauft vom Instrumentenhändler *Viktor* ein 18 Monate altes, gebrauchtes Saxophon um € 500,–. Sieben Monate nach Abholung beginnt der Lack des Saxophons aufgrund einer irreparablen Fehlbeschichtung bei der Herstellung zu splittern, sodass das Saxophon anstatt von noch zehn Jahren nur mehr ein Jahr verwendet werden kann. Was kann *Karl* aus dem Titel der Gewährleistung verlangen?

→ *Frage 179*

3. (3 Punkte) Nennen Sie die Möglichkeiten der Übergabe durch Erklärung und beschreiben Sie diese!

→ *Frage 217*

4. (3 Punkte) Der 13-jährige *Herbert* ist nach der Schule auf dem Weg nach Hause, als er aus Langeweile beschließt, mit seiner Steinschleuder auf vorbeifahrende Autos zu schießen. Dabei trifft er das Fahrzeug von *Julia*, wodurch die Windschutzscheibe ihres Autos zu Bruch geht. *Julia* verlangt daraufhin von *Herberts* Eltern *Martha* und *Valentin* Ersatz der Reparaturkosten in Höhe von € 500,–. Diese weigern sich aber, weil *Herbert* bisher immer artig und brav war. Von wem kann *Julia* Ersatz verlangen?

→ *Frage 188*

5. (2 Punkte) Welche Aufgabe hat das Internationale Privatrecht und was regelt das Internationale Zivilverfahrensrecht?

→ *Frage 116*

6. (3 Punkte) *Veronika* stürzt beim Skifahren schwer und verstirbt noch am Unfallort. Sie hinterlässt ihre eingetragene Partnerin *Ernestine* sowie ihren Vater *Martin*. Wie sieht die gesetzliche Erbfolge aus?

→ *Frage 266*

7. (1 Punkt) Was besagt das Prinzip der Gütertrennung?

→ *Frage 235*

8. (3 Punkte) Die 10-jährige *Franziska* bekommt von ihrem Onkel *Georg* zu Weihnachten ein Faultierbaby geschenkt. Da *Georg* als Faultierliebhaber aus eigener Erfahrung weiß, dass die Faultierhaltung sehr kostspielig ist, erklärt er sich außerdem bereit, alle künftigen Tierarztkosten zu übernehmen. Die Eltern von *Franziska* sind von dem Geschenk wenig begeistert. Wie ist die Rechtslage?

→ ***Frage 132***

9. (2 Punkte) Nennen Sie die Besonderheiten eines Erbvertrages!

→ ***Frage 261***

10. (4 Punkte) *Thomas* kauft von *Max* dessen gebrauchten Laptop, wobei sie vereinbaren, dass *Thomas* den Laptop in einer Woche abholt. *Thomas* erscheint aber nicht am vereinbarten Termin, weil er darauf vergessen hat. Am Tag darauf brennt *Max'* Wohnung mitsamt dem Laptop infolge eines Blitzeinschlages ab. Dennoch verlangt *Max* von *Thomas* die Zahlung des Kaufpreises. Zu Recht?

→ ***Frage 176***

11. (3 Punkte) Was haben Fruchtgenuss und Gebrauchsrecht gemeinsam, worin unterscheiden sie sich?

→ ***Frage 228***

12. (4 Punkte) *Martin* und *Fanny* sind verheiratet. Eines Tages entdeckt *Fanny* in *Martins* Aktentasche Frauenunterwäsche. Als sie ihn zu Rede stellt, gesteht er eine intime Affäre mit einer Arbeitskollegin. *Fanny* kann sich deshalb ein Zusammenleben nicht mehr vorstellen, zieht aus der gemeinsamen Ehewohnung aus und wieder bei ihren Eltern ein. Als es wenige Monate später zwischen *Martin* und seiner Arbeitskollegin ernst wird und die beiden heiraten möchten, will sich *Martin* von *Fanny* scheiden lassen. Wird er Erfolg haben? Variante: Seit der Trennung sind bereits vier Jahre vergangen.

→ ***Frage 242***

13. (2 Punkte) Was versteht man unter der Absorptionstheorie, was unter der Kombinationstheorie?

→ ***Frage 166***

14. (2 Punkte) *Hans'* Röhrenfernseher der Herstellerin *RF-GmbH*, den er 2004 neu in einem Elektrogeschäft erworben hat, explodiert aufgrund eines Produktionsfehlers und verletzt ihn schwer. Kann *Hans* von der *RF-GmbH* nach dem PHG Schadenersatz verlangen?

→ ***Frage 201***

Prüfung 21 *(Michael Moser)*

1. (4 Punkte) *Friedrich* ist an Alzheimer erkrankt und nicht mehr entscheidungsfähig. Seine Bekannte *Herta* wurde auch für Kaufverträge jeglicher Art als gerichtliche Erwachsenenvertreterin bestellt. *Friedrich* kauft in einem Juweliergeschäft für sich eine Uhr um € 1.000,– sowie einen Ring um € 100,–, den er *Herta* zum Geburtstag schenken möchte. Den Ring bezahlt er bar, für die Uhr lässt er sich einen Erlagschein mitgeben. Beides kann er sich aufgrund seiner hohen Pension locker leisten. Sind die Kaufverträge wirksam?

→ ***Frage 135***

2. (3 Punkte) Wann endet die Bindungswirkung eines Angebots?

→ ***Frage 151***

3. (3 Punkte) Nennen sie die Verschuldensarten des ABGB und beschreiben sie diese!

→ ***Frage 190***

4. (3 Punkte) *Gustav* stiehlt *Melanie* einen 50-Euro-Schein. Er verstaut diesen in seiner Geldbörse, in der sich keine anderen Geldscheine befinden. Gleich darauf kauft sich *Gustav* in der Boutique des *Fritz* einen Pullover und bezahlt bar mit diesem Schein. *Fritz* gibt den Schein in seine leere Kasse. Wem gehört der Geldschein?

→ *Frage 223*

5. (5 Punkte) Wem kommt die Verlassenschaft zu, wenn es kein Testament gibt und der Verstorbene weder Verwandte noch einen Ehegatten oder eingetragenen Partner hinterlässt?

→ *Frage 268*

6. (1 Punkt) Was versteht man unter Privatautonomie?

→ *Frage 111*

7. (3 Punkte) *Max* hat gegen *Fritz* eine Scheidungsklage eingebracht. Das Gericht scheidet die Ehe und spricht aus, dass *Max* und *Fritz* an der Scheidung gleich schuld sind. Kann *Max* von *Fritz* Unterhalt verlangen, wenn *Max* kurz vor der Scheidung insolvent geworden ist?

→ *Frage 245*

8. (6 Punkte) *Alwin* kauft sich für sein Studium beim Elektrohändler *Christoph* einen Laptop (Wert: € 1.000,–) um € 1.200,–. Da *Alwin* diese Summe nicht auf einmal aufbringen kann, vereinbaren die beiden, dass *Alwin* den Kaufpreis in 12 monatlichen Raten zu je € 100,– bezahlt und das Eigentum am Laptop erst mit vollständiger Zahlung auf *Alwin* übergeht. Als *Alwin* bereits die ersten zwei Monatsraten nicht fristgerecht gezahlt hat, weil er darauf vergessen hat, fordert *Christoph* ihn auf, den Rückstand binnen acht Wochen auszugleichen, *„denn andernfalls sei das Geschäft beendet"*. Auch in den nächsten acht Wochen geht keine einzige Zahlung von *Alwin* ein. Was und aus welchem Grund kann *Christoph* verlangen?

→ ***Frage 174***

9. (2 Punkte) Wie sind Rechtslücken zu schließen?

→ ***Frage 125***

10. (4 Punkte) *Stephan* hat sich ein neues Auto gekauft. Als er damit in der Wiener Innenstadt unterwegs ist, kommt vor ihm plötzlich die Radfahrerin *Isabella* zu Sturz. *Stephan*, der mit ordnungsgemäßer Geschwindigkeit unterwegs ist und ausreichend Abstand hält, reagiert angemessen schnell und leitet sofort eine Vollbremsung ein. Aufgrund der eisigen Fahrbahn gerät er ins Schleudern und kann trotz Ausweichversuche nicht mehr verhindern, dass *Isabella* erfasst und verletzt wird. Kann *Isabella* von *Stephan* Schadenersatz verlangen?

→ ***Frage 198***

11. (1 Punkt) *Maria* wird zulässiger Weise eine befruchtete Eizelle von *Anita* eingesetzt. Neun Monate später bringt *Maria* das Kind *Konrad* zur Welt. Wer ist im rechtlichen Sinn *Konrads* Mutter?

→ *Frage 247*

12. (2 Punkte) Was versteht man im Gewährleistungsrecht unter der Mängelrüge?

→ *Frage 180*

Prüfung 22 *(Sebastian Schwamberger)*

1. (5 Punkte) *Leopold* geht in das Elektrogeschäft der *Nina*, um sich einen neuen Laptop zu kaufen. Kurz nach dem Eingang rutscht er auf einer nassen Fliese aus und bricht sich beide Arme. *Ninas* Angestellter *Andreas*, der seine Aufgaben bisher immer sehr sorgfältig erledigte, hat nämlich kurz davor den Boden gewischt, war aber nicht ganz bei der Sache und hat daher vergessen, ein Warnschild aufzustellen. Kann *Leopold* von *Nina* Schadenersatz verlangen?

→ ***Frage 195***

2. (2 Punkte) Was versteht man unter dem Prinzip der kausalen Tradition?

→ ***Frage 216***

3. (3 Punkte) Hat der überlebende Ehegatte oder eingetragene Partner gegen die Erben des verstorbenen Ehegatten oder eingetragenen Partners einen Unterhaltsanspruch?

→ ***Frage 277***

4. (4 Punkte) *Timo* und *Viktoria* sind seit mehreren Jahren verheiratet. Obwohl *Timo* erfährt, dass *Viktoria* einen *One-Night-Stand* mit einem Bekannten hatte, bleibt er mit ihr zusammen und lebt nach wie vor mit seiner Ehefrau in der gemeinsamen Wohnung. Fünf Jahre später verliebt sich *Timo* in *Anna*, beginnt mit ihr eine Beziehung und sie ziehen in eine gemeinsame Wohnung. *Viktoria* kann sich daher ein Zusammenleben mit *Timo* nicht mehr vorstellen. Hat eine Klage auf Scheidung wegen Verschuldens durch *Timo* und/oder *Viktoria* Erfolg?

→ ***Frage 239***

5. (1 Punkt) Was versteht man unter teleologischer Interpretation?

→ ***Frage 123***

6. (2 Punkte) *Josef* leidet an einem Hirntumor und ist entscheidungsunfähig. Sein Bruder *Franz* ist für medizinische Heilbehandlungen gesetzlicher Erwachsenenvertreter. Wer entscheidet über eine notwendige Kopf-Operation, wenn es sich dabei nicht um einen Notfall handelt und *Josef* immer wieder aus dem Krankenhaus flüchtet, um einer Operation zu entgehen?

→ ***Frage 137***

7. (3 Punkte) *Valentin* stirbt. Er hinterlässt seine Tochter *Karoline*, sein Sohn *Klaus* ist zwei Jahre vor *Valentin* verstorben. Von *Klaus'* Nachkommen leben allerdings noch *Edgar* und *Elfriede* (*Klaus'* Kinder) sowie *Ursula* und *Udo* (Kinder von *Klaus'* vorverstorbener Tochter *Ernestine*). Wie groß sind ihre gesetzlichen Erbquoten?

→ ***Frage 262***

8. (2 Punkte) Kommt in Österreich Gerichtsurteilen die Kraft eines Gesetzes zu?

→ ***Frage 119***

9. (5 Punkte) Während *Gerfried* auf Urlaub ist, schlägt ein Blitz in die alte Eiche auf seinem Grundstück ein, sodass diese droht, auf sein Haus zu stürzen, wenn nicht umgehend etwas unternommen wird. Als Nachbarin *Elisabeth* dies bemerkt, versucht sie vergebens, *Gerfried* telefonisch zu erreichen. Daher lässt sie sofort danach den Baum von einem Spezialisten fällen. Kann *Elisabeth* von *Gerfried* den Ersatz der von ihr für das Fällen des Baumes bezahlten € 500,– verlangen?

→ ***Frage 205***

10. (1 Punkt) Wann verliert eine wirksam errichtete Patientenverfügung „automatisch" ihre Verbindlichkeit?

→ ***Frage 136***

11. (2 Punkte) Wann spricht man von redlichem, wann von rechtmäßigem Besitz?

→ *Frage 209*

12. (4 Punkte) Studentin *Karolina* verkauft und übergibt dem Studienkollegen *Lukas* ihren gebrauchten Laptop. Vereinbart wird, dass *Lukas* den Kaufpreis in Höhe von € 500,– binnen drei Tagen auf das Konto von *Karolina* überweist. Doch am nächsten Tag gerät *Lukas* unverschuldet in einen Autounfall und liegt eine Woche bewusstlos im Krankenhaus. Was kann *Karolina* verlangen oder machen?

→ *Frage 171*

13. (2 Punkte) Was versteht man unter dem gegliederten Schadensbegriff des ABGB?

→ *Frage 184*

14. (1 Punkt) Wann ist eine Willenserklärung zugegangen?

→ *Frage 148*

Prüfung 23 *(Nina-Maria Thomic)*

1. (3 Punkte) Beschreiben Sie die Geschäftsfähigkeit von Kindern bis zum vollendeten 7. Lebensjahr!

→ *Frage 130*

2. (2 Punkte) Was versteht man unter objektivem Recht und was unter einem subjektiven Recht?

→ *Frage 107*

3. (3 Punkte) *Christian* möchte seiner Ehefrau *Katharina* zum Hochzeitstag einen echten Goldring schenken. Er lässt sich daher im Geschäft des Juweliers *Julius* die Vitrine mit den Goldringen zeigen. Nach einiger Überlegung wählt *Christian* ein Modell um € 150,– aus und bezahlt. *Katharinas* Freude über den Ring ist jedoch begrenzt. Da sie sich mit Schmuck gut auskennt, merkt sie sofort, dass es sich lediglich um einen vergoldeten Silberring handelt. *Julius* hatte diesen aus Versehen mit den echten Goldringen ausgestellt. Kann *Christian* den Kaufvertrag wegen seines Irrtums beseitigen?

→ *Frage 160*

4. (2 Punkte) Welche beschränkten dinglichen Rechte kennen Sie? (Falsche Angaben bedeuten Punkteabzug.)

→ *Frage 225*

5. (4 Punkte) Nennen Sie vier Formvorschriften, die bei der Eheschließung einzuhalten sind! (Falsche Nennungen bedeuten Punkteabzug.)

→ *Frage 231*

6. (5 Punkte) Bei einem tragischen Autounfall kommt *Severin* ums Leben. Er hinterlässt seine hochschwangere Ehegattin *Gertrude* und seinen bereits erwachsenen Sohn *Anton* aus einer früheren Beziehung. Seine Tochter *Theresa* wird am nächsten Tag geboren, stirbt jedoch kurz nach der Geburt. Die reine Verlassenschaft nach *Severin* beträgt € 30.000,–. Prüfen Sie die gesetzliche Erbfolge!

→ *Frage 263*

7. (4 Punkte) Welche Schäden werden nach dem PHG ersetzt?

→ *Frage 199*

8. (2 Punkte) Beschreiben Sie den Begriff „postmortales Persönlichkeitsrecht“! Wer kann solche Persönlichkeitsrechte geltend machen? Und wie lange?

→ *Frage 142*

9. (5 Punkte) *Naomi* betreibt seit einiger Zeit ein Restaurant und hat auch die nötige Gewerbeberechtigung. Als der Betrieb schlecht läuft, verkauft sie *Carlos* eine antike Ladenkasse aus ihrem Restaurant um angemessene € 3.000,–. Sieben Jahre später sieht *Ines* die Kasse in *Carlos* Bar und ruft: *„Das ist mein Eigentum! Die Kasse wurde mir aus dem Geschäft gestohlen!“* Tatsächlich hatte *Naomi* den Gegenstand von *Ines* gestohlen, *Carlos* wusste davon aber nichts. Wann hat *Ines* ihr Eigentum verloren oder gehört die Kasse immer noch ihr?

→ *Frage 222*

10. (1 Punkt) Bei der Eheschließung können die Ehepartner gem § 93 ABGB den Namen der Braut als gemeinsamen Familiennamen bestimmen. Welchen Namen haben die Ehegatten nach der Scheidung?

→ *Frage 243*

11. (3 Punkte) Die Hobbyreiterin *Larissa* schließt mit dem Pferdehändler *Anton* einen Kaufvertrag über seinen in St. Pölten untergebrachten Friesenhengst zum Preis von € 8.000,– ab. Die beiden vereinbaren eine Abholung am 19. 9. *Larissa* mietet einen Transporter um € 400,– und erscheint fristgerecht bei *Antons* Pferdestall. Dieser hat den Übergabetermin jedoch vergessen und so muss *Larissa* unverrichteter Dinge wieder nach Hause fahren. Da sie den Hengst aber nach wie vor haben will, verständigen sie sich auf eine Abholung am nächsten Tag. Dieses Mal muss *Larissa* € 300,– an Transportkosten zahlen, doch die Übergabe klappt. Was kann *Larissa* von *Anton* verlangen?

→ *Frage 172*

12. (2 Punkte) Wann erwirbt der Erbe nach österreichischem Recht die Verlassenschaft?

→ *Frage 256*

13. (1 Punkt) Was versteht man unter authentischer Interpretation?

→ *Frage 124*

Autor*innen

Mag. *Clara Baumgartner*, Universitätsassistentin am Institut für Zivilrecht der Universität Wien
Prüfung 11 und 12

MMag. *Elio Dalpra*, PhD, Universitätsassistent am Institut für Staats- und Verwaltungsrecht der Universität Wien
Prüfung 1, 2, 3 und 4

Mag. *Daniel Gritsch*, Universitätsassistent am Institut für Zivilrecht der Universität Wien
Prüfung 13 und 14

Mag. *Jakob Hirtenlehner*, Universitätsassistent am Institut für Zivilrecht der Universität Wien
Prüfung 15 und 16

Lisa Kircher, LL.M. (WU), LL.M. (KCL), BA, Universitätsassistentin am Institut für Staats- und Verwaltungsrecht der Universität Wien
Prüfung 5

Dr. *Gabriel Kogler*, Privatdozent und Assistenzprofessor am Institut für Zivilrecht der Universität Wien
Prüfung 17 und 18

Mag. *Ulrich Krenmayr*, Universitätsassistent am Institut für Zivilrecht der Universität Wien
Prüfung 19 und 20

Mag. *Michael Moser*, Universitätsassistent am Institut für Zivilrecht der Universität Wien
Prüfung 16 und 21

Mag. *Florian Rathmayer*, Universitätsassistent am Institut für Staats- und Verwaltungsrecht der Universität Wien
Prüfung 6

Dr. *Sebastian Schwamberger*, LL.M., Projektassistent am Institut für Zivilrecht der Universität Wien
Prüfung 22

Mag. *Nina-Maria Thomic*, Universitätsassistentin am Institut für Zivilrecht der Universität Wien
Prüfung 12 und 23

Mag. *Moritz Völkl*, vormals Universitätsassistent am Institut für Staats- und Verwaltungsrecht der Universität Wien
Prüfung 7

Mag. *Sophie Wittich*, Universitätsassistentin am Institut für Staats- und Verwaltungsrecht der Universität Wien
Prüfung 8 und 9

Mag. *Sidar Yaylagül*, Universitätsassistentin am Institut für Staats- und Verwaltungsrecht der Universität Wien
Prüfung 10